U0613389

南京農業大學

农村科技服务发展报告

李玉清 陈巍 等 著

中国农业出版社
北 京

图书在版编目（CIP）数据

南京农业大学农村科技服务发展报告/李玉清等著．—北京：中国农业出版社，2019.6
ISBN 978-7-109-25320-9

Ⅰ.①南…　Ⅱ.①李…　Ⅲ.①南京农业大学－农业技术－科技报务－研究报告　Ⅳ.①F324.3

中国版本图书馆CIP数据核字（2019）第044894号

中国农业出版社出版
（北京市朝阳区麦子店街18号楼）
（邮政编码100125）
责任编辑　孙鸣凤
文字编辑　王佳欣

中农印务有限公司印刷　新华书店北京发行所发行
2019年6月第1版　2019年6月北京第1次印刷

开本：700mm×1000mm 1/16　印张：15.5
字数：300千字
定价：68.00元

主要撰写人员

（以姓氏笔画排序）

丁广龙　马海田　王克其　王明峰
毛　竹　卢　勇　刘新乐　牟　静
严　瑾　李玉清　李保凯　李爱玫
邹　静　张玲春　陈　巍　陈如东
陈林海　陈荣荣　徐敏轮　雷　颖

序

南京农业大学是一所具有百年办学历史、以农业和生命科学为优势和特色，农、理、经、管、工、文、法学多学科协调发展的教育部直属全国重点大学，是国家“211 工程”重点建设大学、“985 优势学科创新平台”和“双一流”建设高校。

社会服务是高校的重要职能之一，农村科技服务是高校服务社会的重要手段和主要体现。新中国成立前，南京农业大学组织青年棉团、展览会、讲演会等，科研人员穿梭在当时处在水深火热的祖国大地上，不辞辛苦，积极开展农技推广活动；新中国成立后，以金善宝、马育华、樊庆笙等为代表的我国著名科学家组织师生走遍大江南北，积极推广新技术、新品种。学校老一辈专家教授秉承“诚、朴、勤、仁”的优良传统，为我国农业发展做出了杰出贡献；改革开放后，在国家科技政策、方针的指引下，学校坚持以服务求支持、以贡献谋发展的办学思路，充分发挥自身的科技、人才和信息优势，积极面向国家和区域经济主战场，围绕“政府最关心什么”“农业最缺少什么”“农民最需要什么”确定农业科技工作重点，积极开展科学研究、技术研发、成果转化、技术推广、政策咨询和人才培训等工作，深入探索并实践了“科技大篷车”“百名教授科教兴百村”工程等形式多样的农村科技服务模式，为地方经济建设做出了重要贡献，受到了农民群众、社会各界的广泛好评以及中央和省部级有关部门的一致认可。

成绩代表过去，未来任重道远。

近年来，我国特别是长三角经济发达地区，农业适度规模经营发展迅速，新型农业经营主体不断壮大，农业生产方式发生了很大转变；现代消费需求的差异性和高品质性推动着农业功能不断拓展，导致农业技术需求向多样化和综合性的态势发展，这给高校的农村科技服务工作提出了更高的要求。中央 1 号文件连续多年提出涉农高校开展农村科技服务工作的要求；2012年，教育部、科技部联合实施新农村发展研究院建设计划；2015年，农业部、财政部依托高校院所开展重大农技推广试点工作，这些都体现了国家在新的农业发展形势下寄予高校推动“三农”发展的期许和厚望。2011年，南京农业大学新的领导班子提出了建设世界一流农业大学的宏伟目标，社会服务作为一个重要引擎受到了前所未有的重视；2015年，旨在提升中国高等教育综合实力和国际竞争力，国务院提出了推进世界一流大学和一流学科的“双一流”建设战略目标。其中，明确推进成果转化等五项建设任务，成为现阶段高等学校的主要工作任务和重要奋斗目标。基于外在要求、内在需求的双重驱动，南京农业大学如何开展农村科技服务工作，增强社会服务功能，以满足现代农业发展需求和实现学校宏伟发展目标，已成为亟待解决的一个重要课题。

2012年，响应教育部、科技部联合实施高等学校新农村发展研究院建设计划的号召，学校成立了南京农业大学新农村发展研究院，学校主要领导担任院长、副院长，设置正处级建制专门机构——新农村发展研究院办公室，代表学校组织开展农村科技服务工作；成立了以党委书记为主任、分管科研工作的副校长为副主任，以科学研究院、人文社科处、研究生院、教务处等重要职能部门为成员的新农村发展研究院院务委员会，举全校之力推动农村科技服务工作。近年来，学校在成果转化、技术推广、基地建设等方面出台了一系列政策措施，很大程度上调动了学校科研人员从事农村科技服务工作的积极性；适应长三角地区现代农业生产方式的变化，利用“互联网+农技推广服务”的先进理念，学校构建了线上做服务、线下建联盟的“双线共推”的农村科技服务新模式，形成了新时代的线上高速飞驰的“科技大篷车”和线下校地合作共赢的“双百工程”。尽管上述举措进一步增强了学校的社会服务功能，但目前学校在队伍组建、制度建设、机构设置、模式构建等方面，与当前学校的社会地位及其所拥有的科技资源不相匹配，同“双一流”大学建设和实现世界一流农业大学的宏伟目标还相差甚远，与现代农业发展的需求仍有一些距离。

《南京农业大学农村科技服务发展报告》分规划先行、服务跟进、基地建设、模式构建、组织保障五大篇章，在农业园区规划、“四技”服务、公益性农技推广、新农村服务基地建设、农技推广模式探索以及组织保障等方面，介绍了近年来南京农业大学农村科技服务工作进展情况，报告客观分析现状，直面存在的问题和不足，通过借鉴国内外大学的成功经验、有效做法以及开展调查问卷和查阅文献资料等，提出有关对策和建议。本书具有较为明显的前瞻性、科学性和实践性特征，尽管是基于南京农业大学的研究，但对于国内其他高校进一步做好农村科技服务工作也具有较好的借鉴作用。

《南京农业大学农村科技服务发展报告》有助于增强学校社会服务功能，同时，报告研究过程亦有利于提升参与人员的工作能力和服务水平，该项工作是值得称道的。

《南京农业大学农村科技服务发展报告》的顺利完成，凝聚了学校相关单位参与人员的集体智慧。但报告分析的问题可能不够透彻，提出的建议也许不够全面，甚至存在谬误，还望学校领导、部门负责人以及专家教授提出宝贵意见。我们衷心希望这项研究成果的出版，在推动学校“双一流”大学建设和实现世界一流农业大学宏伟目标有所裨益。

南京农业大学副校长 丁艳锋

2018 年 12 月

前　言

一、社会服务：世界大学功能演进之结果

英国生物学家、教育家埃里克·阿什比（Eric Ashby）说得好，与生物界一样，大学是遗传与环境共同作用的产物。[①] 所以，社会服务也与人才培养、科学研究一样，是大学进一步适应社会需求变化而演化出来的一种新的功能。

大学诞生于12世纪的欧洲。据考证，历史上最早的大学是1088年创建的意大利博洛尼亚大学，当时正值“教会的道德权利和政治权利正在衰退、现代体系尚未完全建立之时”[②]，社会亟待具有专业素养的公务人员维持秩序。脱胎于教会的早期大学承担起了化育欧洲智慧的历史使命。适应教会神学和世俗统治的双重需求，教学成为早期大学的唯一功能，主要修习法学、神学和医学等学科的高深理论。因此，当时大学的功能主要在于保存和传授知识、培养兼具虔敬精神和专业知识的人才。16世纪以来，教会逐渐退出世俗统治，资产阶级运动和民族独立运动纷至沓来，包括大学在内的所有社会组织被纳入民族国家的政治框架之内。进入18世纪，工业革命的兴起及中产阶级地位的上升，导致欧洲社会对接受教育机会和发展自然科学的渴求不断加大。1809年柏林大学的成立，标志着研究型大学的出现和现代高等教育的开端。西方启蒙哲学，尤其是康德哲学主张知识是科学探究的结果、大学是知识探究的场所。在其影响下，德国提出了“洪堡原则”，首次倡导大学研究高深学问，主张科研与教学并重。大学的科学研究功能被放大，德国的大学成为当时世界的学术研

① Ashby E. Adapting Universities to a Technological Society [M]. San Francisco: Jossey-Bass Publishers, 1974: 2.

② 杰德勒·德兰迪. 知识社会中的大学 [M]. 黄建如，译. 北京：北京大学出版社，2010：36.

究中心、各国竞相模仿的对象。① 19世纪末，大工业时代的到来、民主社会的发展以及对两次世界大战的深刻反思，社会及包括大学在内的所有组织机构，不仅面向国家的利益诉求，同时还要体现社会和个人的公共价值。在这一时代背景下，美国率先尝试了一种新的办学理念，提出了“康奈尔计划”和“威斯康星思想”。“康奈尔计划”基于1862年美国联邦政府出台的“莫里尔法案”，旨在培养社会发展所需的农业和工业人才，成立了一批以康奈尔大学为代表的新式大学，这些大学通过开设实用性课程实现服务社会的目的。1904年威斯康星大学校长查尔斯·范海斯主张大学走出象牙塔，打破大学传统封闭的状态，为地方经济和社会发展服务，称为“威斯康星思想”。“康奈尔计划”和“威斯康星思想”助推了大学服务社会功能的形成。② 由此，现代大学经过900多年的历史发展，形成了世界公认的三大功能，即人才培养、科学研究和社会服务。

当前，美国经济和大学之强大，与美国大学率先演化出社会服务功能有着不可分割的关系，是美国大学适应环境、发展自我，同时又影响环境的一种因果关系之体现。

二、农村科技服务：我国涉农高校社会服务之契约

基于契约论的视角，通过考察涉农高校的社会功能演进与我国农业发展之间的逻辑关系，可以深刻体会到，新中国成立以来，为了适应不同历史时期的农业发展需求，我国涉农高校为我国农业发展做出了巨大贡献。

第一阶段：新中国成立至20世纪70年代，以校辖农牧场为主开展农业技术推广。该阶段，我国农业发展相当落后，涉农高校规模不大、数量较少，高校主要以校辖农牧场为主要基地，并与地方农科所合作建立科研示范基地，农村科技服务以增产增收、防灾减灾为主要目标，组织科研人员开展新品种、新工具、新技术及农业知识等内容的推广和普及，还涉及农村经济合作、农村教育、农村卫生、农村建设等内容。这些丰富多彩的农村科技服务给新中国成立后的农村生活带来了较大影响，有力推动了我国农业经济的发展。

第二阶段：20世纪70—90年代，“太行山道路”引领下开展科技帮扶。该阶段以河北农业大学的“太行山道路”为起点和标志。1978年，河北农业大学在河北易县建立了“阳谷庄山区综合治理实验区”，开创了大学教育、科

① 张阳，罗承选．大学第四功能之辨［J］．高教探索，2009（1）：14-17.

② 邓磊，崔延强．大学功能的演进逻辑：基于社会契约的视角［J］．高等教育研究，2014（12）：7-12.

技和经济建设紧密结合的先河，为高校科教兴农提供了理论依据和实际样板，被国务院和原国家科委誉为“太行山道路”。① 当时，家庭承包经营制度很大程度上调动了农民种粮的积极性，由此产生的高涨的农业技术需求给高校农村科技服务带来了诸多机遇和挑战。在这一背景下，不少高校以“太行山道路”为典范，积极探索适合自身的农村科技服务模式。由于计划经济和以农户为生产单元的局限性，该阶段主要是在政府的主导下，学校组织科研人员走进千家万户，驻足田间地头，派送技术资料以及种子、化肥、农药等生产资料，为农民开展技术指导和培训等。

第三阶段：20 世纪 90 年代到 21 世纪初，高校服务模式百花齐放，百家争鸣。该时期，随着中央和地方对产学研和科教兴农工作的不断重视，高校社会服务功能得到进一步加强。特别是市场经济不断完善，农业产业结构进一步调整，包括涉农企业、农业园区、家庭农场、农业合作社等新型农业经营主体的不断出现和壮大，农业技术需求出现空前旺盛的态势，政府搭台、校企唱戏，校地校企合作频繁，高校多年积淀的大量技术成果得到有效释放和推广应用，高校主动面向经济主战场，探索和创新了许多适应市场需求、广受基层欢迎、富有活力的农村科技服务模式。譬如，西北农林科技大学和杨凌示范区密切配合，在主导产业中心地带建立农业实验示范站和农村科技示范基地，并以科技培训和信息服务为支撑，构建了“一体两翼”的农村科技推广模式②；浙江大学和湖州市合作，改变过去就项目抓项目的科技合作形式，形成了政府、企业、社会之间互补合作的“湖州模式”③；安徽农业大学帮助大别山区立足山区资源，走产加销一条龙、贸工农一体化的“大别山道路”④ 以及南京农业大学的“科技大篷车”⑤ 和“百名教授科教兴百村”⑥ 等。

第四阶段：2012 年至今，政府主导高校新农村发展研究院建设。2012 年，教育部、科技部联合实施高等院校新农村发展研究院建设计划，旨在大力推进校地、校所、校企、校农间深度合作，构建以大学为依托的高校农村科技服务

① 刘冬梅，李俊杰．“太行山道路”：对科技扶贫持续机制的探讨［N］．中国科学报，2013-01-14（8）．

② 韩明玉，张正新．西北农林科技大学：探索农业科技推广新模式促进产学研紧密结合［J］．中国高校科技与产业化，2009（6）：18-20.

③ 浦徐进，明炬．新农村发展研究院建设的主要内容［J］．中国高校科技，2012（4）：7.

④ 高开华，宛晓春．大别山道路：安徽农业大学特色发展之路［M］．合肥：安徽人民出版社，2015.

⑤ 汤国辉．我校“科技大篷车”送科技下乡活动的启示［J］．研究与发展管理，2001（4）：46-51.

⑥ 汤国辉，万健．百名教授兴百村工程的研究：南京农大探索服务“三农”新路子［J］．中国农学通报，2005（11）：437-440.

新模式，使高校成为我国新型农村科技服务体系的重要组成部分和有生力量。目前已批准39所高校成为新农村发展研究院建设试点单位。自此，以政府为主导的高校农村科技服务工作拉开了序幕。近年来，根据教育部、科技部关于新农村发展研究院的建设要求，许多高校积极同地方政府和社会企业共建新农村服务基地、开展新农村建设宏观战略研究、搭建跨校跨地区的资源整合与共享平台等，并依靠自身的学科和人才优势，结合所处地方区域农业发展的现状和特点，形成了诸多农村科技推广新模式。

三、新形势、新需求，南京农业大学农村科技服务之新问题和新探索

南京农业大学，作为我国最早成立农科教育高校之一，建校100多年来，始终肩负着服务社会的使命。早在20世纪20年代前后，学校就设立了棉作分场，进行选种及栽培试验，并向指定棉场的推广区散发棉种，组织青年棉团、展览会、讲演会等农业技术推广活动，这也是学校最早的农村科技服务形式；新中国成立后，以金善宝、马育华、樊庆笙等为代表的我国著名科学家组织广大师生积极开展新技术、新品种、新工艺及新模式的示范和推广，为我国农业发展做出了杰出贡献；改革开放后，特别是在20世纪八九十年代，南京农业大学驶出"科技大篷车"，把农业科技送到田间地头，成为农村科技服务一道亮丽的风景线；2003年，南京农业大学又启动了"百名教授科教兴百村"工程，责任到村，定点帮扶，提供新技术、新品种，为农民进行技术培训和指导等。上述举措成效显著，在社会上引起了巨大反响。2012年，南京农业大学成为首批10所建设新农村发展研究院的试点高校之一，发挥自身日益增强的人才、科技和信息优势，结合长三角地区现代农业发展的新趋势和新需求，积极探索高校农村科技服务模式。

回首过去，要看到自己的成就，展望未来，也要发现自己的不足，只有这样才能勇往直前，不断进取，获取更大的提升和进步。

近年来，我国长三角经济发达地区，城镇化进程不断加快，大量农村劳动力不断涌入城镇，由此产生了土地流转加快、农业资本不断深化、新型农业经营主体不断涌现的态势。随着种养大户、家庭农场、农民专业合作社、龙头企业、农业园区等新型农业经营主体的大量出现，农产品商品化、服务市场化的趋势不断加强，农业全产业链不断延伸、一二三产业紧密融合，休闲农业、生态农业、教育农业、娱乐农业等新的农业功能不断拓展，导致农业技术需求旺盛。

面对现代农业发展的新需求，近年来，南京农业大学非常重视农村科技服务工作，并取得显著成效。譬如，南京农业大学近年来的技术合同数、合

同额、到位经费均有了明显增加；以政府购买服务形式，南京农业大学积极承担了大量的国家级、省部级以及地方政府主导的农技推广项目，包括原农业部、财政部重大农技推广服务试点工作，江苏省“挂县强农富民工程”项目等；南京农业大学同地方政府和企业积极共建了形式多样的新农村服务基地，包括综合示范基地、特色产业基地以及分布服务站等，农村科技服务由原来的“游击战”转为“阵地战”，服务的针对性和有效性明显提升；适应长三角地区现代农业生产方式的变化，利用“互联网+农技推广服务”的先进理念，南京农业大学打造了线上做服务、线下建联盟的“双线共推”的农村科技服务新模式；为积极调动科研人员开展农村科技服务工作，南京农业大学还陆续出台了一系列推动技术研发、成果转化、技术推广等工作的激励政策。

尽管如此，南京农业大学农村科技服务的潜力还没有得到充分发挥。譬如，同纵向课题相比，对外科技服务在项目数、总经费和到位经费上均相差甚远；纵向比较尽管校地、校企合作项目到位经费增长迅速，横向比较同兄弟院校也相差无几，但目前学校农村科技服务现状和成效与国家的期许和当前现代农业发展的需求仍相差较远。

笔者在南京农业大学从事农村科技服务工作多年，一路走来，切身感受了南京农业大学农村科技服务的发展变化和取得的重要成就，了解学校在社会服务方面存在的问题和不足。基于对学校的深厚感情和自身本职工作的一种责任，2016年笔者组织学校相关单位同志联合申报了南京农业大学中央高校基本科研业务费人文社科基金项目——“南京农业大学参与新农村建设的路径及模式研究”，并获立项（项目编号：SKG2016015）。当时，项目的研究目标和内容仅限于农业规划的视角，分析学校开展新农村建设方面存在的问题和探索新的路径和模式。随着国家对大学“双一流”建设的高度重视以及学校进入了世界一流农业大学建设的关键时期[①]，笔者学习了教育部有关大学“双一流”建设的政策文件和学校领导关于南京农业大学建设世界一流农业大学的讲话精神，越发意识到学校社会服务，特别是农村科技服务对学校发展的重要性，由此激发了笔者组织项目组成员梳理学校近年来农村科技服务的有关素材形成一部书稿的想法。

高校农村科技服务工作是一项复杂的系统工程，服务主体包括高校职能部门、相关学院及其专家；服务内容包括农业农村规划、农业项目推广、技术成

① 党委宣传部．中共南京农业大学第十一次代表大会隆重召开［J］．南京农业大学学报，2014-06-20（1）．

果转移转化以及技术指导和培训、基地建设等；服务对象包括新时期兴起的种养大户、家庭农场、农民专业合作社、龙头企业、农业园区等新型农业经营主体。研究报告中，笔者结合项目组成员自身的工作职责，组织梳理了学校近年来农村科技服务工作进展情况，以服务内容为主，兼顾农村科技服务模式构建和保障举措，分析问题和不足，提出对策和建议。本书的编写旨在进一步增强南京农业大学的社会服务功能，对外提升学校声誉和影响，对内助推学科发展、科学研究和人才培养工作。希冀借此在南京农业大学“双一流”建设和学校实现世界一流农业大学建设宏伟目标的征程中贡献本人及团队应有的一份力量。

《南京农业大学农村科技服务发展报告》是在南京农业大学中央高校基本科研业务费人文社科基金项目部分成果的的基础上进一步归纳整理，并在科技支撑计划项目《长三角现代农业区大学农业科技服务模式关键技术集成与示范》（课题编号：2013BAD20B05）的大力支持下完成的。在此，感谢南京农业大学副校长丁艳锋教授、副校长董维春教授以及相关部门领导的大力支持。本报告编写也受到了汤国辉教授有关研究的重要启发。

报告编写人员来自南京农业大学新农村发展研究院办公室、科学研究院、人文社科处、继续教育学院、经营资产公司、食品科技学院等部门和单位。项目主持人李玉清负责项目设计、统筹、协调、部分章节的编写以及整个稿件的审定和修改等工作。各章执笔人分别是：第一章，徐敏轮、李保凯、刘新乐、李玉清；第二章，李爱玫、王克其、陈林海、毛竹、王明峰、马海田、陈如东、卢勇、丁广龙、牟静、李玉清、陈巍；第三章，陈荣荣、张玲春、李玉清、陈巍；第四章，李玉清、王明峰、雷颖、邹静；第五章，李玉清、陈荣荣、王明峰、严瑾。

第一章农业规划典型案例的有关内容及图片得到了欧名豪教授、王树进教授、马锦义副教授、丁绍刚副教授、刘庆友副教授和余德贵副教授等专家的大力支持。

报告编写人员尽管对本职工作有着深刻的切身体会，对报告的编写有着很强的责任意识，但可能由于阅历不深、学识和能力有限，报告中分析的问题及提出的建议难免存在不当之处，敬请专家、读者不吝指正。

李玉清

于南京农业大学

2018 年 11 月

目录

第一章 规划引领

规划，通常来讲，是指个人或组织制定的比较全面、长远的发展计划，是对未来整体性、长期性、基本性问题的思考和考量，设计未来整套行动的方案。做任何事情，都需要事先认真思考，形成一个科学、合理的行动方案。规划做得好，事半功倍；规划做得不好，事倍功半。农业发展更是如此。农业具有时间性和区域性，所有生命体，体现在农业领域，主要是植物和动物，它们经过大自然长年累月的洗礼和选择，在不同的时节和不同的区域形成了不同的生长态势，导致不同的农业发展特点。为此，农业要发展，首先要了解“南橘北枳”的道理，遵循自然规律，根据所处的地理位置和不同时节，种什么、养什么，需要事先做好科学、合理的规划安排，切忌盲目和冲动。改革开放以来，我国农业取得了长足的发展，粮食产量逐年提高，农民温饱问题基本解决，并处于全面奔向小康的重要阶段。但当前我们面对水、耕地等农业资源日益匮乏，劳动力、生产资料等农业生产成本不断攀升，人们生活水平的提高和消费结构的改变对农业发展提出的更高要求，以及发达国家的强大冲击和巨大挑战，这些不可回避的严峻事实迫使我们必须提高土地产出率、劳动生产率和资源利用率。在有限的农业生产要素的条件下，实现农业可持续发展、提高农业竞争力和促进农民增收致富的目标，必须要有一个整体性、长期性、基本性的农业发展规划。特别是，党的十八届五中全会确立了创新、协调、绿色、开放、共享的发展理念后，科学规划进一步成为农业稳定、快速发展的重要前提和基础保障。连续多年的中央 1 号文件是国家层面上农业领域的战略性、前瞻性、阶段性的规划；微观层面的农业发展规划，主要是针对一个行政区域或一个生产单元开展的规划和设计，高校参与的农业规划大部分属于这种类型。开展农业发展规划和设计是涉农高校服务社会的重要体现。南京农业大学作为一所具有百余年办学历史、在国内外享有较高声誉的国家“211 工程”重点建设的农业大学，多年来，积极同地方政府和社会企业合作开展农业规划和设计工作。特别是，20 世纪 90 年代初，南京农业大学原校长翟虎渠教授组织学校专家同苏州市人民政府合作，开展“未来农林大世界”的总体规划设计，通过多次认真而严格的论证，历时一年，圆满完成，通过这次合作，卞新民、王树进等教授在规划领域的才能和造诣得到进一步增强和凸显，这次合作成为南京农业大学深入涉足农业发展规划的重要里程碑，推动南京农业大学农业规划团队初见雏形。随着中央和地方对农业发展规划的日益重视，学校参与的农业规划工作越来越多，涉及的规划领域也越来越广，农业规划团队也得到了进一步加强和壮大，譬如，卞新民教授为首席专家的区域农业发展规划团队、王树进教授为首席专家的农业园区规划团队、姜卫兵教授为首席专家的园林景观规划团队、吴群教授为首席专家的土地利用规划团队、欧名豪教授为首席专家的城乡规划团队、杨旺生教授为首席专家的乡村旅游规划团队等。此外，为集聚整合学校规划资源，增强学校农业规划能力，2013 年 5 月，学校成立了南京农业大学规划设计研究院有限公司。近年来，南京农业大学在农业规划方面做了大量工作，通过农业规划推动区域农业发展方面做出了巨大贡献。但同时也存在着一些问题和不足，与南京农业大学的社会地位及其所拥有的科技、人才资源还不相匹配，同兄弟院校相比，南京农业大学在农业规划质量和数量及其在社会上的彰显度方面还存在较大的差距。

本章阐述了农业规划的概念、分类；在梳理目前学校参与的农业规划类型的基础上，从项目数、经费、学院和区域分布等不同维度，整理分析南京农业大学 2006—2015 近 10 年的农业规划工作状况，对南京农业大学规划设计研究院有限公司的建设和运行情况进行分析，指出存在的问题和不足，并提出对策建议，希冀对推动南京农业大学的农业发展规划工作有所裨益。

一、农业规划的概念及分类

农业园区，由于批准的部门不一，建设的形式较多，不同的文献、书籍对农业园区的概念没有统一的界定，目前主要是各类农业园、农业示范区、农业综合开发示范区、农业产业园的统称，是农业开发及其功能拓展的区域。[①]

农业规划亦指农业园区规划设计。规划是对一个系统或研究对象的发展远景所做的科学的、全面系统的发展计划；设计是把一种计划、规划、设想通过恰当的形式传达出来的活动过程。从内容上看，农业园区规划设计一般包括总体规划和项目设计。总体规划是对给定农业园区的经营目标、功能定位、项目

① 王树进．农业园区规划设计［M］．北京：科学出版社，2011：20-25.

设置、空间布局、基础设施建设、景观、环境、组织管理体系、运营机制等进行策划和总体安排，不包括具体的项目实施细节的设计。项目设计指在总体规划的基础上，对具体的建设项目进行构思，并给出详细表达，不包括土建施工设计。

面对我国农业发展的新形势、新要求，进一步做好农业园区的发展规划，加强农业园区建设，对于引领现代农业发展、促进新农村建设具有重要意义。各级政府和有关部门通过农业规划，可以紧密结合各地发展需要，明确目标任务，科学谋划区域“三农”发展；各企业通过农业规划，可以明确农业生产技术与方式、科学组织与管理，最大限度地获取经营利润。

目前，我国建设的农业园区形式多样。按行政体制划分，可分为国家级园区、省级园区、市级园区、县级园区；按经营方式划分，可分为政府兴办型园区、院地联营型园区、民间兴办型园区、民办官助型园区等；按示范内容划分，可分为设施园艺型园区、节水农业型园区、生态农业型园区、农业综合开发型、“三高农业”型园区、外向创汇型园区等；按区位特征划分，可分为都市型园区、城郊型园区、平川生产型园区、丘陵生态型园区、风景旅游型园区等；还可根据农业科学技术产业化过程划分，分为对应于科学研究的科学试验园、对应于技术开发和农业生产的技术开发园和农业示范园等。

不同的农业园区对新农村建设都有着重要的促进作用。结合文献、书籍以及专家、顾问的意见，从功能定位以及所涉及的相关建设内容的角度，把农业园区分为农业科技园区、农业产业园区、农业综合开发示范区、观光农业园区、村镇建设规划、田园综合体等。

（1）农业科技园区。农业科技园区是指由科技部门批准设立、以农业科技创新和技术示范推广为主要目的的农业园区，是在特定的区域范围内，通过资金的集中投入建立起来的集农业高新技术展示与示范、精品农业生产、名特优植（动）物新品种培育、技术培训、科普教育及休闲观光等多种功能为一体的现代农业示范基地。①

农业科技园区按照批准的部门可分为国家级园区、省级园区、地市级园区和区县园区；按投资主体可分为政府兴办型、院地联营型、民间兴办型等；按园区功能可分为农业高新技术产业园区、农业科技示范园区、农业企业孵化园区等。

（2）农业产业园区。农业产业园区是指依靠当地独特的农业优势，通过投资兴建或引进有规模的项目、有密切关联的农产品生产、加工、销售、研发、

① 许越先．现代农业科技园与农业结构调整［J］．中国农业科技导报，2001（3）：3-5.

金融等企业以及配套服务机构，形成现代化产业体系，发挥聚合辐射效应，对当地和周边地区产生重要影响，带动区域农村和农业发展，取得良好的社会效益、生态效益和经济效益的农业园区。

农业产业园区按产业性质可分为综合型现代农业示范园区、主导产业示范园区、特色产业示范园区等；按园区规模可分为整县推进型、全乡（镇）推进型、部分村镇连片推进型等。

（3）农业综合开发示范区。农业综合开发示范区是指中央政府为保护、支持农业发展，改善农业生产基本条件，优化农业和农村经济结构，提高农业综合生产能力和综合效益，设立专项资金，对农业资源进行综合开发和利用活动的集中区。

农业综合开发示范区根据项目来源分为国家农业综合开发项目区和省级农业综合开发项目区两类。

（4）观光农业园区。观光农业园区是指以农业休闲服务为主要开发内容的都市型现代农业园区，一般以农业、农村、农民为依托，以田园风光、农村风貌、农事体验、农家生活、乡村文化和民风民俗等为主要吸引物，以城镇居民为主要消费对象，使旅游者能够享受田园自然风光、体验农耕生活、感受农村文化、购买新鲜和特色农产品、品尝农家美食、参与乡村娱乐休闲的特定区域。

观光农业园区有不同的称谓，如观光牧场、市民农园、教育农园、休闲农业园、休闲农庄等。就产品类型而言，主要有田园观光、特色餐饮、园艺欣赏、动物观赏、农事参与、设施参观、科普教育和娱乐休闲八大类。

（5）村镇建设规划。村镇建设规划是指根据村镇的人口规模、发展方向，合理组织村镇各建设项目的用地与布局，妥善安排建设项目的进程，以便科学地、有计划地进行农村现代化建设，满足农村居民生产与生活需要而进行的规划编制工作。按规划内容，包括新建村镇规划和原有村镇改建、扩建规划。

（6）田园综合体。2017 年中央 1 号文件首次提出，支持有条件的乡村建设以农民合作社为主要载体、让农民充分参与和受益，集循环农业、创意农业、农事体验于一体的田园综合体。

田园综合体包含上述各类型的农业园区，也是在城乡一体格局下的新型农业园区。田园综合体是集现代农业、文化旅游、田园社区为一体的乡村综合发展形式，在保障人与自然和谐发展的基础上，顺应农村供给侧结构改革、新型产业发展，实现农业、加工业、服务业的有机结合，是一种可持续性的发展模式。

二、农业规划开展情况分析

（一）2006—2015 年规划项目实施情况

2006—2015 年，学校共开展规划项目共 260 项，总经费达到 7 631.3 万元，包括农学院、园艺学院、公共管理学院、经济管理学院、资源与环境科学学院、人文与社会发展学院、金融学院、食品科技学院、工学院 9 个学院以及科学研究院、新农村发展研究院办公室 2 个机关部门参与到规划工作中。规划项目在江苏省涉及南京、苏州、无锡、常州、镇江、扬州、泰州、南通、盐城、淮安、宿迁、徐州、连云港 13 个地市，同时也有全省层面的规划；省外，在安徽、上海、浙江、江西、山东、福建、西藏、新疆、湖北、湖南、山西、河北、河南、云南、四川、贵州、陕西 17 个省（自治区、直辖市）开展项目。从规划类型来看，学校开展的规划项目包括园区规划、产业规划、土地规划、生态规划、休闲规划、景观规划、城乡规划、金融规划和科技规划 9 大类型，业务范围较广。

1. 2006—2015 年规划项目年度分布情况

从年度分布来看，以 2011 年为界，2006—2010 年年均项目数为 7.8 项、年均经费为 380.0 万元；2011—2015 年年均项目数为 44.2 项、年均经费为 1 144.3万元，后五年年均项目数、经费分别为前五年的 5.7 倍和 3.0 倍，增长迅速。其中，2013 年达到峰值，项目数为 68 项，经费为 1 895.8 万元，远远超出其他年份。从后五年来看，学校规划项目经费保持在 1 000 万元左右、项目数保持在 50 项左右。

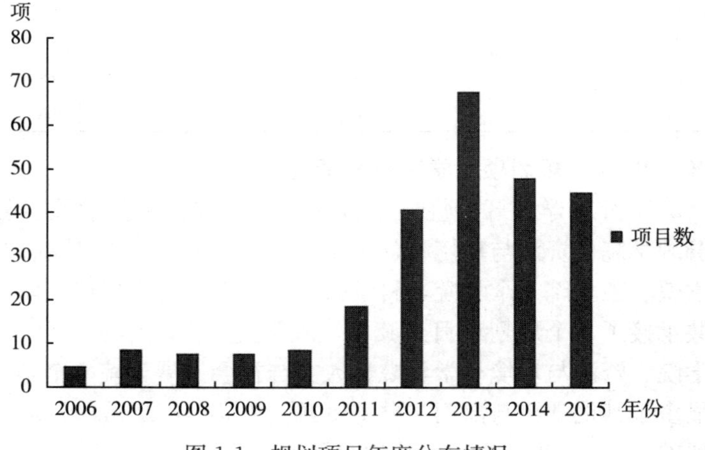

图 1-1　规划项目年度分布情况

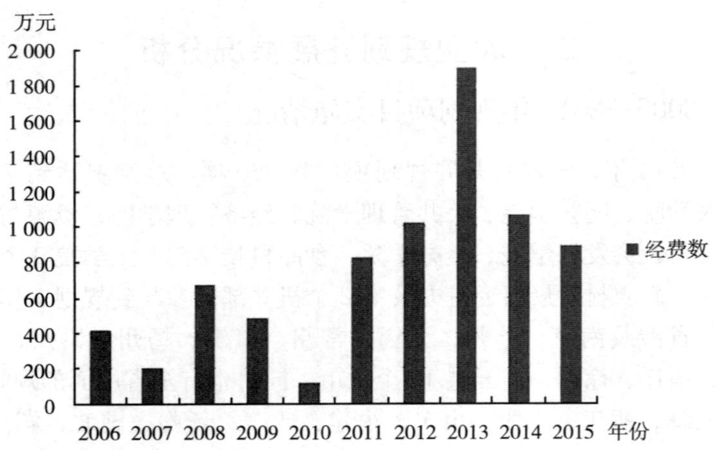

图 1-2　规划经费年度分布情况

表 1-1　规划项目经费年度分布情况

单位：项，万元

年份	项目数	经费
2006	5	420.0
2007	9	200.7
2008	8	676.7
2009	8	486.5
2010	9	126.0
2011	19	831.8
2012	41	1 027.0
2013	68	1 895.8
2014	48	1 072.5
2015	45	894.3
合计	260	7 631.3

2. 2006—2015 年规划项目学院分布情况

2006—2015 年，学校开展规划项目共有农学院、园艺学院、公共管理学院、经济管理学院、资源与环境科学学院、人文与社会发展学院、金融学院、食品科技学院、工学院 9 个学院，科学研究院、新农村发展研究院办公室 2 个机关部门共承接了 3 个规划项目。其中，农学院、园艺学院、公共管理学院、经济管理学院、资源与环境科学学院、人文与社会发展学院 6 个学院承接的规划项目明显多于其他学院与部门，共 248 项、7 432.3 万元，分别占到总项目数与总经费的 95.3%和 97.9%。从项目数看，人文与社会发展学院项目数最多，为56项[1]，园艺学院次之，为52项；从经费看，公共管理学院经费最多，为2 161.2万元，经济管理学院次之，为1 384.1万元；从单项经费看，公共管理学院单项经费达到77.2万元，远远超出其他学院，经济管理学院次之，为32.2万元，其他学院为20万元左右；从年度变化看，公共管理学院经费下降幅度很大，近五年农学院项目数下降迅速，园艺学院、资源与环境科学学院在2013年达到峰值后，近两年也下降明显，只有人文与社会发展学院与经济管理学院保持稳定。

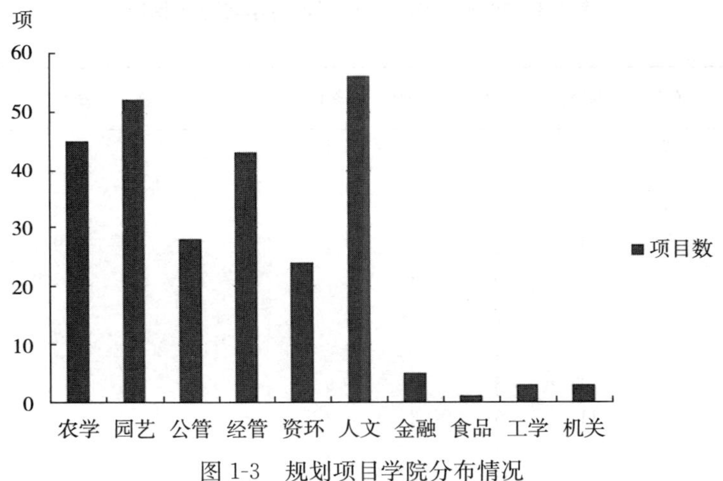

图1-3　规划项目学院分布情况

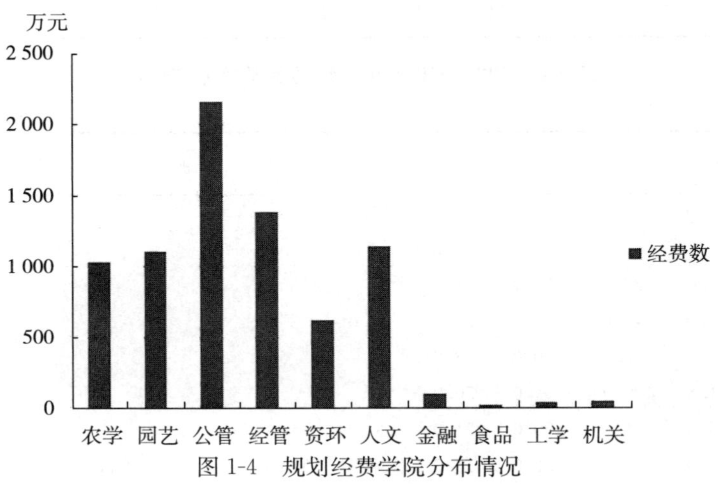

图1-4　规划经费学院分布情况

① 2016年8月，原农村发展学院与人文学院合并，故将原农村发展学院承接的项目计入人文与社会发展学院。

表 1-2　2006—2015 年学院规划项目及经费统计

单位：项，万元

类别	农学	园艺	公管	经管	资环	人文	金融	食品	工学	机关
项目数	45	52	28	43	24	56	5	1	3	3
经费	1 025.0	1 104.8	2 161.2	1 384.1	614.8	1142.4	100.0	20.0	39.0	40.0
单项目平均经费	22.8	21.3	77.2	32.2	25.6	20.4	20.0	20.0	13.0	13.3

表 1-3　2006—2015 年规划项目学院分布情况

单位：项

年份	农学	园艺	公管	经管	资环	人文	金融	食品	工学	机关
2006	2		1	1	1					
2007	8			1						
2008	1	2	2	2		1				
2009	1	1	2	1	2	1				
2010		2	2	4		1				
2011	5	6	7	1						
2012	16	7	4	6	5	3				
2013	7	14	3	11	9	19		1	3	1
2014	4	11	3	8	3	16	3			
2015	1	9	4	8	4	15	2			2
合计	45	52	28	43	24	56	5	1	3	3

表 1-4　2006—2015 年规划经费学院分布情况

单位：万元

年份	农学	园艺	公管	经管	资环	人文	金融	食品	工学	机关
2006	40.0		340.0	20.0	20.0					
2007	197.7			3.0						
2008	15.0	28.0	450.7	48.0		135.0				
2009	10.0	10.0	396.5	20.0	25.0	25.0				
2010		7.0	20.0	93.0		6.0				
2011	91.8	109.0	601.0	30.0						
2012	335.0	171.0	105.0	251.0	124.0	41.0				
2013	245.0	388.0	92.0	415.0	337.8	329.0		20.0	39.0	30.0
2014	65.5	242.8	122.0	180.0	74.4	312.8	75.0			
2015	25.0	149.0	34.0	324.1	33.6	293.6	25.0			10.0
合计	1 025.0	1 104.8	2 161.2	1 384.1	614.8	1 142.4	100.0	20.0	39.0	40.0

3. 2006—2015 年规划项目区域分布情况

在江苏省，承接南京规划项目最多，达到 35 项、1 237.3 万元，经费几乎达到其他地市的 2 倍；承接连云港、淮安项目最少，分别只有 4 项、66 万元和 6 项、80 万元。总的来说，学校承接苏南地区（南京、苏州、无锡、常州、镇江）规划项目较多，为 112 项、3 172.9 万元；苏北地区（盐城、淮安、宿迁、徐州、连云港）次之，为 47 项、1 437 万元；苏中地区（扬州、泰州、南通）最少，为 34 项、1 210.2 万元。苏南地区的项目数与经费超过了苏北地区与苏中地区的总和。

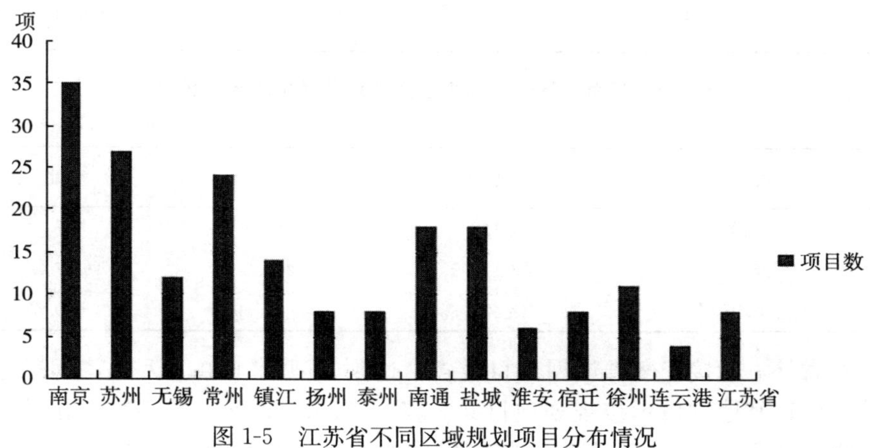

图 1-5　江苏省不同区域规划项目分布情况

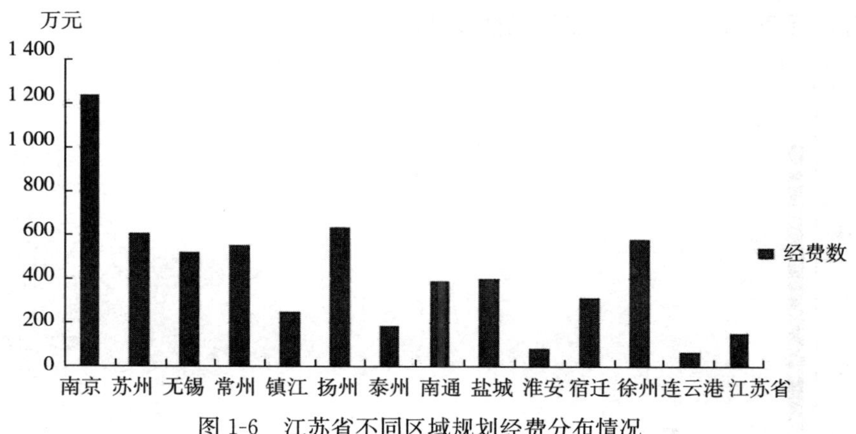

图 1-6　江苏省不同区域规划经费分布情况

从项目平均经费来看，扬州最高，达到了 79.4 万元；徐州次之，为 52.6 万元，高出其他地市较多；淮安、连云港较少，淮安只有 13.3 万元，连云港为 16.5 万元。从苏南、苏中、苏北地区的项目平均经费来看，苏中地区、苏北地区比苏南地区高。

表 1-5　江苏省不同区域规划项目平均经费统计

单位：项，万元

类别	南京	苏州	无锡	常州	镇江	扬州	泰州	南通	盐城	淮安	宿迁	徐州	连云港	江苏省
项目数	35	27	12	24	14	8	8	18	18	6	8	11	4	8
经费	1 237	608	523	554	251	635	184	392	395	80	317	579	66	151
项目平均经费	35.3	22.5	43.6	23.1	17.9	79.4	22.9	21.8	22.0	13.3	39.6	52.6	16.5	18.9

表 1-6　苏南、苏中、苏北地区规划项目平均经费统计

单位：项，万元

类别	苏南	苏中	苏北
项目数	112	34	47
经费	3 172.9	1 210.2	1 437
项目平均经费	28.33	35.59	30.57

在省外，承接安徽省规划项目最多，达到 26 项、670.6 万元，远远超过其他省份；其他省份承接规划项目共 33 项、985.6 万元。从年度变化看，近五年来，江西省、山东省是可以拓展发展的空间，而安徽省在 2013 年达到峰值后，近两年减少较快，需加以恢复和稳定。

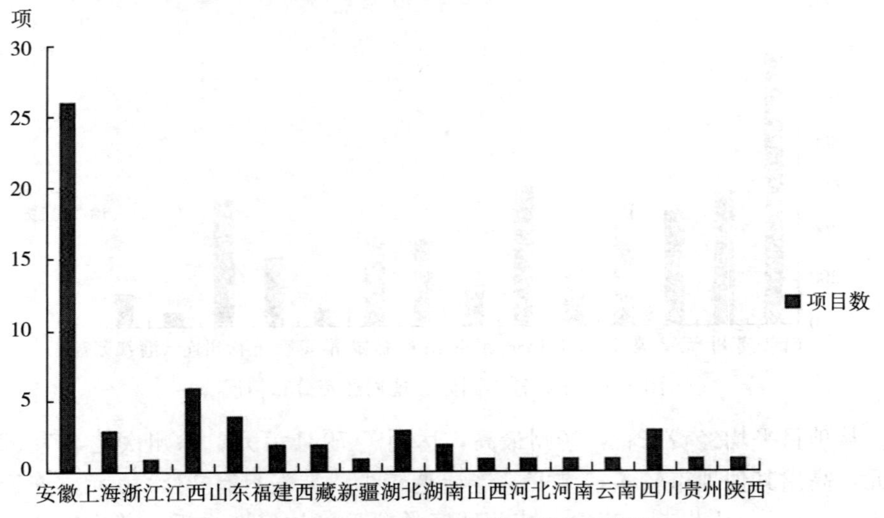

图 1-7　规划项目江苏省外区域分布情况

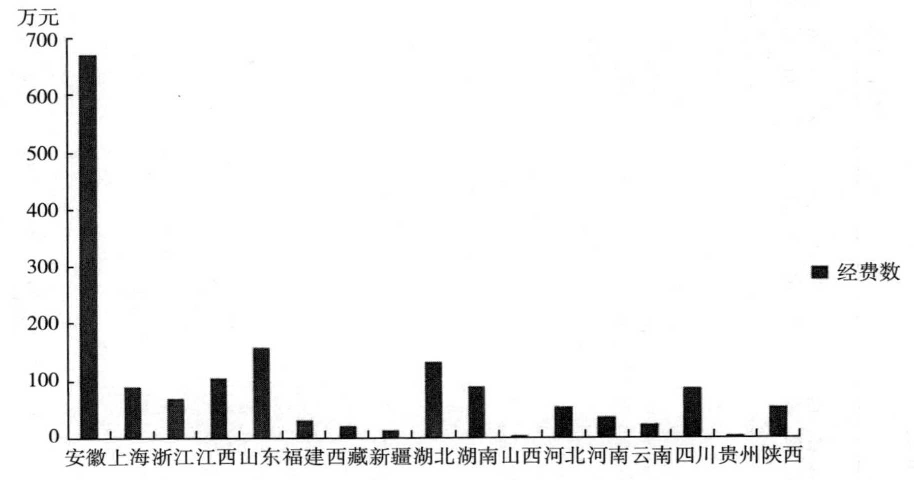

图 1-8 规划经费江苏省外区域分布情况

表 1-7 2006—2015 年规划项目区域分布情况

单位：项

年份	南京	苏州	无锡	常州	镇江	扬州	泰州	南通	盐城	淮安	宿迁	徐州	连云港	江苏省	安徽	上海	浙江	江西	山东	福建	西藏	新疆	湖北	湖南	山西	河北	河南	云南	四川	贵州	陕西
2006		1	1							1	1					1															
2007	1	1		1								1			1						1		1			1		1			
2008	1			1				1	1		1	2			1																
2009	1		2						1			1			1				1	1											
2010			3			2		1				2			1																
2011	1	2		1	5	1	1	6							1				1												
2012	3	6	2	2	3	2	2	4	1	3				3	2	2		2	1		1		1	1							
2013	10	9	3	6	4	2	1	2	5		2	1	2	2	11		1	1		1			1				1		1	1	1
2014	6	5		10	1		2	2	5		1	3	1	1	6			2	1					1	1						
2015	12	3	1	3	1	1	2	2	5	2	3	1	1	2	2			1				1							2		
合计	35	27	12	24	14	8	8	18	18	6	8	11	4	8	26	3	1	6	4	2	2	1	3	2	1	1	1	1	3	1	1

表 1-8　2006—2015 年规划经费区域分布情况

单位：万元

年份	南京	苏州	无锡	常州	镇江	扬州	泰州	南通	盐城	淮安	宿迁	徐州	连云港	江苏省	安徽	上海	浙江	江西	山东	福建	西藏	新疆	湖北	湖南	山西	河北	河南	云南	四川	贵州	陕西
2006		20	340							10	20					30															
2007	16	4		45								3			15						3		35			56		24			
2008	445			30				20	15		135	14			18																
2009	5		35						10			320			20				77	20											
2010			13			35		15				33			30																
2011	30	40		30	79	480	30	85							30				28												
2012	129	84	18	68	68	60	75	93	11	47				45	69	60		50	40		20		50	40							
2013	278	260	67	98	64	55	40	81	159		115	25	40	70	239		70	39		12			50				36		38	5	55
2014	51	120		250	15		16	38	132		6	180	20	30	135			10	15					50	4.4						
2015	283	80	50	33	25	5	23	60	68	23	41	4	6	6	115			8				15							50		
合计	124	608	523	554	251	635	184	392	395	80	317	579	66	151	671	90	70	107	159	32	23	15	135	90	4.4	56	36	24	88	5	55

4. 2006—2015 年规划项目类型分布情况

2006—2015 年，学校开展的规划项目包括园区规划、产业规划、土地规划、生态规划、休闲规划、景观规划、城乡规划、金融规划和科技规划 9 大类型，业务范围较广。其中，针对特定型园区的和综合型园区的规划占比最大，共 167 项、3 787 万元，分别占到总项目数与总经费的 64.2%、49.6%；针对泛区域特定方面或条线的专业规划中，产业规划、土地规划较多，分别为 45 项、1 263.1 万元和 22 项、2 065.2 万元。

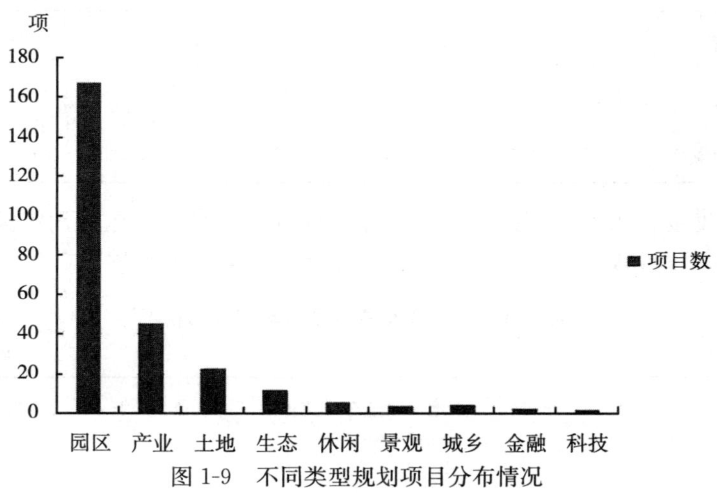

图 1-9 不同类型规划项目分布情况

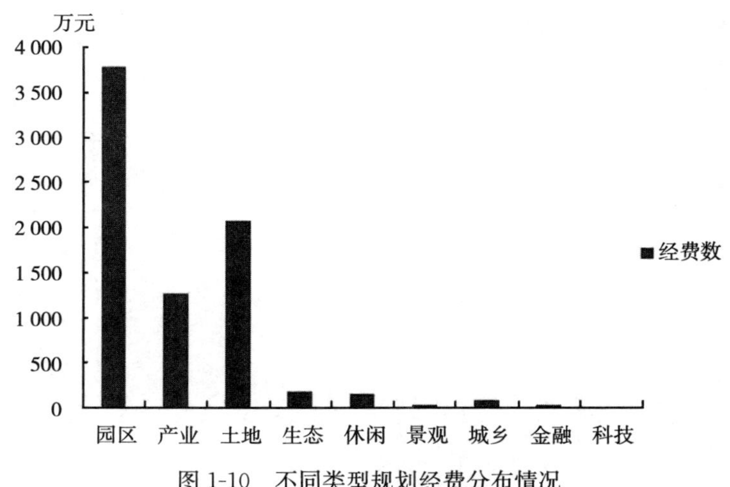

图 1-10 不同类型规划经费分布情况

从单项平均经费来看，土地规划最高，达到了 93.9 万元，远远高出其他类型的规划；休闲规划次之，为 32.4 万元；园区规划、产业规划、城乡规划相差不多，超过 20 万元。总体来说，土地规划单项经费大、数量少，园区规划数量多、单项经费较少，需加以保持，产业规划、休闲规划可以大力拓展。

表 1-9 不同类型规划项目平均经费统计

单位：项，万元

年份	园区	产业	土地	生态	休闲	景观	城乡	金融	科技
项目数	167	45	22	11	5	3	4	2	1
经费	3 787.0	1 263.1	2 065.2	181.0	162.0	36.0	93.0	38.0	6.0
单项目平均经费	22.7	28.1	93.9	16.5	32.4	12.0	23.3	19.0	6.0

从年度变化来看，园区规划、产业规划发展较快，并在近几年保持较为稳定的状态，土地规划、生态规划、休闲规划等需要加大发展。

表 1-10　不同类型规划项目年度分布情况

单位：项

年份	园区	产业	土地	生态	休闲	景观	城乡	金融	科技
2006	2		1	2					
2007	5	2	1				1		
2008	7		1						
2009	4	1	2	1					
2010	3	3	3						
2011	10	2	7						
2012	27	7	3	3			1		
2013	53	7	1	2	2		1	2	
2014	32	9	2		2	2	1		
2015	24	14	1	3	1	1			1
合计	167	45	22	11	5	3	4	2	1

表 1-11 不同类型规划经费年度分布情况

单位：万元

年份	园区	产业	土地	生态	休闲	景观	城乡	金融	科技
2006	50.0		340.0	30.0					
2007	113.0	19.0	23.7				45.0		
2008	231.7		445.0						
2009	65.0	20.0	396.5	5.0					
2010	64.0	37.0	25.0						
2011	190.8	40.0	601.0						
2012	589.0	288.0	75.0	45.0			30.0		
2013	1 375.8	286.0	25.0	80.0	79.0		12.0	38.0	
2014	667.1	207.4	116.0		58.0	18.0	6.0		
2015	440.6	365.7	18.0	21.0	25.0	18.0			6.0
合计	3 787.0	1 263.1	2 065.2	181.0	162.0	36.0	93.0	38.0	6.0

5. 2006—2015 年规划项目经费分布情况

2006—2015 年，学校开展规划项目，经费额度在 2 万～480 万元不等，其中，经费额在 10 万元以下的项目共 68 项、483.5 万元，分别占总项目数和经费的 26.15%、6.3%；经费额在 10 万～50 万元的项目共 170 项、4 261.7 万元，分别占总项目数和经费的 65.4%、55.8%；经费额在 50 万～100 万元的项目共 16 项、1 056.1 万元，分别占总项目数和经费的 6.2%、13.8%；经费额在 100 万元以上的项目共 6 项、1 830 万元，分别占总项目数和经费的 2.1%、24.0%。

从年度变化来看，经费额 10 万元以下的项目和经费额在 10 万～50 万元的项目增长较为明显，且近几年呈现较为稳定的态势；经费额在 50 万～100 万元的项目需要大力发展；经费额在 100 万元以上的项目年度分布不规律，一般是土地利用总体规划或修编项目。

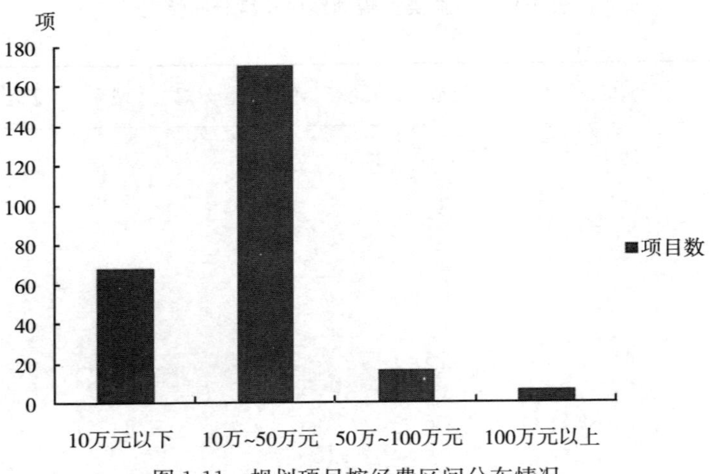

图 1-11　规划项目按经费区间分布情况

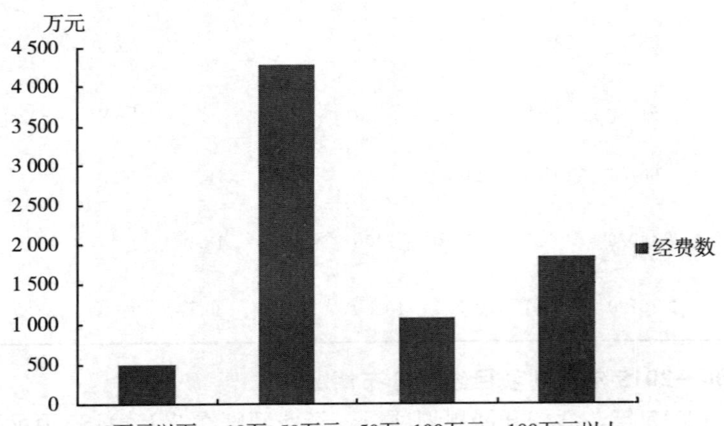

图 1-12　规划经费按经费区间分布情况

表 1-12　2006—2015 年规划项目按经费区间分布情况

单位：项

年份	10 万元以下	10 万～50 万元	50 万～100 万元	100 万元以上
2006	1	3		1
2007	3	5	1	
2008	2	4		2
2009	3	3	1	1
2010	5	4		

（续）

年份	10万元以下	10万～50万元	50万～100万元	100万元以上
2011	3	15		1
2012	7	31	3	
2013	13	48	7	
2014	16	30	1	1
2015	15	27	3	
合计	68	170	16	6

表1-13　2006—2015年规划经费按经费区间分布情况

单位：万元

年份	10万元以下	10万～50万元	50万～100万元	100万元以上
2006	10.0	70.0		340.0
2007	10.0	134.7	56.0	
2008	13.7	83.0		580.0
2009	25.0	65.0	76.5	320.0
2010	23.0	103.0		
2011	23.0	328.8		480.0
2012	63.0	764.0	200.0	
2013	108.0	1 304.8	483.0	
2014	115.2	787.3	60.0	110.0
2015	92.6	621.1	180.6	
合计	483.5	4 261.7	1 056.1	1 830.0

经费额在100万元以上的项目主要为土地规划项目，主要由公共管理学院承接；前文提及的公共管理学院项目少反而经费多，缘于其在苏北的徐州、宿迁和苏中的扬州规划项目数量较少但平均经费较大。

表1-14　经费在100万元以上规划项目分布情况

类型	学院	年份	地区
土地	公管	2006	无锡
土地	公管	2006	无锡
园区	人文	2008	宿迁
土地	公管	2008	南京
园区	人文	2008	宿迁
土地	公管	2009	徐州
土地	公管	2011	扬州
土地	公管	2014	徐州

（二）存在的主要问题

1. 学院多、学科杂，顶尖团队急缺

学校学院多，涉及水稻、小麦、大豆、蔬菜、果树、花卉、草业、茶学、食用菌、设施农业、风景园林、猪学、牛学、羊学、水产学、农业经济、林业经济、土地科学等多个学科，各个学科又有不同的行业团队，“单兵作战”现象十分突出，很大程度上导致规范标准不一、重行业不重主体、规划质量不高等现象的产生。学校缺乏专业顶尖团队，目前，学校有卞新民教授为首的区域农业发展规划团队、王树进教授为首的农业园区规划团队、姜卫兵教授为首的园林景观规划团队、吴群教授为首的土地利用规划团队、欧名豪教授为首的城乡规划团队、杨旺生教授为首的乡村旅游规划团队等少数几个团队，在省内外得到了较为广泛的认可。在国际上，顶尖的农业规划团队，一般具有稳定的人员组成，广泛的行业知识结构，统一的规划标准规范，规划的广度、深度、专业度得以可持续的实现。农业规划队伍不稳定，缺乏高水平的农业农村规划科研人员，很大程度上导致了规划研究缺乏高层次创新。缺乏可持续的制度保障，特别是缺乏促进领军人才脱颖而出的体制和机制，难以培养高层次、具有开拓能力的规划团队，严重制约了学校农业规划及其研究的发展。规划研究人员具有不同的研究领域背景，一般不与团队外的其他研究人员进行资源、信息的交流，不符合资源共享的理念，也不利于知识整合和跨学科研究与创新团队建设。以任务为导向的协同合作，不能形成稳定的、持续的团队研究模式，在开展大型项目时问题更为突出。① 我国农业现代化、农村城镇化的快速发展，给农业农村发展管理提出新的问题与挑战，政府如何做到决策科学化，这里需要一种不可或缺的理论科学——农业农村规划理论科学。而提高规划团队建设水平层次，更需要提高学校农业农村规划服务能力的支撑与保障。在人才培养方面，加强农业综合人才培养，稳住一支精干、高水平的农业农村规划专家队伍；在学术交流方面，办好学会和农业农村规划学术交流活动，活跃学科讨论园地。

2. 类型多、业务大，规划质量不高

学校开展的规划项目包括有园区规划、产业规划、土地规划、生态规划、休闲规划、景观规划、城乡规划、金融规划和科技规划 9 大类型，每年超过 50 项，类型多样，业务范围较广，但是范围广、体量大也带来很多的问题，

---

① 林晓玲，赵飞．高校跨学科科技团队的构建机制及发展的路径选择［J］．科学管理研究，2016（5）：40-43.

尤其是质量方面的问题比较突出。不同规划项目在开展工作时，还存在定位不准、界限模糊、内容交叉、求大求全、建设标准不配套以及制定和报批程序不规范等问题，导致指导性、可操作性不强，影响了规划功能的充分发挥。特别是没有把现代农业产业布局落实到村和田块，没有根据产业发展需要，规划出田、林、路、渠、沟、涵等具体的方位和规模，[①] 更没有规划出实施的年限和投入及其措施。因此，这样的规划可操作性不强，难以用来具体指导现代农业发展和新农村建设。当前，农业农村经济快速发展，农业综合生产力大大提高，小生产、大市场的现状逐步向规模经营方向发展。此外，农业资源短缺和环境保护的矛盾仍很突出，农业经济发展仍然存在许多的不足。因此，开展农业农村规划，需要按照客观的自然规律和经济规律，向深度、广度发展，深入研究粮食、园艺、水产业、畜牧业、加工业增产潜力和对策措施，加大农业产业化、农业三产融合的地域匹配问题研究，探索区域性、大范围、大规模农业现代化生产模式，[②] 不断拓宽农业农村规划研究领域。

3. 只规划、不服务，规划作用未彰显

总体来看，学校开展的现代农业规划项目，有的已经基本建成，有的正在建设过程中，但还是存在着规划作用不明显的突出问题。首先，农业生产、农村发展本身存在诸多客观困难，农业招商引资、土地规模流转、市场经营管理等问题还是存在相当大的制约，整体效益难以发挥，农业项目管理困难，政府牵头的规划项目缺乏建后明确的职责分工和管护责任体系，加之存在资金短缺等问题，导致很多规划无法实施或中途夭折；其次，由于农作物生长受自然环境制约较大，农业生产管理投入较多，短期内难出成果，成效不显著；再次，思想认识上存在局限，追求见效快、收益多的生产，对规划所需的生态农业、可持续农业不太重视，也经常造成规划实施变样、走偏。[③] 因此，农业高校要注重实施过程中的技术指导与服务，注重见效快的新品种、新技术的开发，增强用户对农业高校的信心；最后，高校开展农业规划服务，面临着单学科、分散化、资源共享难、开放程度较低等突出问题，难以形成一个完备的开放共享体系[④]，也在一定程度上制约了规划项目的服务能力。

---

① 黄海荣．区域现代农业规划存在的问题及对策［J］．产业与科技论坛，2013（12）：40-41.

② 彭建，刘志聪，等．农业多功能性评价研究进展［J］．中国农业资源与区划，2014（12）：1-8.

③ 方文明，张贻发．农业高校服务新农村建设存在的问题及对策研究［J］．广东农业科学，2009（10）：229-231.

④ 宋广林，李文华．谈农业高校科技创新平台体系的建设［J］．农业科技管理，2009（4）：39-41.

（三）对策建议

1. 加强规划专家队伍建设

随着我国农业现代化、农村城镇化的快速发展，农业农村发展管理不断面临新的问题与挑战，农业发展规划理论科学正是农业大学服务社会经济发展的重要内容之一，其中最为关键的是，要提高规划团队建设水平层次，培养出一支高水平、宽视野的规划专家队伍。要依托现有团队，培养稳定的学术团体，发挥规划领域专家的“传帮带”作用，提高不同专业背景的中青年科技人员业务水平，培育一批高素质、有潜力的青年规划人才；① 要积极鼓励规划科研团队有计划、有步骤地选送研究人员进修或参加培训，更新知识、转变观念、开阔思路，提高研究人员业务素质；重视农业农村领域边缘学科、交叉学科等发展趋势，培养综合型科技人才进入规划科研团队；② 对于具有战略意图、创新思维的团队给予稳定的支持，鼓励团队吸引不同学科领域的科研人才；支持和推动规划团队相互接触和交流，营造良好的规划人才培养环境。

2. 开展规划项目理论研究

农业规划研究需要较为全面地平衡自然、资源、经济、社会与生态的综合需求，同时高校学科专业却在不断细分，因此，特别需要将农业发展规划的理论研究作为独立的综合性学科或课程进行设置。农业规划的理论研究，除了突出基础理论研究，还要与不同学科、专业结合，开展全局性或区域性的重大科技问题、当前农业发展核心问题、国家重大宏观战略热点问题等领域的研究；注重研究国内外农业产业梯度转移的新理论、研究当前农业比较优势的分析评价方法、研究不同规划区域现状基础的分析利用方式、研究规划目标的指标体系等；③ 国家、学校层面要积极鼓励举办农业规划领域重大学术交流活动，开设学术交流窗口，建设学科讨论平台，提升规划水平与能力。

3. 做好规划项目后续服务

农业发展规划面临的一个突出的现实问题就是权威性不足，为此，建议国家和农业主管部门，加强农业发展规划管理，增强规划的实施权威性。需要强化与鼓励农业高校开展规划后续指导服务，特别是要加强农业生产技术的进一步跟踪指导与服务，增强育秧工厂、设施温室、设施大棚、畜禽养殖工厂、农

---

① 王剑．我国高层次创新型科技人才培养的若干问题研究［J］．科学学与科学技术管理，2012（8）：165-173.

② 王雅鹏，杨涛，等．农业经济转型期农业经济管理学科发展的思考［J］．华中农业大学学报，2003（4）：1-5.

③ 陶红军．农业区划理论和实践研究文献综述［J］．中国农业资源与区划，2014（4）：59-66.

业机械、农业信息化等生产设施及其配套的设计与建设服务。农业园区或行业发展，是离不开农业科学技术的，因此，需要充分发挥高校人才、智力以及学科优势，立足发展实际和发展目标，构建多学科、多成果、多层次的技术服务团队，开展技术攻关、推广培训、发展指导等相关服务，使规划成为现代农业发展和新农村建设的推进器。

4. 健全规划项目管理机制

农业规划是农业发展的前期引导。有了好的规划，就知道如何科学发展现代农业，有序指导农业增效、农民增收和农村发展。从这一角度，农业类高校应当承担这一重大使命与任务，把农业规划咨询作为科教兴农、服务“三农”的重要内容。为此，应当建立和完善管理激励机制，在规划项目立项管理、资金使用分配和工作年终考核等方面予以政策倾斜，建立合理的绩效评估和报酬体系，加大奖励力度，提高规划科研团队开展农业规划的责任感和积极性。

5. 成立农业规划专门机构

农业功能和需求的多样性需要更加丰富的农业规划内涵，单一学科资源或团队难以满足农业规划的需要。为此，大学应当通过建立农业规划的专门机构，把涉及农业规划的多个学科、团队以及研究成果进行整合，形成开展农业规划的统一窗口。依托此专门机构，拓展规划后的技术指导与服务，拓展服务面，延长产业链，扩大学校对外规划服务的范围；依托此专门机构，建立并维护专用网站、微信平台等，放大其宣传窗口作用，打造规划服务品牌，增强学校规划服务影响力；依托此专门机构，积极争取规划资质，出台激励措施，并运用市场化的运作机制，充分调动科研人员的积极性，形成参与新农村建设的更专业、更全面、更规范的农业规划平台。

三、规划设计研究院建设及运行

（一）建设的必要性和可行性

多年来，南京农业大学依靠自身的学科、人才和技术优势，为我国新农村建设和农业现代化发展做出了重要贡献。为进一步做好新农村建设和农业发展规划、丰富学校服务内涵，学校成立了南京农业大学规划设计研究院有限公司（以下简称规划设计院），为学校深入开展农业规划和参与新农村建设搭建了更为专业的平台。

规划设计院的成立对于学校来说是非常必要的，对于学校参与新农村的建设、更好地开展农业规划服务也有着重要的意义。

1. 整合学校资源，形成对外统一服务的窗口

“三农”问题涉及农村、农业、农民的方方面面，包含种植业、养殖业、渔业、农村能源、环保、文化、村镇建设、农业经济等诸多内容，每一项内容都包含了许多要研究的课题。南京农业大学农学院、园艺学院、资源与环境科学学院、经济管理学院、公共管理学院、金融学院、人文与社会发展学院等都承担相关课题的教学与科研工作，硕果累累，为农业规划工作的开展奠定了坚实基础。通过农业规划，也可以提高学校科研成果的转化与应用、更好地为新农村建设做好服务。在农业规划开展的过程中，学校需要设立一个机构，根据规划设计项目的具体要求整合学校各方资源，应用并推广学校的科研成果，同时也需要一个机构成为学校对外农业规划统一宣传与服务的窗口。

2. 规范项目管理，满足规划项目实施的需要

根据学校承接的规划设计类项目，涉及的相关资质有工程咨询资质、园林规划设计资质、旅游规划资质、城乡规划资质、土地规划资质、建筑装饰设计资质等。目前，政府各个专项部门都在制定和完善相应的单位资质管理规定，总体要求是相应单位应取得相应等级的资质证书，并在资质等级许可的范围内从事规划设计编制工作。对于农业规划与其联系最为紧密的资质是工程咨询资质与城乡规划资质，在许多招标单位的招标书中也有对资质的要求，而且随着规划设计工作管理日益规范，这种要求会越来越多。规划设计院的存在将是一个非常好的载体，可以申请各类资质，便于学校承接各类规划设计项目。

3. 规划纵向发展，丰富高校社会服务的内涵

随着规划设计的深入以及产学研的协同与集成化的发展，未来对农业规划将不仅仅停留在规划上，对规划后的建设实施也将有着期待与要求。在建设实施过程中，规划设计院可以承担农田水利基础设施以及产业项目建设，实现公司业务纵向发展，同时可以实现规划指导建设、建设支撑规划的相互促进发展的局面。这样便于学校实现对农业发展的一站式的服务，也便于学校更好的参与新农村建设。

（二）建设情况及主要成效

规划设计院成立于2013年5月，注册资本500万元，是南京农业大学资产经营有限公司全资子公司。规划设计院在南京农业大学农业园区研究中心（1995年）、城乡土地规划设计研究院（2004年）和景观规划设计研究所（1983年）等校级科研机构的基础上，健全组织机构（图1-13），整合优质资源，开展相关规划设计工作，服务范围覆盖城乡规划、土地规划、土地整理设计、风景园林规划、环境规划与评估、旅游规划、农业园区规划、景观生态修复、景观设计、建筑设计、生态环境与工程、图文设计制作等方面。

规划设计院性质：有限责任公司（法人独资）。

股东发起人：南京农业大学资产经营有限公司。

企业文化：至诚至勤，重质求精。

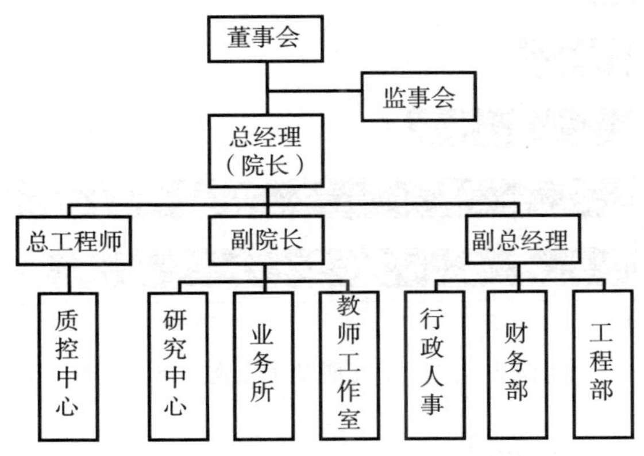

图 1-13　规划设计院机构设置

规划设计院目前在职 30 人，已基本完成公司规章制度的建设。2016 年经董事会审议并通过以下三项制度：《南京农业大学规划设计研究院有限公司教师工作室管理办法（暂行）》《南京农业大学规划设计研究院有限公司员工绩效考核办法（暂行）》《南京农业大学规划设计研究院有限公司年终奖金分配办法（暂行）》。公司制度不断完善，提高了公司的执行力与运行效率。

为推进文化建设，扩大对外宣传，规划设计院加强网络平台制作。通过已建成的网站不断推送新信息、展示典型案例作品，起到了很好的对外宣传作用。同时规划设计院也加强微信公众平台的建设，多渠道搭建规划设计院与客户联系的桥梁。通过这些“桥梁”，规划设计院可以更好的收集服务的信息，客户可以更方便、更快捷地联系到规划设计院。

为深化教师工作室建设，鼓励更多教师“走进来”，规划设计院在校园网发布了《南京农业大学规划设计研究院有限公司关于设置教师工作室的函》，面向学校教师多渠道宣传规划设计院各项服务内容和相关政策。目前共有 17 位老师设立了自己的专家工作室。

目前规划设计院已取得城乡规划编制单位乙级资质、土地规划机构乙级资质和土地整治项目规划设计机构二级资质。今后将继续申请旅游规划、环境评价、工程咨询等资质。

2016 年规划设计院共承接项目 59 个，实现合同金额 1 228.7 万元，承接的项目以城乡规划和农业园区类项目为主，主要分布在江苏、浙江、安徽等地（图 1-14）。

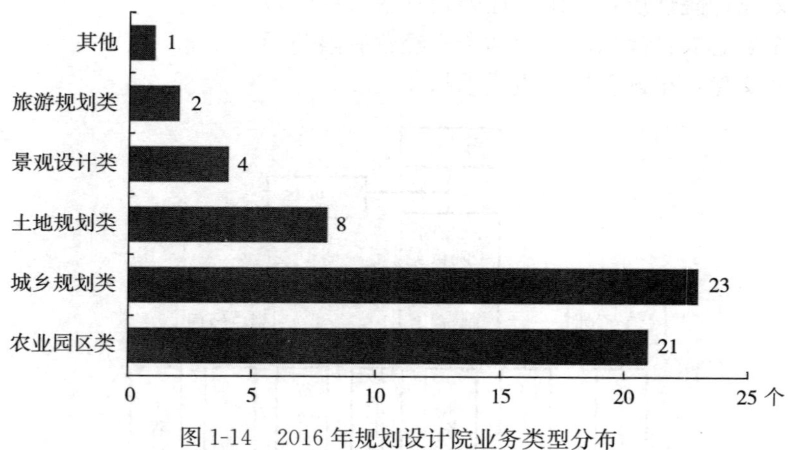

图 1-14　2016 年规划设计院业务类型分布

（三）存在的主要问题

1. 起步晚，困难大

东南大学 1993 成立东南大学建筑设计研究院有限公司，扬州大学 1994 年成立扬州大学工程设计研究院、中国农业大学 2012 年吸纳社会资本成立北京中农富通城乡规划设计研究院有限公司，华中农业大学 2013 年成立武汉华农大城乡规划设计院有限公司，这些公司或设计研究院成立比较早，运作也已较为成熟，有的还在全国各地设立了多家分公司。南京农业大学规划设计院起步较晚，业务发展还处于起步阶段。加上目前承接农业规划的公司很多，占有了很多农业规划的市场份额，面对这样激烈竞争的市场，规划设计院发展困难重重。

2. 农业规划标准不一

南京农业大学农业规划团队大大小小有几十个，但因每个团队的专业背景不同，规划设计的侧重点有着不同的偏向，规划格式、内容等也千差万别。不同的农业规划的标准是什么、怎样才算是一个合格的农业规划，目前还没有统一的执行标准，这不利于学校农业规划品牌的建设，也不利于规划设计院进一步推广与宣传。

3. 专业人才匮乏

专业人才的匮乏体现在三个方面：一是规划设计院目前与学校老师联系还不够密切，工作开展过程中，与学校老师的互动还不够紧密，来规划设计院兼职或建立专家工作室的老师较少；二是自身专业队伍人员仍需要进一步的壮大。

目前专业技术人员主要为农业规划与城乡规划方向，从事农田水利规划、旅游规划、园林景观规划、土地规划等专业人员还比较欠缺；三是缺少专门营销人员，有针对性的营销工作开展得不多，一些潜在客户不能深入了解规划设计院。

4. 运作机制不灵活

规划设计院隶属于学校，作为学校的全资子公司，建设初期面临着人才少、项目少、工资薪酬体系没有吸引力、工作保障措施不完善等问题，每一个问题都有待于制订合理的措施去解决。目前规划设计院未能顺应市场发展需求进而做出调整和改进，缺乏科学合理的运行机制和较为灵活的激励机制，一定程度上阻碍了规划设计院发展的步伐。

（四）对策建议

1. 加强宣传，扩大影响

进一步推进网站、微信平台的建设，及时更新相关政策与农业生产技术信息，做好项目后反馈工作，增强与客户的黏性，为农业园区建设做好服务。通过会议、培训等多种形式，继续巩固规划设计院在学校中的窗口作用，扩大规划设计院对外服务的范围，提升学校规划设计服务的口碑和影响。

2. 建立标准，树立品牌

南京农业大学农业规划起步于20世纪90年代，见证了农业园区不同阶段的变革。近30年来，学校一批专家学者们潜心研究，做出了许多优秀的农业规划作品，许多作品已落地实施。加之江苏农业在全国农业发展中的示范地位，有些作品已经成为全国农业园区发展的典范。在这样的背景下，规划设计院应加强与学校农业规划专家的合作，制定农业产业园区、农业科技园区、休闲农业园区等不同类型农业规划的标准，开展ISO 9001质量管理体系认证工作，规范农业规划内容，提高学校农业规划品牌建设，为全国农业园区建设与发展做出更大的贡献。

3. 实行灵活聘用模式

结合规划设计院与学校老师的关系，工作人员宜采用“灵活性公司模式”的聘用方式，使规划设计院的专家队伍能自由扩大或缩小，以应对未来不确定的变化。具体做法有：建立规划设计院强大的全日制的核心群体，这些群体接受多种培训，既要有相应的专业技术，又要有良好的沟通能力；以专家工作室人员为对象建立规划设计院第一外围群体，鼓励老师在公司做兼职、建立专家工作站，同时建立稳定性的工作合作关系；以学校其他老师为对象建立规划设计院第二外围群体，积极采纳并应用老师们的科研成果，加强与老师们的互动，促进科技成果的转化与应用。对于学校学生，积极提供学习实习的平台，营造创新创业的良好氛围。

4. 建立专职营销队伍

营销团队对于规划设计院业务的开展至关重要，也是目前规划设计院的短板。目前虽然规划设计院已经建设网站、微信公众平台，但这对于规划设计院的宣传是远远不够的。要通过建立专职营销团队，有步骤、有计划的展开营销工作。目前，可以先成立营销小组，逐步发展壮大为方式多样的营销团队。营销工作主要体现在以下三个方面：通过宣传，形成社会对规划设计院的直接认识；维护与甲方的关系，带来规划设计项目；有计划地巩固江苏、安徽地区的农业规划，逐步发展山东、河南、湖北、江西、浙江等地的农业规划。

5. 完善管理运营机制

学习中共中央、国务院印发《关于深化国有企业改革的指导意见》的相关指导文件，强化学校在资产保值增值方面的监管作用，让规划设计院真正成为独立市场主体，拥有更多更大的自主决策权力。这样规划设计院可以更好地适应市场经济，建立现代企业制度，提高效率，确保国有资产保值增值。规划设计院只有建立合适的工资薪酬制度和工作保障措施（例如档案管理、户籍管理、健康体检等），才能够吸引更多的优秀人才，从而建立规划设计院自己的核心群体，进而推动规划设计院发展壮大。

四、典型案例

（一）园区规划

1. 徐州贾汪丰硕智慧农场规划

图 1-15　徐州贾汪丰硕智慧农场规划示意图

基于“互联网+农业”的经营管理构架，协调资源环境制约与社会经济，特别是新型农业经营主体发展，致力于打造“生产标准化、管理信息化、供应扁平化、销售社区化、服务专业化”的智慧园区；内容包括丰硕农场的产业与功能布局、云端农超对接经营管理方案设计、互联网工程设计实施、云农场云超市等软硬件平台关键技术研发集成示范。

2. 马鞍山博望现代农业示范园规划

博望现代农业示范园位于马鞍山市博望新区北部，规划总面积 25.34 千米^2（折合 38 010 亩①）。博望现代农业示范园分为蔬菜示范区、林果示范区、花卉苗木区、采石风景区横山片区 4 个功能板块。规划总体布局以采石风景区横山片区为中心，西为蔬菜示范区，东为林果示范区，山区的南侧为花卉苗木区。将博望现代农业示范园规划建设为博望副城的后花园、马鞍山市现代农业示范园区的排头兵、南京都市圈观光休闲农业的新亮点、全国循环农业和生态农业技术集成与推广的新基地。

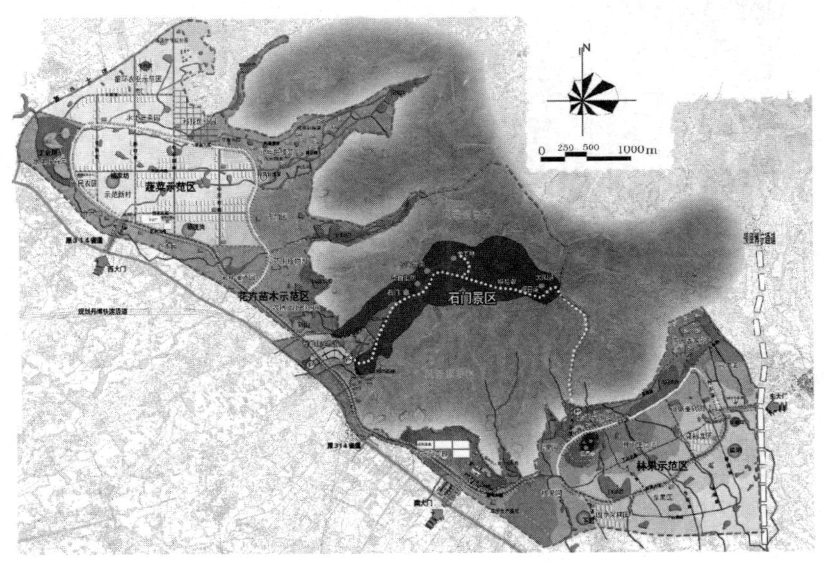

图 1-16　马鞍山博望现代农业示范园规划示意图

3. 江苏盐城现代农业示范区规划

江苏盐城现代农业示范区位于盐都区郭猛镇境内，面积 27.33 千米^2（折合约 41 000 亩）。产业项目涵盖了稻米、花卉、果蔬、水产、园林苗木、物流贸易、信息管理、科技研发、观光旅游等诸多现代农业产业门类，其中鲜切花

① 亩为非法定计量单位，1 亩≈667 米^2。下同。——编者注

和高档盆花种苗将建成出口生产示范基地。规划总体上遵循“高、新、特、外”四大理念，充分考虑了当地农业产业发展的良好基础、产业特色、资源条件和现代高效农业产业发展趋势。总体上按农业产品类型和生产生态功能不同，分成 10 个功能小区和 2 条生态景观带。示范区的核心区占地面积 3.87 千米^2（折合约 5 800 亩），为整个示范区的重点建设区域，是现有入园产业项目集中区。核心区作为先行建设启动区，主要规划有管理与旅游服务、高效花卉生产、种苗工厂化繁育、观光自采果蔬生产、园林苗木种植、花卉市场、物流中心、农村居民社区和沿步湖生态景观带 9 个功能单元。

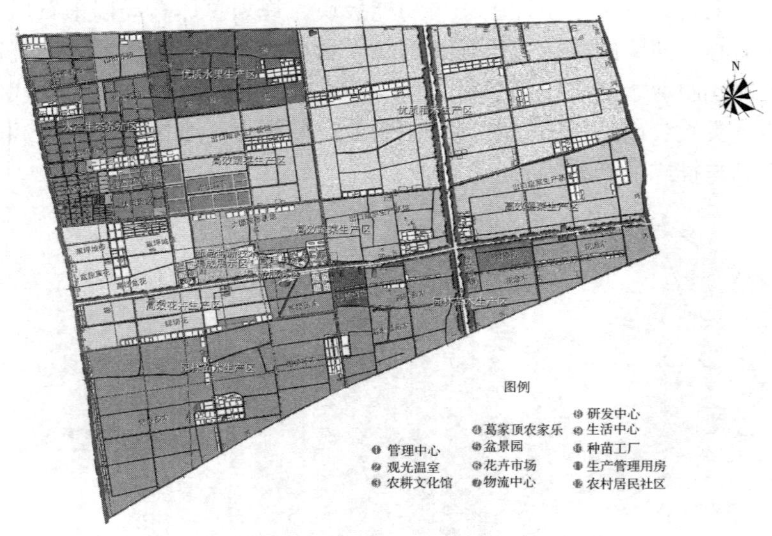

图 1-17　江苏盐城现代农业示范区规划图

（二）产业规划

1. 南京都市圈现代农业发展规划

规划以“三个代表”重要思想和科学发展观为指导，依托长江三角洲先行区和皖江城市带，承接产业转移示范区两大国家战略的深入实施，坚持“四化同步、错位合作、市场主导、科技创新、生态持续”原则，紧抓泛长三角一体化发展，加速和南京建设国际化都市的机遇，充分挖掘都市圈现代农业的基础与优势，不断提升“共建、共享、同城化”的发展水平；完善圈域现代农业产业体系，提升圈域特色农业水平，强化圈域现代农业物质条件建设，构建圈域农业合作发展平台，将都市圈建设成以南京为核心，服务长三角、同城化一体化的都市型现代农业，成为体现现代农业科技应用的重要载体，彰显现代农业生态文明的重要窗口，圈域协调发展、均衡发展、全面发展的重要单元以及辐射带动东中部现代农业协调发展的重要平台。

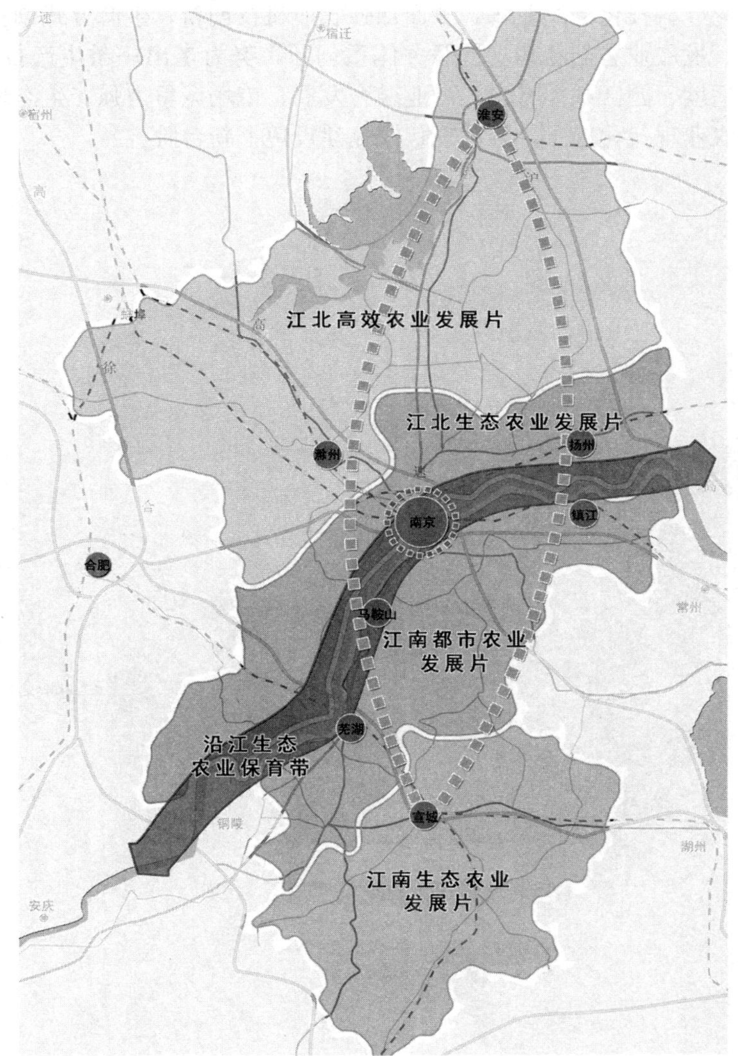

图 1-18　南京都市圈现代农业发展规划示意图

2. 太仓现代农业发展“十三五”规划

规划坚持太仓建设“田园城市”、融入“上海都市圈”的发展战略，坚持“创新、协调、绿色、开放、共享”的发展理念，围绕率先实现农业现代化总目标，以加快转变农业发展方式为主线，以农业园区化建设为载体，以农业一二三产业融合发展为路径，以全面深化农村综合改革和加强农业供给侧结构性改革为动力，全力打造都市现代农业，扎实推进农业产业提质增效，着力提升农业规模化、科技化、产业化，全面加强农业科技创新、生产方式创新、经营体制创新、发展业态创新和支持服务体系创新，努力走出一条生产技术先进、经营规模适度、园区载体有力、产业融合发展、市场竞争力强、生态环境可持续的新型农业现代化路子，推动现代农业建设迈上新台阶。

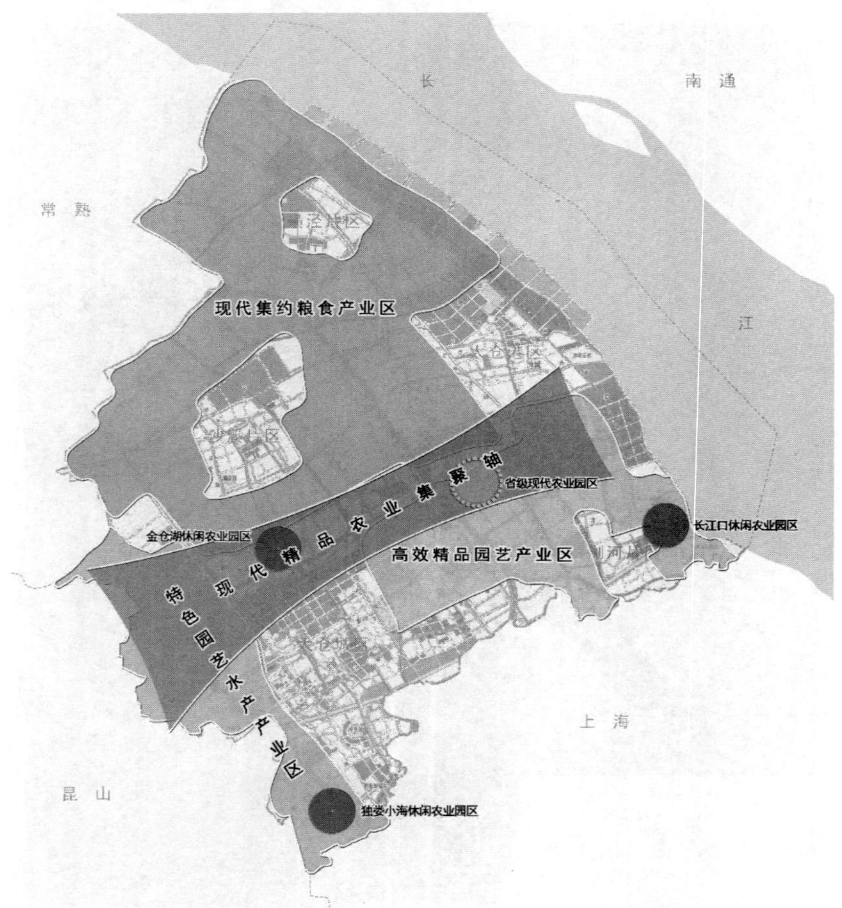

图 1-19　太仓现代农业发展“十三五”规划示意图

（三）土地规划

1. 徐州市土地整治规划

规划按照建设资源节约型和环境友好型社会的总体要求，坚持最严格的耕地保护制度和最严格的节约集约用地制度，以提高粮食综合生产能力为目标，以推进新农村建设和统筹城乡发展为根本要求，坚持“全域统筹、重点整治”的总体战略，大力开展农用地整理，稳妥推进建设用地整理，加大采煤塌陷地治理力度，促进生态修复和环境整治，增强基础设施支撑体系建设，完善规划实施保障措施，全面提高土地整治工作水平，抓住长三角地区经济一体化和振兴徐州老工业基地的战略机遇，为把徐州建设成为经济繁荣、设施完善、科教发达、社会和谐、民生殷实、环境优美的现代化区域中心城市提供土地资源保障。

图 1-20　徐州市土地整治规划示意图

2. 南通市土地利用总体规划

该规划为土地利用规划（2006—2020 年）国土资源部试点项目。项目以《中华人民共和国土地管理法》等相关法律、法规为依据，以严格保护耕地为前提，以控制建设用地规模为重点，以节约集约利用土地为核心，全面落实科学发展观，保障经济社会可持续发展，切实保护耕地和重要生态用地，合理保障用地需求，落实最严格的土地管理政策。改善区域生态环境质量，实现区域协调发展，坚持从南通实情出发，统筹安排各类各区域用地，妥善处理经济发展与资源环境保护、当前与长远、局部与整体的关系，努力实现土地利用方式的根本转变，促进土地资源的优化配置，为加快建设“经济发达、文化繁荣、政治清明、社会和谐、人民安康”的新南通、促进南通又好又快发展提供土地资源保障。规划为保障南通市经济社会持续、稳定发展的用地需求提供了有效的规划支撑。

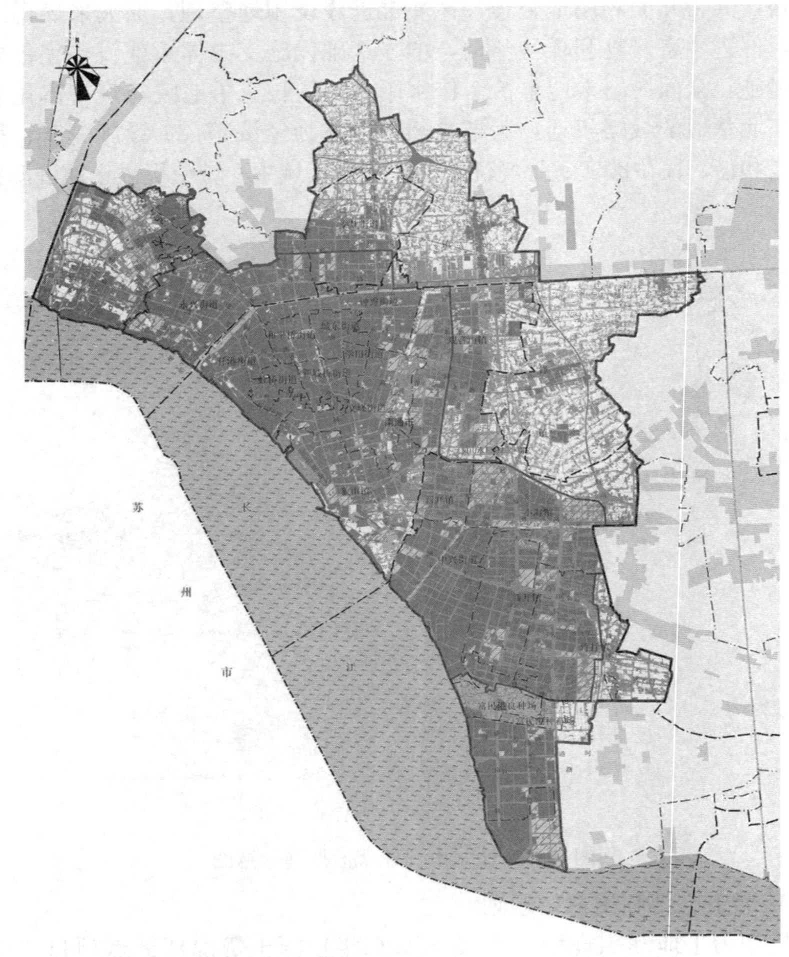

图 1-21　南通市土地利用总体规划示意图

3. 扬州市土地利用总体规划

项目以严格落实“十分珍惜、合理利用土地和切实保护耕地”的基本国策为前提，按照落实最严格耕地保护制度要求，从保障粮食安全、经济安全、生态安全和社会稳定出发，科学配置耕地资源，强化农用地特别是耕地总量控制，严格控制非农建设占用耕地。优化配置新增建设用地，以控制建设用地规模为重点，以节约集约用地为核心，以生态建设为依托，正确处理经济发展与资源环境保护、当前与长远、局部与整体的关系，围绕“富民强市、建设名城”的发展战略和实现“两个率先”的奋斗目标，响应沿江沿河开发战略，积极应对经济全球化、长三角一体化和泛长三角合作的机遇与挑战，为加快建设更加富裕、文明、秀美的新扬州提供土地资源保障。

图 1-22　扬州市土地利用总体规划示意图

（四）生态规划

1. 南京八卦洲湿地公园（一期）暨江苏仁泽生态科技园总体规划

项目区位于南京市八卦洲西南部的洲头位置，是南京八卦洲湿地公园（经江苏省林业局批复设立的省级湿地公园，总面积 6.91 千米^2，约 10 360 亩）

的主要组成部分和核心区域，占地面积 3.67 千米^2，约 5 500 亩。项目由江苏仁泽生态科技有限公司与公园所在地政府合作开发建设。规划以科学发展观为指导，在保护重要湿地生态资源的基础上，对公园进行改造升级，丰富公园生态景观类型，显著提升公园生态、社会、经济等综合服务功能。遵循崇尚自然、生活体验、人与自然和谐的理念，因地制宜，科学整治，适度开发，围绕湿地生态主题，保护湿地、森林、水域等生态环境，发展生态农业、生态休闲、生态旅游等生态经济，建设生态、生产、生活“三生”和谐，生态文明和特色鲜明的精品湿地公园。最终目标是建设南京最美的湿地森林公园和南京及周边地区城乡居民休闲旅游观光的重要阵地，也为八卦洲打造一张生态休闲观光旅游的新名片。总体功能定位为湿地生态资源保护培育与展示、生态休闲观光旅游服务、生态科普教育与文化传承和特色高效生态农业科技研发与产品培育试验示范，并依次将整个项目园区划分为 7 个功能区，即湿地森林保育区、湿地科教文化区、湿地森林游览区、耐水湿苗木试验培育区、特色蔬菜花卉种植区、湿地森林休闲度假区和综合管理服务区。

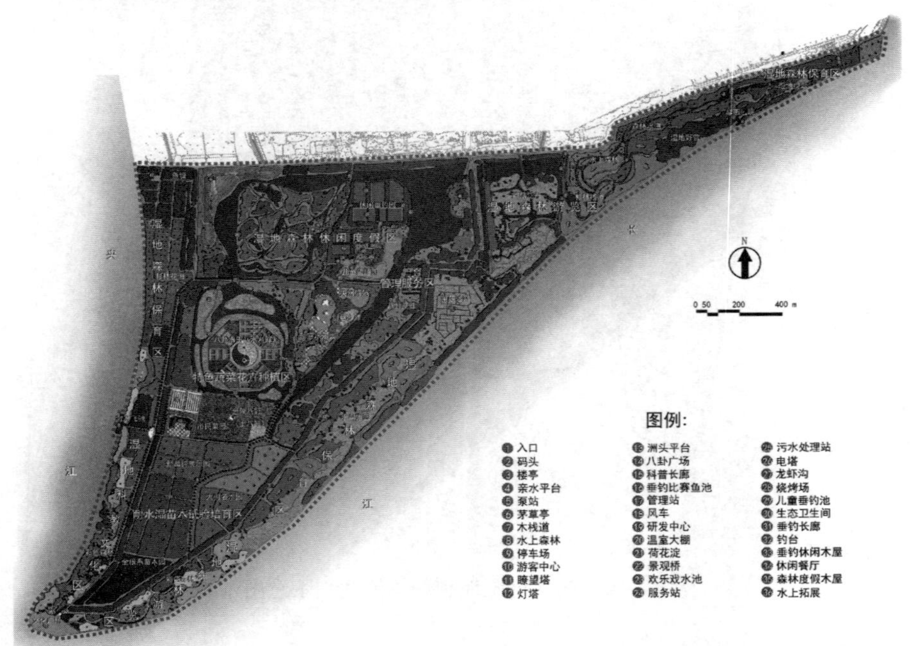

图 1-23　南京八卦洲湿地公园（一期）暨江苏仁泽生态科技园总体规划示意图

2. 太仓雁月湖生态农业园总体规划

规划充分发挥项目区水网密集、生态优越和交通区位优势，将核心区打造成为一个集生产、生态、观光、体验、休闲等多种功能于一体的都市水乡生态农业体验综合体，合理挖掘与利用农业、水网、生态、乡村、城市等资源，以都市水乡农业体验为核心，大力引进与培植多类型的生态特色农业项目小品，建成环境优美、生物多样、景观自然、特色显著，集生态观光、农事参与、乡村体验等多功能于一体的生态农场，重点建设“五园”，即科普生态园、湿地生态园、渔业生态园、园艺生态园、水稻生态园。

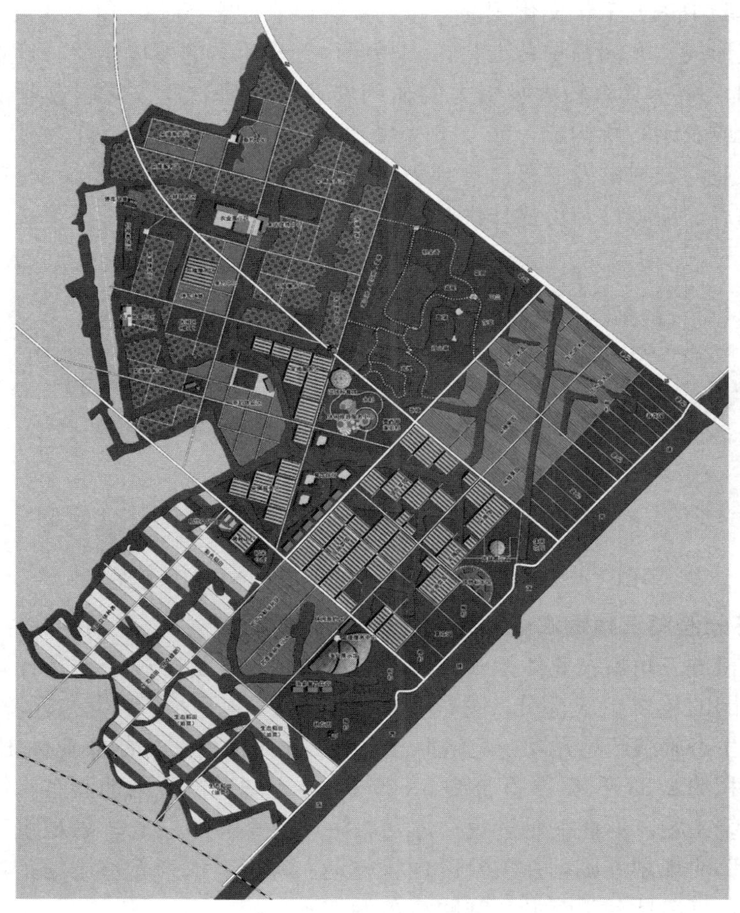

图 1-24　太仓雁月湖生态农业园总体规划示意图

（五）休闲规划

1. 新沂山水田园休闲农业带总体规划（2016—2025）

规划贯彻“创新、协调、绿色、开放、共享”的发展理念，遵循现代农业发展规律，充分利用新沂市的区位优势和现有社会经济发展条件，打造一条具有黄淮地区特色的、在华东地区有较大影响的休闲农业产业带，具体目标是要打造成中国最具影响力的农业休闲产业项目群、农业创新创业孵化试验区、农场度假养身基地、农产品电商基地、扶贫示范基地、农业技术推广基地。规划以“九园六驿”建设为抓手，以“九园”为依托，打造中国黄淮流域特色农业的窗口，带动新沂市农业品牌创建和价值提升；以“六驿”为入口，引导游客探寻和体验中华五千年文化积淀，带动新沂市农业全域旅游和大健康产业的繁荣。真正形成“九园揽尽黄淮物，六驿穿行五千年”的发展景象。产业带将由61个对社会资本具有较大吸引力的休闲农业、智慧农业、文创农业及健康农业项目（或农园）所构成，涉及6个镇（处）级单位、60个自然村，将成为新沂市农业与农村的发展极。规划力求吸纳国内外先进经验和最新技术成果，做到高起点、前瞻性与可操作性相结合。

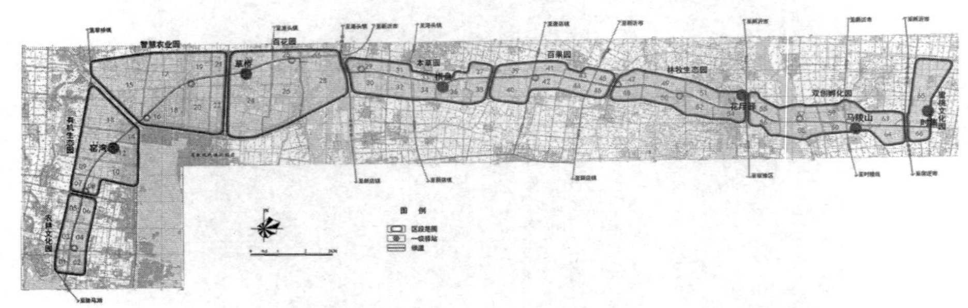

图 1-25　新沂山水田园休闲农业带总体规划示意图

2. 苏州澄湖三角嘴农业休闲观光园规划

苏州澄湖三角嘴农业休闲观光园位于澄湖西岸，为苏州澄湖现代科技生态农业示范园的重要组成部分，是以乡村农业景观和湖滨湿地生态环境为主导，兼有农业生态旅游产品开发、文化生态旅游和休闲体验服务的农业休闲观光园，占地总面积约2.33千米^2（折合约3 500亩）。规划遵循“因地制宜，体现水乡特色；围绕主题，丰富农业景观；休闲旅游，注重体验服务；景观生态，实现和谐多样”的规划原则，在项目区现状林地、耕地、水产养殖用地、自然河道的基础上，打造具有江南水乡鲜明特色的“水、屿、渔、田、林”和谐交融的湖滨休闲农业生态景观园区。园区总体功能布局结构为“四园两区”，即水乡花田风情园、水乡四季花果园、水车渔乐园、湖滨湿地野趣园及综合接待服务区、特色水产养殖区，并设置18个具有水乡特色的自然与人文景点（含产业景观），即麦香花田、菜花迷宫、水上森林、紫色杉林、水乡花田、休闲果园、船餐码头、隐湖问渔、荻芦秋雪、鹭岛寻野、苇浪闻莺、八鲜芦湾、临湖观澜、欢乐桥世界、水车渔乐园、淡水鱼业馆、七星风车阵和花田农家乐。

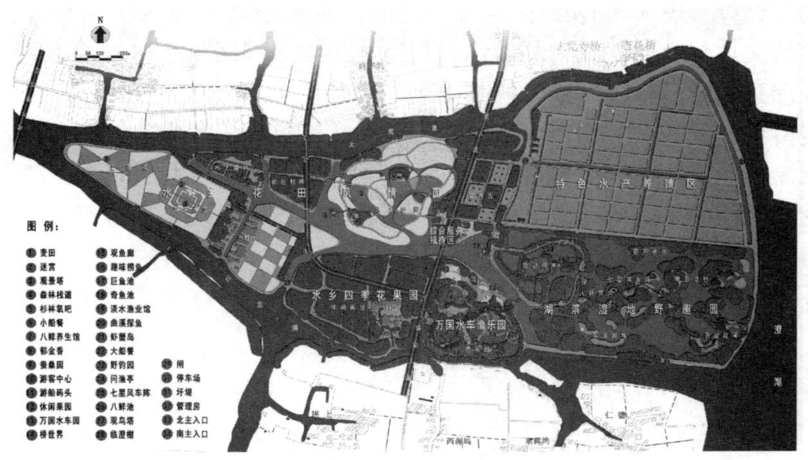

图 1-26 苏州澄湖三角嘴农业休闲观光园规划示意图

3. 大丰休闲农业与乡村旅游发展规划

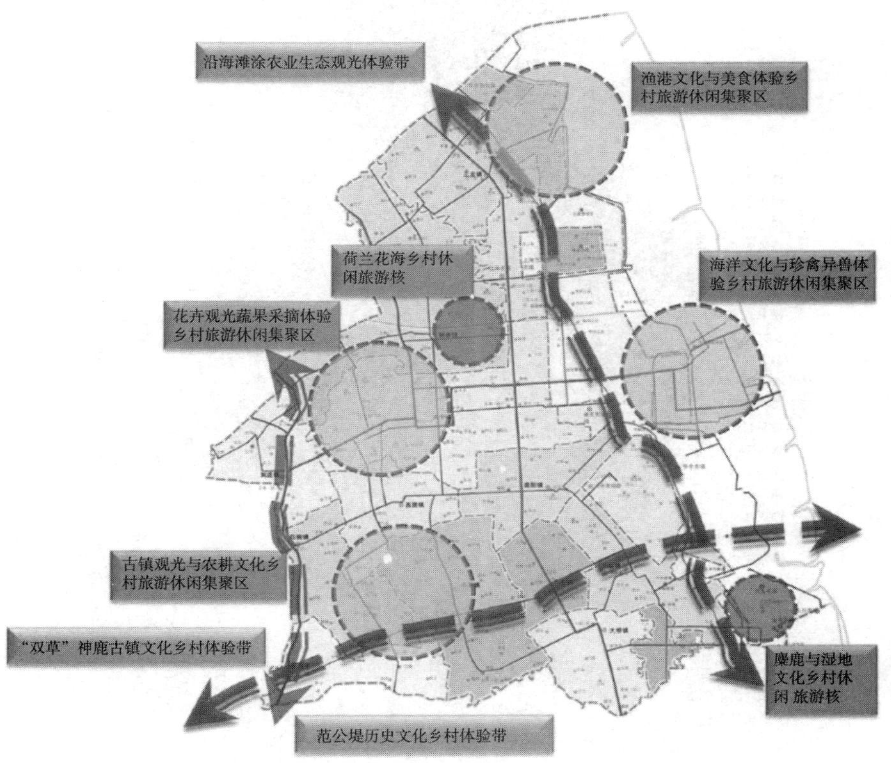

图 1-27 大丰休闲农业与乡村旅游发展规划示意图

规划充分考虑大丰休闲农业与乡村旅游发展现状，以区位条件、资源分布、地域文化与交通状况为基础，对现有休闲农业园区与乡村旅游景区提升完善和合理开发建设新旅游景区的基础上，构建“一心、二带、四区”的乡村旅游发展格局。“一心”，即为休闲农业与乡村旅游综合服务中心；“二带”，即为临港滩涂农业生态观光体验带、“双草”神鹿古镇文化乡村体验带；“四区”，即为花卉观光蔬果采摘区、渔港文化与美食区、麋鹿文化与生态观光区、古镇观光与农耕文化区。

4. 晋熙镇九龙村休闲农业与乡村旅游发展规划

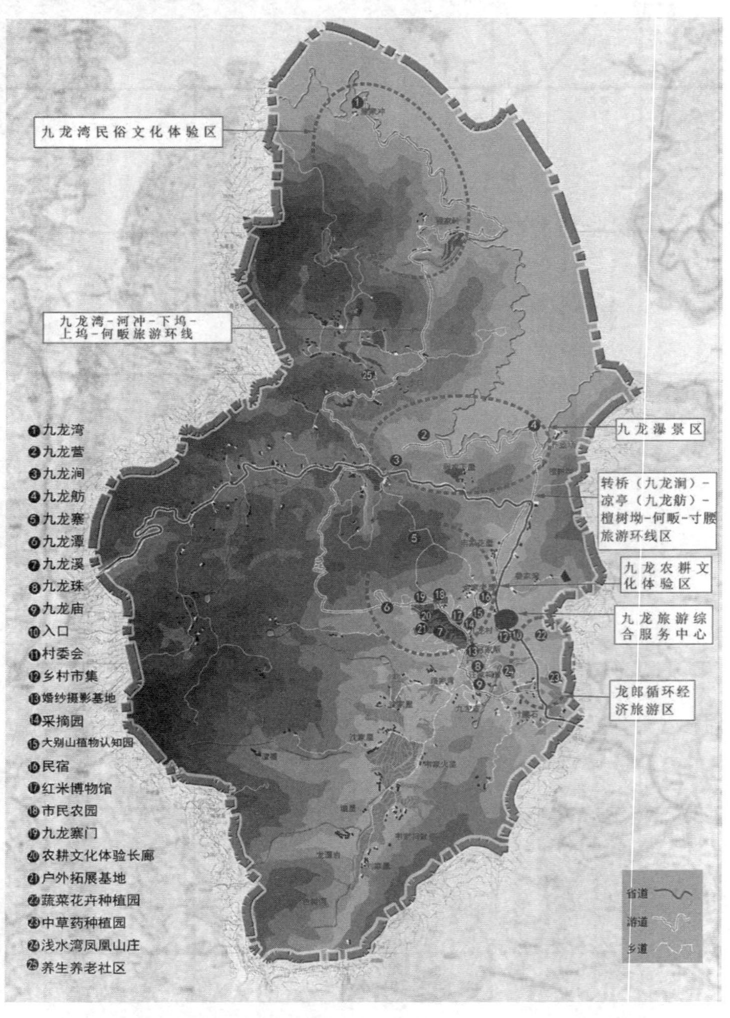

图 1-28　晋熙镇九龙村休闲农业与乡村旅游发展规划示意图

安庆市太湖县位于皖西南、大别山区南麓，项目区所在地晋熙镇为县城关镇，地处花亭湖风景区的西侧。规划以乡村活力体验为核，采用珠链状发展模式，以寻觅乡愁、体验乡愁为脉，打造集游、购、娱、健、赏、学、游等功能于一体的活力链条，满足美好乡村"大旅游"的多彩体验。空间布局为"一核、两环、四区、多点"。其中，"一核"为九龙旅游综合服务中心。"两环"为"九龙湾—河冲—下坞—上坞—何畈"旅游环线及"转桥（九龙涧）—凉亭（九龙舫）—檀树坳—何畈—寸腰"旅游环线。"四区"为九龙湾民俗文化体验区、九龙农耕文化体验区、九龙瀑景区、龙郎循环经济旅游区。"多点"九龙湾、九龙营、九龙涧、九龙舫、九龙寨、九龙潭、九龙溪、九龙珠、九龙庙、婚纱摄影基地、采摘园、大别山植物认知园、红米博物馆、户外拓展基地、蔬菜花卉种植园、中草药种植园、浅水湾凤凰山庄。

5. 宿豫区休闲农业和乡村旅游发展规划

宿豫区为宿迁中心城市"一体两翼"的东翼，规划范围含宿豫行政范围内的 14 个乡镇（街道）和湖滨新城开发区，总面积约 1 056.67 千米^2。规划立足宿豫区位、生态与资源优势，大力发展优势特色农业，形成"一镇一特、一村一品"，加快转变农业发展方式，拓展农业功能，深度挖掘、整合产业、生态、民俗、文化、历史内涵，努力将休闲农业和乡村旅游业培育成为宿豫产业

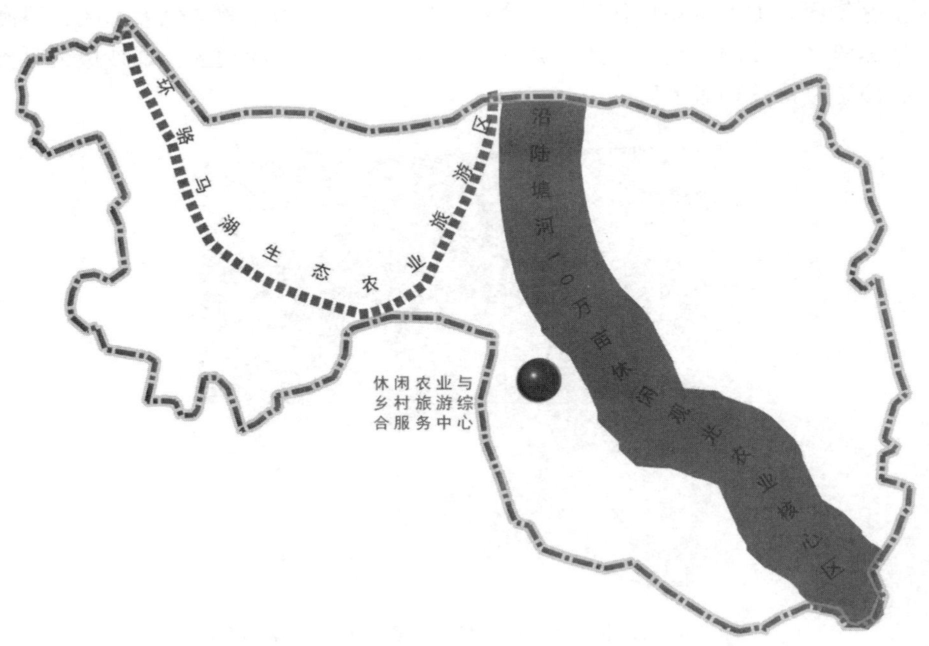

图 1-29　宿豫区休闲农业和乡村旅游发展规划示意图

转型升级的重要驱动力、国民经济新的经济增长点、城市品牌形象提升的重要引擎，把宿豫建设成为“美丽宿豫、幸福家园”以及江苏新兴的休闲农业和乡村旅游目的地。空间结构确定为“一环一带一中心”，其中，“一环”为环骆马湖生态农业旅游区；“一带”为沿陆塘河10万亩休闲观光农业核心区；“一心”为休闲农业和乡村旅游综合服务中心。

6. 江都尚任湖生态农业旅游观光区规划

项目位于江都宜陵镇南部，占地面积约0.87千米^2（折合约1 300亩）。规划结合地方历史文化资源挖掘和自然生态环境营造，发展旅游休闲接待等现代服务产业，重点打造一个具有鲜明主题文化特色和旅游综合接待功能，自然环境优美，能够持续发展的主题文化生态园和历史名人纪念公园。项目总体定位为主题文化生态园，充分结合地方“神韵古镇、甜蜜宜陵”发展理念，以甜蜜的爱情文化为主导特色，兼具其他地方特色产业、文化资源以及生态环境，打造富有特色的区域旅游休闲观光目的地。项目主要定位三大功能，即公园绿地、旅游接待和生态居住。其中公园绿地是主题文化生态园的最重要的组成部分，也是宜陵镇最重要的生态绿地之一和多功能、高品位旅游接待服务中心。主要景观内容包括“一轴八区”：“一轴”即象征丘比特之箭的“尚任长堤”景观轴；“八区”是将“爱情　婚庆”综合主题文化内容展开，分为相关的七个小主题景区，加上生态居住区，七个小主题景区分别为主题文化展示区、浪漫爱情体验区、休闲垂钓区、水上娱乐活动区、亲子娱乐活动区、婚纱摄影服务区、旅游接待管理服务区。

图1-30　江都尚任湖生态农业旅游观光区规划示意图

（六）景观规划

1. 南京溧水辛庄公园概念设计

项目位于南京市溧水区，占地面积 1 千米^2。项目建设目标：结合公园建设，打造南京市具有鲜明特色的、溧水区最大的城市综合性公园，完善公园服务设施，提供市民休憩、游赏、水上运动、文化娱乐、科普教育、餐饮休闲等活动。在此基础上，把公园与无想山及新城区紧密结合，使该公园成为山与城连接的纽带，形成山水相连、山水融城之态，为溧水新城区提升环境与景观品位，形成展现“绿色溧水”“美丽溧水”“幸福溧水”溧水新形象的标志性景观与生态项目。设计理念为都市乡村主义，包括：秦淮溯源—金陵之魂、山水相依—生态文明、城园互渗—娱情于民、今“古”相映—混搭风情。公园总体结构为：一底、一核、两带、三轴、三环。打造公园“十景”，即清音流瀑、明觉铁画、竹海观鱼、平台夕照、诗画溧水、无想禅林、香草花田、秦淮源说、水中慢道、木兰春早。

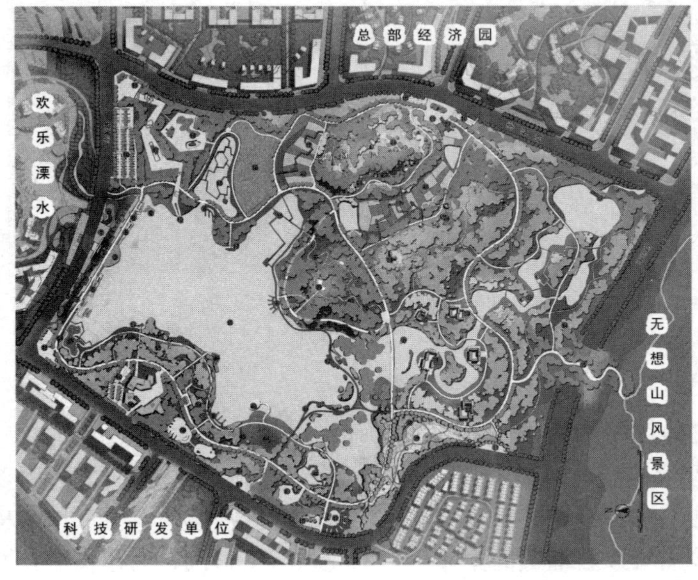

图 1-31　南京溧水辛庄公园概念设计示意图

2. 江苏秦淮河枢纽水利风景区核心区规划

规划核心区位于位于南京市西南雨花台经济开发区天后村秦淮新河入江口处，南抵雨花区板桥新城片区，北联建邺区奥南城市商业中心，西邻长江，区位优势显著。该区是整个风景区的重点，规划将此区打造成为以原初荒野景观为骨架，利用现有空置职工住宅改造成职工疗养院，把工作区与旅游游览区通过新的交通组织进行分离，将防浪墙的功能与秦淮文化、景观艺术相结合，创造特色景观，利用此处低洼、地下水位高及洪水期可淹没等特点，设置架空水利博物馆、湿地科普等“水”景观，展示水利文化。总之，项目设置以文化传承、体验活动为亮点，建设具有休闲观光、娱乐健身、科普教育、文化体验等复合功能的水利风景区。核心区分为源乡体验区、密林休憩区、航模竞技区、水船闸办公/科普区、观闸科普区、职工疗养区、康疗花园区、儿童活动区、水利科普区、湿地生态岛。根据场地区位及隋炀帝杨广描写秦淮河的诗词《早渡淮》意象，提炼出“八景”，即晴霞孤屿、平淮林森、泱漭晨晖、东篱田园、秦淮之眼、晓雾田畦、沙禽鸣飞、锦帆长圻。

图 1-32　江苏秦淮河枢纽水利风景区核心区规划示意图

（七）城乡规划

1. 福建漳浦（石榴）田园综合体建设规划（2017—2019 年）

2017 年中央 1 号文件提出，支持有条件的乡村建设以农民合作社为主要载体、让农民充分参与和收益，集循环农业、创意农业、农事体验于一体的田园综合体。福建省漳浦县以石榴镇的象牙村、攀龙村 2 个行政村为建设区，并成功申请为农业综合开发田园综合体建设省级示范点。规划提出推进国家现代农业示范区石榴核心示范园转型升级，打造“闽南井冈山”红色文化带，形成“温泉乡村游”生态宜居地，建设“四季花果、红色文化、温泉养生”为主题的田园综合体。项目区在空间结构上，结合农业生产、农村生活、农事体验、红色文化与旅游资源，构建“一轴一带、一园两村”的空间结构，在功能分区上分为综合服务区、产业示范区、居住与民宿区、生态涵养区四大功能区。在以上的空间结构与功能分区下，重点建设“六大支撑体系”。规划充分利用了漳浦县已有的特色农业产业基础，加强基础设施、产业支撑、公共服务、环境风貌建设，积极探索推进农村经济社会全面发展的新模式、新业态、新路径，加快培育农业农村发展新动能。

图 1-33　福建漳浦（石榴）田园综合体建设规划（2017—2019 年）示意图

2. 南京浦口汤集社区栗戴村庄建设规划

项目区位于星甸街道的中偏西部，东与桥林街道接壤，601 县道穿境而过，社区距主城区 30 分钟车程，区位优势较为明显。根据相关规划要求，结合自身资源条件、产业特色和发展诉求，本次规划将汤集社区定位为星甸中部农耕文化休闲旅游目的地，集休闲垂钓、观光采摘、生态宜居于一体的宜居宜游型社区。利用现有的资源及形态特征，将栗戴打造成集特色苗木种植、田园休闲娱乐于一体的生态宜居示范村。形象定位为“粉墙黛瓦复栗戴，水绿联合创新村”，规划愿景为“城郊新村，乡野休闲”。

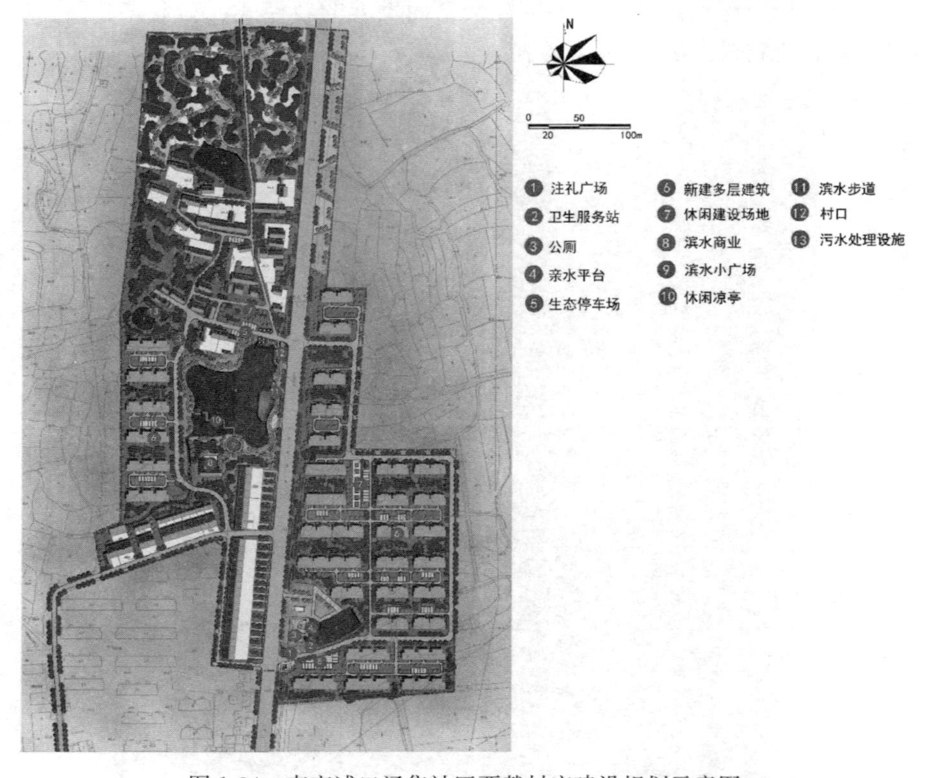

图 1-34　南京浦口汤集社区栗戴村庄建设规划示意图

3. 三河市（泃阳镇、杨庄镇、皇庄镇）美丽乡村示范区规划

三河是京津冀一体化的重要区域，是环渤海经济圈的腹地，被誉为“京东明珠”。示范区紧邻三河市市区南部，密涿高速、平香线和三香路纵贯片区，交通便利。以片区内的生态资源和人文资源为依托，将该示范区打造成为三河市区市民周末慢行游憩的沉静心灵之地，同时提升片区内农村居民居住生活环境，使之成为河北省美丽乡村的标杆区。示范区设计理念为以“文化”为特色，以“生态”为底板，以“配套”为基础，贯穿整个片区规划。规划结构为两带四点，四廊四片。两带：沿洵河形成的滨水观光带；沿印装路两侧形成的产业观光带；四点：四个门户节点，三香路南北进入片区形成的节点，平香线南北进入片区形成的节点；四廊：沿平香线、三香路、错化路及杨李线形成的四条景观廊道；四片：按照现有资源分布位置，参考相关规划对规划场地的描述，形成四大发展片区，分别是特色风情体验区、林下休闲体验区、精品蔬菜种植区及生态农业示范区。

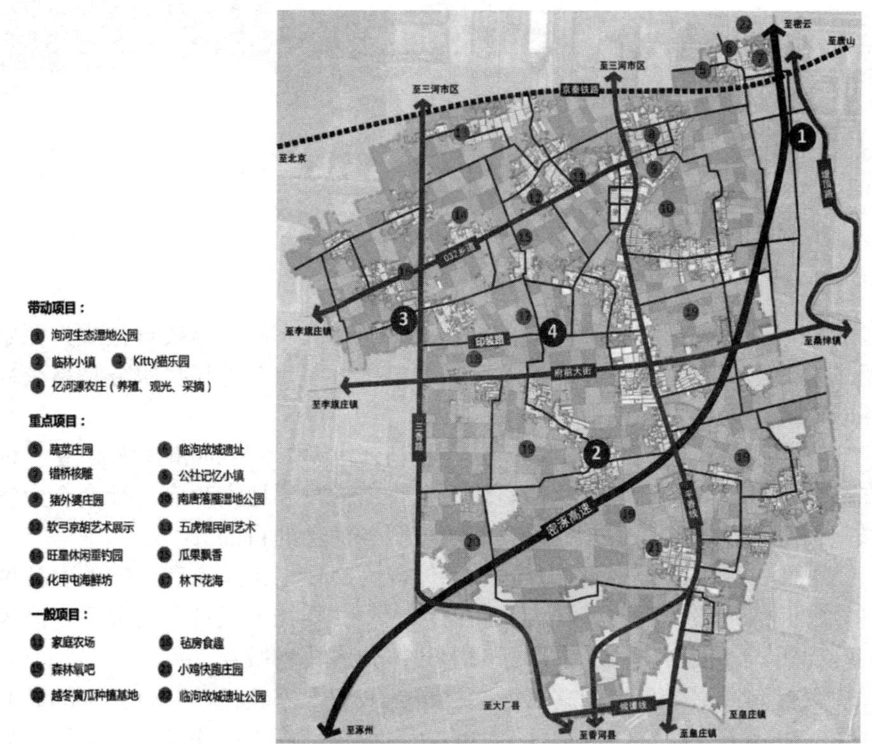

图 1-35　三河市（洵阳镇、杨庄镇、皇庄镇）美丽乡村示范区规划示意图

第二章 服务跟进

随着“科教兴国”和“科教兴农”战略的深入实施，高校日益成为原始性创新成果的重要源头和服务“三农”的重要生力军。对外科技服务是高校社会服务的重要体现，主要包括：

“四技”服务：主要有技术开发、技术转让、技术咨询和技术服务4种服务方式。本着平等自愿、互利共赢的原则，由高校和地方政府、社会企业签订协议，约定双方的权利和义务，实现学校服务社会的目的。

公益性农技推广：该服务方式主要体现为高校承担国家和地方的农技推广项目，政府购买高校服务，政府和高校形成了“委托—代理”的关系，高校接受政府委托，以推广项目或推广活动为载体开展技术服务。

政策咨询：主要是高校有关人文社科领域的专家教授，结合自身的研究领域，为解决我国农业现代化和社会主义新农村建设进程中遇到的全局性、战略性、前瞻性的重大理论和现实问题，通过实地调查、文献查阅、国内外比较等分析方法，提出建设性的对策和建议。

人才培训：为提高管理人员的管理水平，务农人员的技术水平和文化素质，高校利用自身的科技、人力资源和教学基地等条件，接受政府和企业委托开展管理和技术培训。此外，高校的对外服务形式还包括委培干部或专家赴地方挂职以及组织开展科技帮扶等。

近年来，在国家有关科技政策、方针的指引下，南京农业大学坚持“以服务求支持，以贡献求发展”的办学思路，充分利用自身的科技优势和人才优势，积极面向国民经济主战场，围绕“政府最关心什么，农业最缺少什么，农民最需要什么”确定科技工作重点，为地方经济建设和区域农业发展作了重大贡献。本章试图对南京农业大学近年来的对外科技服务情况进行分析，客观分析存在的主要问题，提出相应的对策和建议，供相关领导和部门参考，借此方式贡献绵薄之力，进一步加强南京农业大学的社会服务职能，助推南京农业大学世界一流农业大学建设目标早日实现。

一、“四技”服务

“四技”服务是学校农村科技服务的主要表现形式。为加大“四技”服务工作力度，进一步增强学校社会服务职能，学校制定和出台了一系列重要举措，开展了大量的卓有成效的工作。譬如，在机构建设方面，2008 年 6 月，学校成立了产学研合作处，将隶属科技处的科教兴农办公室、科技推广科划归到产学研合作处，进一步加强了“四技”服务的职能。2011 年下半年，学校联合科技处、基地处、产学研合作处等职能部门，组建科学研究院，进一步理顺了纵向和横向的关系，完善了从计划到项目、从项目到成果、从成果到服务的技术顺向流动机制以及需求信息的逆行反馈机制；在机制建设方面，通过大量调研并参考兄弟院校相关政策的基础上，完善了《南京农业大学对外科技服务管理实施细则》，规定教师从事“四技”服务在职称评定、年终考核及工作量计算等方面与纵向项目同样对待；对在产学研工作中表现突出的师生进行奖励和表彰；对从事产学研活动的教师在经费、时间和条件方面给予优先支持；在利益分配方面也向科研人员倾斜，重视高校科研人员自身的努力和贡献，让他们得到应有的经济报酬。2017 年初，为落实国家有关促进科技成果转化工作文件精神，根据教育部有关要求，学校集中出台了《南京农业大学技术合同管理暂行办法》《南京农业大学横向科技项目管理办法》《南京农业大学大学科技成果转移化管理暂行办法》，进一步规范和激励“四技”服务工作，很大大程度上调动了科技人员从事“四技”服务的积极性。此外，为推动“四技”服务，学校在队伍建设、成果整理、平台建设等方面也开展了大量工作。基于此，近年来学校对外科技服务所涉及的技术合同数、技术合同额和到位经费得到快速上升。

（一）“四技”服务项目及经费情况

根据历年南京农业大学科学技术年报等资料，对 2006—2016 年对外科技服务经费统计如下：

1. 横向、纵向项目及经费

南京农业大学 2006—2016 年对外科技服务经费统计数据显示，经费总量逐年持续增长。从 2006 年的合同数 80 项、合同额 1 980 万元、到位经费1 145 万元，增长到 2016 年的合同数 314 项、合同额 13 597 万、到位经费10 647万元；同纵向项目相比，尽管到位经费比例有所上升，但无论在项目数、总经费和到位经费均相差很大（表 2-1）。

表 2-1 2006—2016 年横向、纵向项目及经费比较情况

单位：项，万元，%

年份	纵向经费			横向经费			到位经费比例横/纵
	项目数	总金额	到款金额	项目数	总金额	到款金额	
2006	326	14 281	9 505	80	1 980	1 145	12.05
2007	255	12 050	14 231	82	1 767	1 249	8.78
2008	324	37 426	20 316	97	2 632	1 556	7.66
2009	324	29 400	31 700	118	2 198	1 020	3.22
2010	376	25 000	50 900	123	2 585	1 867	3.67
2011	337	41 400	30 300	283	4 648	2 800	9.24
2012	442	37 524	45 600	192	4 379	6 121	13.42
2013	438	34 300	44 700	412	11 200	8 900	19.91
2014	418	32 500	51 800	493	12 700	8 500	16.41
2015	402	31 317	57 100	495	12 000	9 400	16.46
2016	512	82 040	74 115	314	13 597	10 647	14.27

2. 项目及经费区段分布情况

对南京农业大学 2006—2016 年对外科技服务项目合同经费按照 10 万元以下、10 万～50 万元、50 万～100 万元、100 万～500 万元、500 万～1 000 万元、1 000 万元以上等不同区段进行统计，具体数据如下（表 2-2）：

表 2-2 2006—2016 年对外科技服务项目经费区段分布情况

单位：项，万元

年份	<10 万元		10 万～50 万元		50 万～100 万元		100 万～500 万元		500 万～1 000 万元		>1 000 万元	
	项目数	经费	项目数	经费	项目数	经费	项目数	经费	项目数	经费	项目数	经费
2006	9	33	9	146	0	0	7	1 170	0	0	0	0
2007	20	81	20	400	4	218	6	780	0	0	0	0
2008	22	91	26	510	3	160	9	1 727	1	727	0	0
2009	10	45	25	512	5	349	1	100	0	0	0	0
2010	88	313	36	721	3	205	7	975	1	880	0	0
2011	36	160	62	1 113	6	395	14	2 662	0	0	0	0
2012	85	386	121	2 613	21	1 282	5	800	1	500	0	0
2013	213	678	157	3 119	28	1 837	15	2 280	5	3 200	0	0

（续）

年份	<10万元		10万～50万元		50万～100万元		100万～500万元		500万～1 000万元		>1 000万元	
	项目数	经费	项目数	经费	项目数	经费	项目数	经费	项目数	经费	项目数	经费
2014	252	864	170	3 414	25	1 505	6	1 015	4	2 520	2	2 200
2015	156	741	138	2 745	22	1 391	14	3 440	1	660	0	0
2016	178	1 040	108	2 597	12	858	14	2 546	2	1 550	1	3 000

3. 项目类型分布情况

对南京农业大学2006—2016年外科技服务经费来源按技术转让、技术开发、技术服务和技术咨询分类进行统计，如表2-3所示。

表2-3　2006—2016年对外科技服务项目类型分布情况

单位：项，万元

年份	技术开发		技术转让		技术服务		技术咨询	
	项目数	经费	项目数	经费	项目数	经费	项目数	经费
2006	11	444	7	845	1	10	6	51
2007	21	888	5	315	9	56	13	219
2008	28	419	10	1 235	8	65	15	738
2009	15	334	11	384	11	221	6	66
2010	39	600	20	1 980	61	292	16	222
2011	53	2 829	12	807	43	594	10	100
2012	70	3 084	7	275	96	1 025	60	1 197
2013	84	5 088	17	2 300	238	1 911	80	1 816
2014	89	3 244	33	4 386	250	2 036	90	1 852
2015	78	2 551	35	3 597	179	2 100	44	718
2016	54	4 788	22	3 226	230	3 167	10	110

4. 项目及经费来源地区分布情况

江苏省13个省辖市到位经费分布情况如表2-4所示。

全国各省（自治区、直辖市）到位经费分布情况如表2-5所示。

5. 项目及经费学院分布情况

对南京农业大学2006—2016年对外科技服务经费项目数和经费按照理科类和文科类学院分别进行比较，结果如表2-6、表2-7所示。

表 2-4　2006—2016 年对外科技服务项目来源与江苏省 13 个省辖市项目区域经费到账情况

单位：项，万元

年份	南京市		无锡市		徐州市		常州市		苏州市		南通市		连云港市		淮安市		盐城市		扬州市		镇江市		泰州市		宿迁市	
	项目数	经费	项目数	经费	项目数	经费	项目数	经费	项目数	经费	项目数	经费	项目数	经费	项目数	经费	项目数	经费	项目数	经费	项目数	经费	项目数	经费	项目数	经费
2006	8	374	3	550	0	0	0	0	0	0	1	6	1	2	0	0	1	100	0	0	1	10	1	8	1	26
2007	10	157	7	381	1	100	2	35	1	12	3	7	0	0	1	25	2	28	0	0	2	11	0	0	0	0
2008	14	1 487	1	10	4	347	2	36	0	0	3	367	0	0	2	75	2	39	0	0	0	0	0	0	2	235
2009	10	287	3	43	0	0	0	0	2	23	0	0	1	80	2	29	2	11	0	0	2	40	3	110	2	28
2010	23	1 240	8	156	10	77	1	15	7	380	7	35	1	4	0	0	2	6.8	3	41	2	22	1	10	0	0
2011	28	832	6	199	2	29	1	30	6	82	9	120	2	140	1	10	2	30	3	491	8	108	3	53	2	123
2012	56	1 044	13	319	5	244	9	169	18	347	7	167	5	25	6	562	12	476	9	230	4	61	4	89	2	44
2013	88	1 947	21	1 186	1	25	11	350	23	536	11	181	10	189	7	697	14	346	6	946	15	273	7	116	7	174
2014	110	1 997	17	276	8	230	20	418	34	419	14	267	6	39	10	1 474	12	339	2	11	10	139	7	191	10	250
2015	111	1 824	8	62	5	18	7	711	16	199	12	259	5	87	11	167	12	458	4	53	7	141	8	76	7	90
2016	156	1 436	17	295	7	84	12	140	37	359	24	159	7	39	20	185	22	314	6	30	13	72	7	52	6	51

表 2-5　2006—2016 年对外科技服务项目来源与全国各省经费到账情况

单位：项，万元

年份	江苏	安徽	北京	上海	福建	浙江	山东	四川	河南	湖南	云南	广东	辽宁	黑龙江	吉林	江西	天津	湖北	河北	海南	内蒙古	宁夏	山西	新疆	甘肃	贵州	西藏	重庆	广西	陕西
2006	1 076	18	10	15	100	2	0	0	0	125	0	4	0	0	0	0	0	0	0	0	0	0	0	0	0	0	0	0	0	0
2007	75	82	110	0	0	19	56	0	140	0	55	10	0	200	0	0	0	0	0	0	0	0	0	0	0	0	0	0	0	0
2008	2 595	58	127	37	20	71	81	0	10	180	18	28	0	0	0.3	10	8	23	0	0	0	0	0	0	0	0	0	0	0	0
2009	651	55	80	0	12	32	103	0	6	0	0	0	0	0	0	0	15	0	0	0	0	0	0	0	0	0	0	0	0	0
2010	2 077	56	228	156	0	53	1	0	8	0.8	13	157	107	1	0	0	131	25	70	0	0	0	0	0	0	0	0	0	0	0
2011	2 247	35	141	418	10	168	178	100	0	0	25	132	0	0	0	27	45	20	566	0	50	148	10	10	0	0	0	0	0	0
2012	3 777	237	513	219	20	64	139	38	107	40	0	41	0	0	0	65	3	106	40	16	10	4	25	25	5	59	20	0	0	0
2013	6 966	618	721	188	19	273	297	148	228	560	38	142	24	1	7	45	51	18	110	27	0.6	95	135	42	0	208	0	25	0	72
2014	6 050	429	1 193	312	7	171	194	50	25	1 104	36	90	1 303	0	16	40	24	9	84	0.7	0	0	47	10	300	0	0	0	0	6
2015	4 144	481	1 378	110	25	75	67	870	175	800	130	179	0	10	0	8	15	97	32	40	0	18	25	20	0	106	0	0	127	30
2016	3 218	251	1 613	161	21	355	321	85	406	53	53	258	1	4	7	6	37	29	65	0	0	93	17	5	0	15	0	0	12	3

表 2-6　2006—2016 年对外科技服务项目理科类学院分布情况

单位：项、万元

年份	农学			植保			资环			园艺			动科			动医			食品			生科			理学			工学		
	项目数	合同额	经费	项目数	合同额	经费	项目数	合同额	经费	项目数	合同额	经费	项目数	合同额	经费	项目数	合同额	经费	项目数	合同额	经费	项目数	合同额	经费	项目数	合同额	经费	项目数	合同额	经费
2006	1	300	204	3	125	80	4	311	261	2	28	60	3	19	26	3	365	185	3	146	25	0	0	9	0	0	3	0	0	0
2007	10	354	423	4	131	84	5	66	149	8	112	35	2	26	28	3	180	65	3	85	26	0	0	1	0	0	12	0	0	0
2008	9	389	523	0	0	27	6	762	93	12	287	177	6	86	72	5	140	58	4	248	0	0	0	0	0	0	0	0	0	0
2009	5	238	173	2	18	30	13	202	142	5	188	87	2	38	76	3	44	56	3	70	11	1	10	14	0	0	2	0	0	0
2010	9	110	116	33	500	98	14	1 192	191	14	369	168	5	40	11	11	312	304	7	151	47	3	24	34	1	6	6	0	0	104
2011	17	451	453	15	302	353	13	322	372	18	270	382	2	26	63	17	1 345	243	11	421	21	2	35	42	1	10	18	0	0	162
2012	37	650	704	29	626	642	34	962	813	40	935	1 088	29	1 002	308	5	194	353	12	231	164	7	129	52	1	5	25	0	0	427
2013	27	907	816	119	606	514	57	3 119	980	47	709	606	23	515	271	17	1 507	838	21	620	206	8	956	99	3	28	21	16	164	283
2014	32	1 612	510	103	578	765	50	1 323	1 074	58	827	735	36	395	449	26	2 732	1 159	17	1 514	247	12	215	188	4	27	19	17	150	188
2015	34	1 016	1 218	44	516	645	46	2 379	656	34	664	483	22	431	361	30	1 857	1 141	20	266	170	10	199	232	6	110	58	3	103	249
2016	25	401	304	39	516	821	46	1 642	1 228	26	389	455	38	529	544	32	5 526	1 789	22	354	234	10	830	218	2	48	18	3	65	310

表 2-7　2006—2016 年对外科技服务项目文科类学院分布情况

单位：项，万元

年份	公管			经管			信息			人文			外国语			农发			金融		
	项目数	合同额	经费	项目数	合同额	经费	项目数	合同额	经费	项目数	合同额	经费	项目数	合同额	经费	项目数	合同额	经费	项目数	合同额	经费
2006	3	33	75	1	20	60	0	0	0	2	3	0	0	0	0	0	0	0	0	0	0
2007	3	379	46	5	105	268	1	12		1	10	8	0	0	0	0	0	0	0	0	0
2008	9	1 097	466	5	70	48	0	0	0	1	135	21	0	0	0	0	0	0	0	0	0
2009	3	114	66	3	23	111	1	28	11	0	0	13	0	0	0	1	23	0	0	0	0
2010	13	77	192	12	197	85	1	1	1	2	11	11	0	0	0	0	0	0	0	0	0
2011	9	627	426	3	42	212	5	415	53	1	18	50									
2012	14	223	388	8	260	521	1	5	7	2	49	66	1	14	0	5	81	0	1	10	0
2013	22	516	665	18	452	363	4	111	105	7	136	147	1	0	16	19	265	230	5	70	35
2014	21	639	513	25	363	324	5	56	194	13	199	122	3	61	29	24	574	197	9	116	152
2015	26	382	386	20	379	369	4	40	194	10	125	243	1	7	42	21	350	203	7	81	34
2016	19	198	222	19	350	260	3	15	15	7	85	242	2	23	61	5	54	143	3	52	71

6. 项目经费来源情况

对南京农业大学2008—2016年对外科技服务经费按来源渠道进行统计，结果如表2-8所示。

表2-8 2008—2016年对外科技服务项目经费来源情况

单位：万元

年份	各级管理部门	科研机构	企业	其他
2008	568	78	854	56
2009	205	148	534	133
2010	374	108	831	554
2011	840	216	1 672	72
2012	1 560	599	2 820	1 442
2013	2 285	1 072	4 776	767
2014	1 841	776	4 048	127
2015	1 865	939	6 140	456
2016	1 445	956	7 573	673

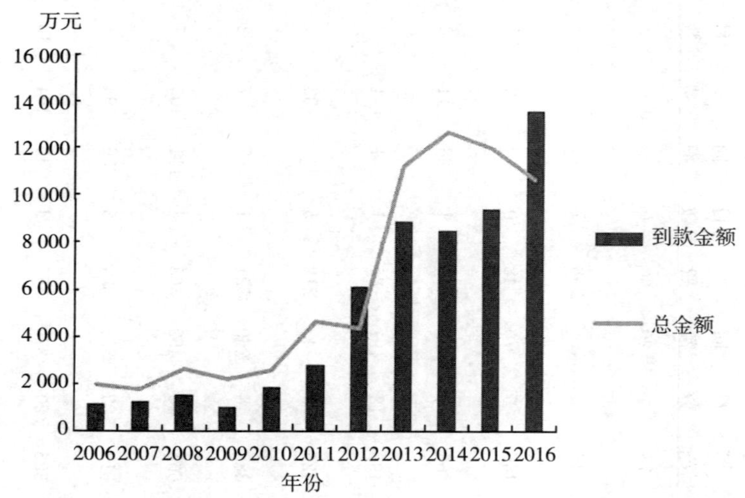

图2-1 2006—2016年对外科技服务项目经费变化情况

（二）存在的主要问题

1. 项目及经费年度分布情况分析

据图2-1，2016年比2006年科研到位经费递增了1 188%。2011年以后增加趋势加快，到位经费大幅增长，对外科技服务实际到位经费年平均增长率达30%。程玉洁等（2003）认为，目前大部分高校科研经费管理不善或缺失，政策不明、缺失激励机制。① 张大福（2006）指出高校对外科技服务经费存在问题之一是“市场观念意识淡薄，制度不健全，对科研工作缺失服务意识”。② 2011 年南京农业大学修订《南京农业大学对外科技服务管理实施细则》，对外科技服务经费亦采取与纵向经费相似的独立账户，规范经费使用，出台奖励办法，争取合理性的税收减免等措施，对外科技服务合同签订数逐年提升。对外服务政策修订后的前三年（2011—2013 年）实现了高速增长（年平均递增54.67%），2013 年以后增速明显放缓（年平均递增 1.97%）。究其主要原因，政策导向对学校科技服务工作有积极推动作用，对外科技服务经费校院提扣比例大幅下降，老师开展对外科技服务的积极性得到提高。2014 年以后增速放缓，可能受 2016 年始国家整体经济形势的影响，特别是中小型企业开始收缩研发投入，对外科技服务合作总量增长趋缓。

2. 项目及经费区段分布情况分析

由图 2-2 和图 2-3 可以看出，10 万～50 万元的项目数增幅最大，100 万元以下的项目占 48%，说明学校还是以小额合同的数量增速为主。大额合同项目增加并不多，究其原因，学校对外科技服务普遍存在个人单打独斗的状况。目前，对外科技服务项目更多的是教师个人与企事业单位谈成合作意向，根据对方要求，完成单一任务。外科技服务单个项目经费少，社会影响力小，对学科发展推动作用不明显。100 万元以上的项目增加都非常快，100 万元以上的项目，2006 年为 7 项，总计 1 170 万元，2016 年达 17 项，总计7 096万元；2011 年以前，政府管理部门的委托的重大项目占 33%，主要为土地利用和管

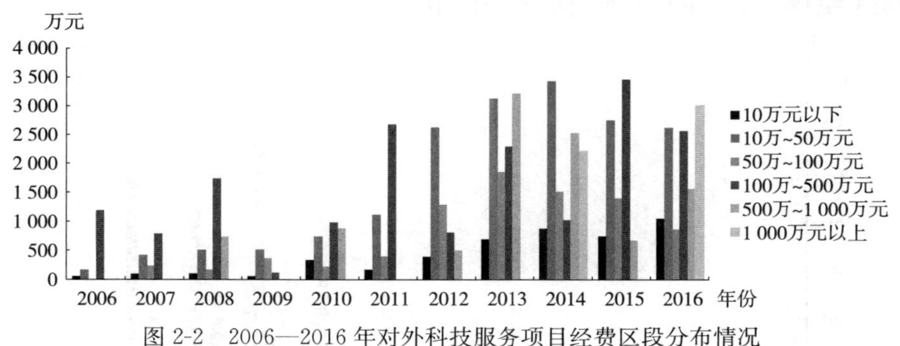

图 2-2 2006—2016 年对外科技服务项目经费区段分布情况

① 程玉洁．高校科研经费管理现状与对策［J］．事业财会，2003（5）：51-53.

② 张大福．完善高校对外科技服务经费管理的几点思考［J］. 教育财会研究，2006（3）：41-43.

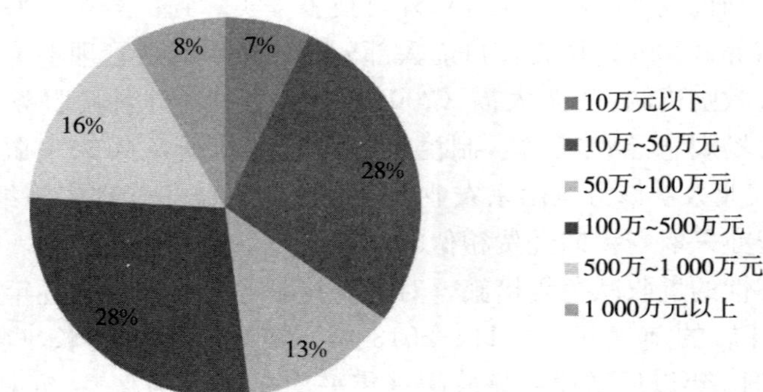

图 2-3　2006—2016 年对外科技服务项目经费区段分布比例情况

理领域，具有一定的特殊性；2012 年以后，重大项目大部分来源于企业，充分说明，学校科技成果愈来愈取得社会的认可，并迅速向生产转化。

3. 项目及经费类型分布情况分析

分析图 2-4 和图 2-5 可以看出，对外科技服务技术服务类型的项目增长最快，项目数最多，约占所有项目的 52%。技术开发和技术转让需要一个较长的研发和推广过程。所以应鼓励更多的中级、副高级职称的教师，先从技术服务开始走向社会、走向生产，继而拓展对外科技服务的业务范围。

图 2-6 和图 2-7 表明，经费增长最快的是技术开发和技术转让类型的项目，技术开发和技术转让到账经费已经占所有到账经费的 70%。尤其是 2011 年以来，学校技术开发与技术转让所占比重逐年上升，表明虽然实体经济整体下行，但市场对含金量高和熟化度高的技术需求还是很旺盛的。另外，江苏省内相关税费减免政策也有重要的导向作用。

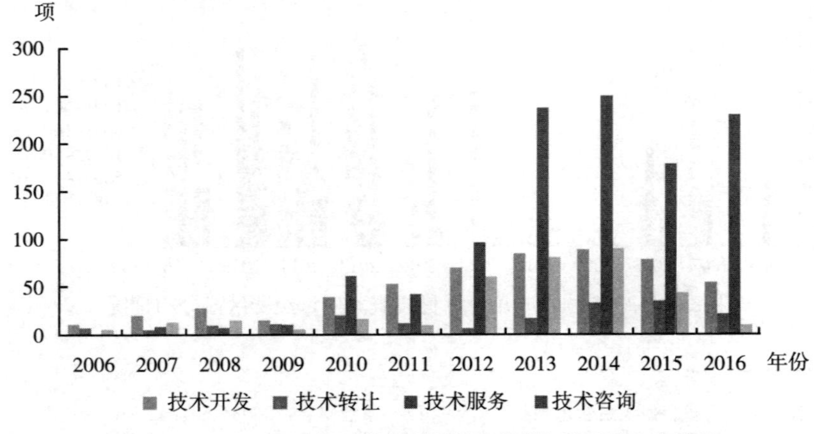

图 2-4　2006—2016 年对外科技服务不同类型项目分布情况

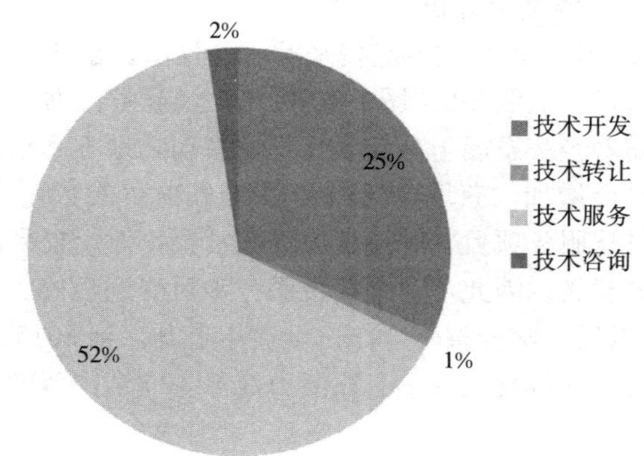

图 2-5　2006—2016 年对外科技服务不同类型项目比例情况

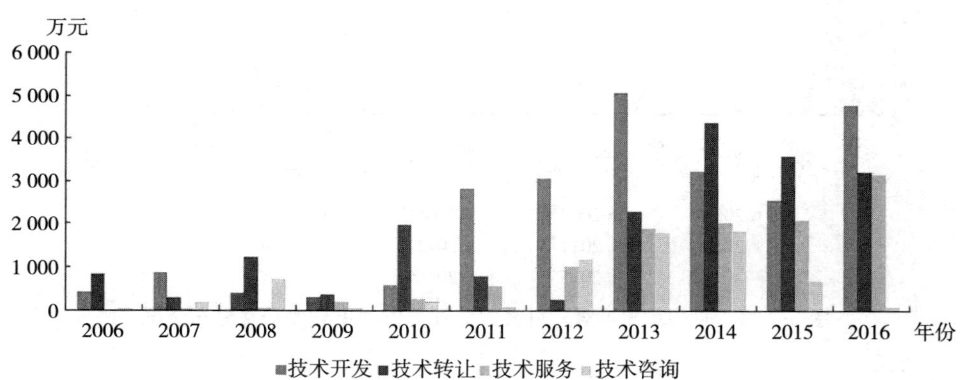

图 2-6　2006—2016 年对外科技服务不同类型经费分布情况

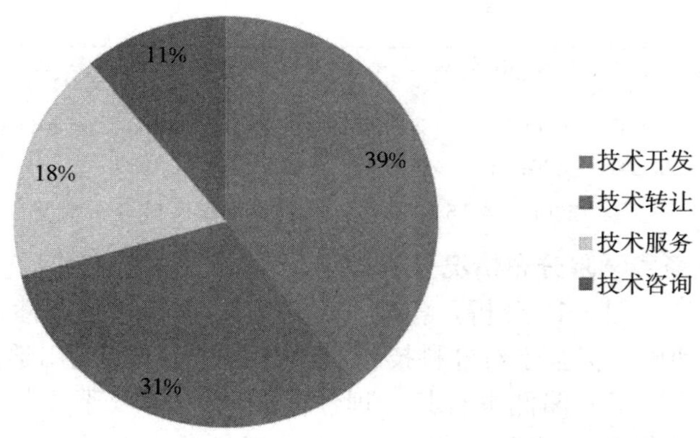

图 2-7　2006—2016 年对外科技服务不同类型经费对比情况

4. 项目及经费来源情况分析

从图 2-8 可知，南京市是主要经费来源，并且增长很快，但省内其他城市的经费也在显著增长。从图 2-9、图 2-10 可知，江苏省占据主要经费来源，从地方高校来说，随着经济发展与高校联系日益密切，地方高校参与地方经济社会发展的方式和机会增加，获取的对外科技服务项目的数量和经费也大幅增长；通过在承担科技服务项目，服务地方经济社会，对于提高高校的科研实力和知名度具有重要意义。因此，对外科技服务项目受到学校所在区域的影响很大，但从 2011 年以后，学校省外合作比重逐年上升，到 2015 年到位经费已超过省内，表明学校对外科技服务重心逐渐由江苏省向全国范围转移。

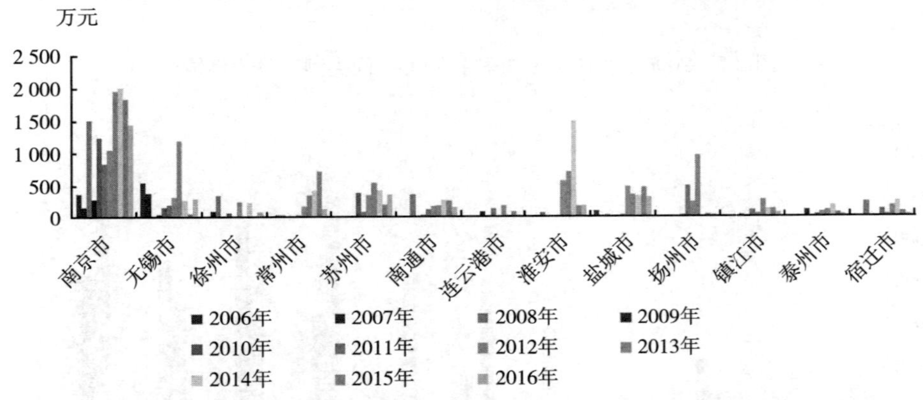

图 2-8　2006—2016 年对外科技服务江苏省辖市到账经费分布情况

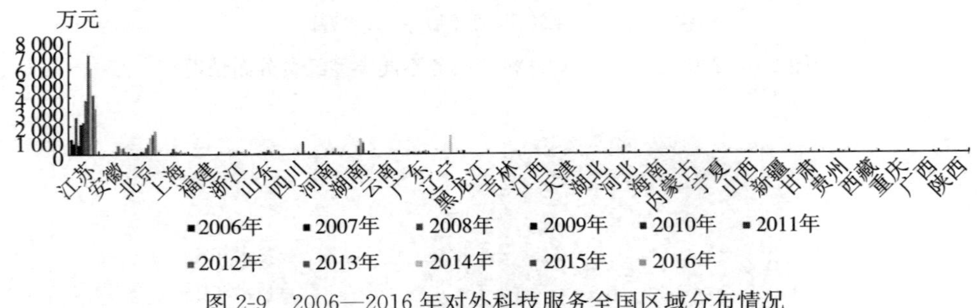

图 2-9　2006—2016 年对外科技服务全国区域分布情况

5. 项目及经费学院分布情况分析

通过图 2-11、图 2-12 分析，各院、部门发展具有不平衡性，也看出一些单位历年的波动性。但基于对外科技服务经费偏重于生产应用学科，所以生命科学院和理学院历年来偏低也有其合理性。2011 年始，理科类学院对外服务显著提升，2016 年明显回落，其主要原因是理科类合作对象主要是企业，受外部经济环境影响较大。

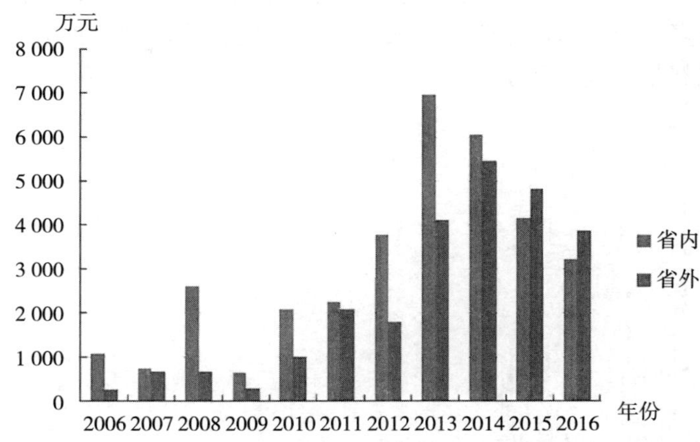

图 2-10　2006—2016 年对外科技服务经费省内外比例变化情况

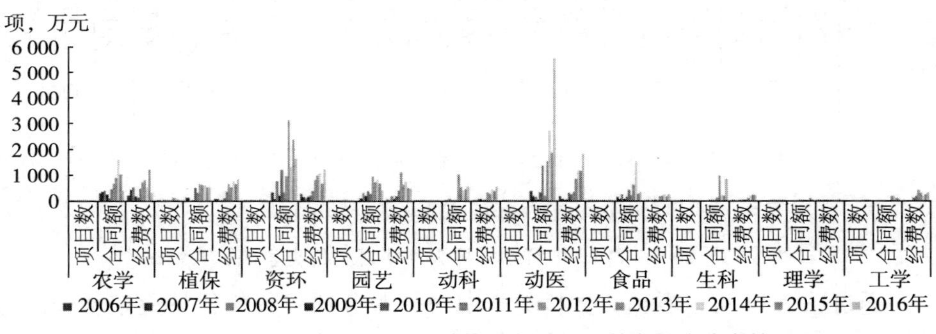

图 2-11　2006—2016 年对外科技服务项目理科类学院分布情况

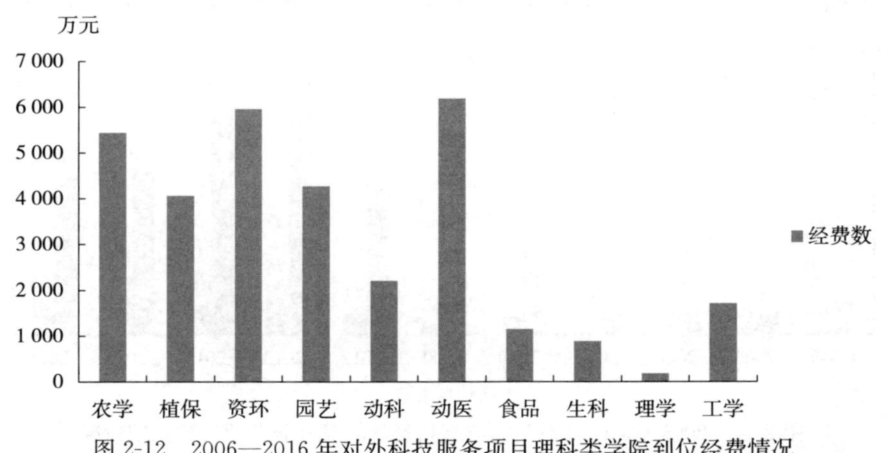

图 2-12　2006—2016 年对外科技服务项目理科类学院到位经费情况

通过图 2-13 可以看出，文科类对外科技服务项目，公共管理学院和经济管理学院最多，因为这两个学院的资历和师资实力比较强，而农村发展学院、金融等学院都是新成立的学院，项目数量和经费较少也在意料之中。

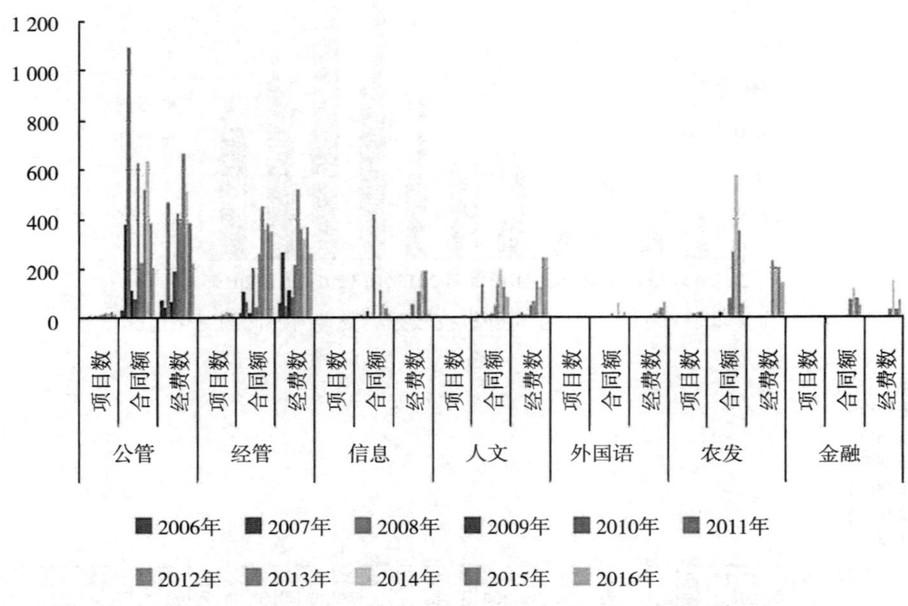

图 2-13　2006—2016 年对外科技服务项目文科类学院分布情况

通过图 2-14 可以看出，文科类学院对外服务项目每年保持稳定增长。通过图 2-15 可以看出，理科类学院对外服务项目尽管合作项目数量下降，但到位经费保持了稳定增长。这是因为理科类学院技术转让与技术开发类合同数量

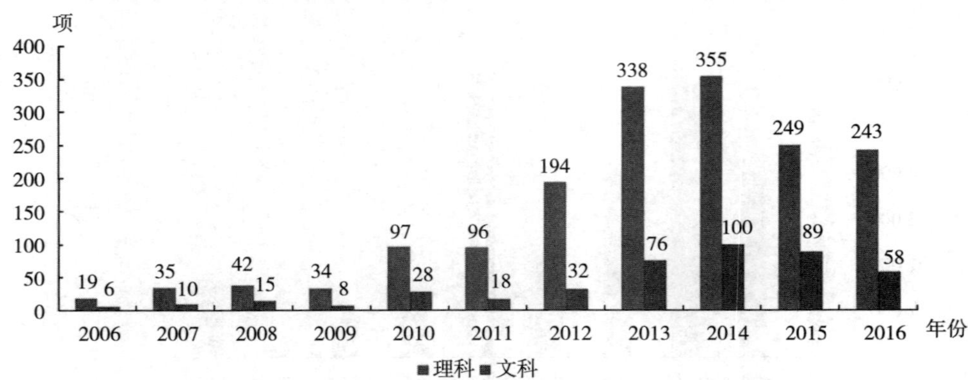

图 2-14　2006—2016 年理科类与文科类学院对外服务项目数比较情况

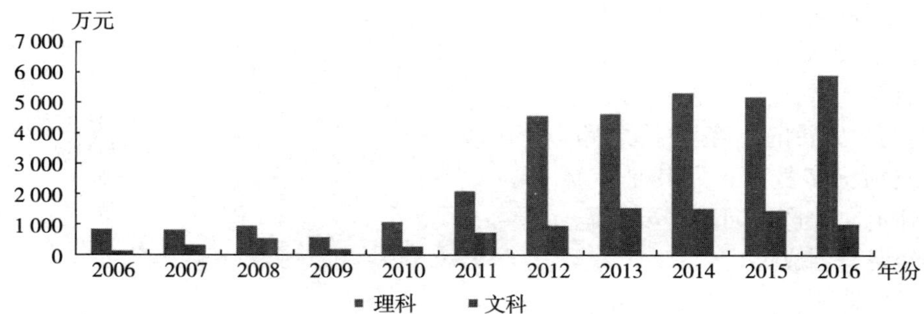

图 2-15　2006—2016 年理科类与文科类学院对外服务经费比较情况

显著增加，表明学校近年对外服务含金量有所提升，文科类学院在合作项目数量逐年上升的情况下，到位经费增长不显著。这是因为文科类学院项目大多来源于地方政府和事业单位，涉及各类规划及咨询报告，此类投入相对稳定。

农业科技成果一般有基础理论成果、应用技术成果以及软科学研究成果三种类型，基础理论成果分为纯基础性研究成果和应用基础研究成果，应用性研究成果分为直接应用型成果和转化型成果。不同类型农业科技成果会影响成果的转化率，特别是对基础研究成果中能应用于生产的部分及时转化更为重要，可以改善学校院系间对外科技服务经费不平衡的状况。

6. 项目经费来源情况分析

通过图 2-16、图 2-17 可以看出，对外科技服务经费无论从增速上看，还是从数量上看，都是以企业为主。2006 年以来，企业提供的对外科技服务经费一直占 50%左右，从 853.6 万元（2008 年）增加到 1 672 万元（2011 年），再猛增到 7 573 万元（2016 年），增速超过 9 倍。这说明应用性课题能够密切

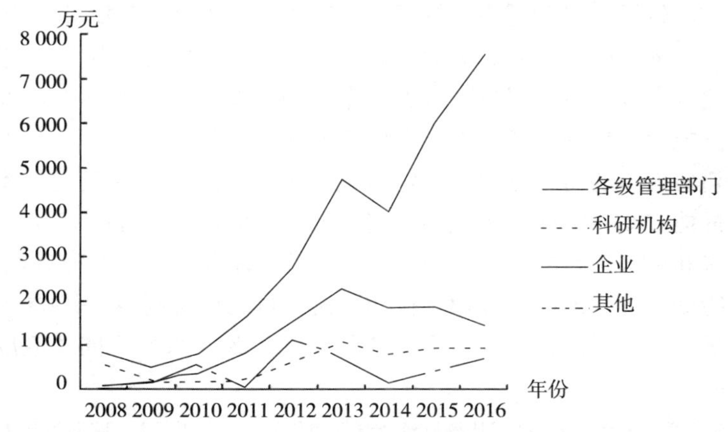

图 2-16　2008—2016 年对外科技服务项目经费来源情况

结合实际，企业愿意拿出更多的资金投入研究开发，这是学校锻炼人才、扩大影响力、推动生产发展的一条科技之路，应鼓励更多教师，尤其是年轻教师走向生产，向生产要课题、要经费、创成果。

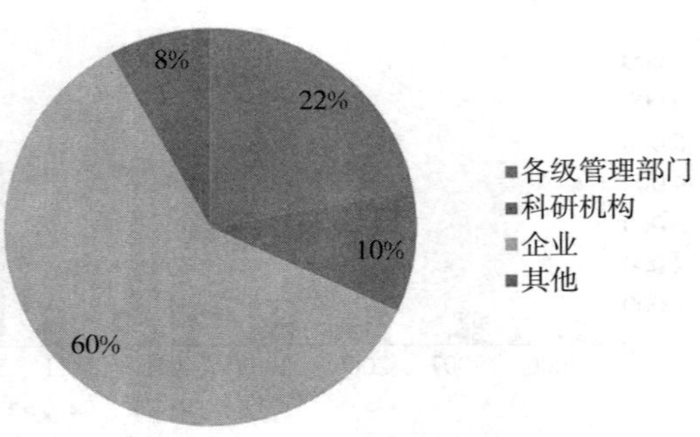

图 2-17　2008—2016 年对外科技服务项目经费不同来源占比情况

要彩萍等（2003）指出："以适当的方式将科研、科技开发投入所产生效益的一部分作为科研投入的回报予以回收，一方面可以弥补科研经费的不足，另一方面可以从此不断扩大科研工作的规模和范围，增强自身的发展能力，形成良性循环。"①

（三）对策建议

近年来学校科研实力迅速增强，产学研和科技成果转化工作有了明显的提高，但从上述分析看，学校对外科技服务工作进展并不乐观，特别是同纵向相比，无论在项目数、总经费和到位经费均相差很多，同兄弟院校相比也存在很大差距，与当前学校的社会地位及其所拥有的科技资源不相匹配。要改变上述不合理状况，必须把握以下几个要点，并出台相应的制度办法。

1. 坚持"以人为本"原则

人是生产力中最活跃的要素。高校科研人员在"四技"服务工作中占据着极其重要的位置。尽管利用学校资源研发的科技成果属于职务发明，但它掌握在科研人员的手中，科研人员的服务意愿和服务质量决定着"四技"服务的成败。因此，学校开展"四技"服务工作必须坚持"以人为本"的原则。首先，增强服务能力，提高服务水平。学校相关部门及其有关管理人员要做到平时认真了解科研人员的研究方向，跟踪研究进展，熟悉科研人员的技术成果信息，准确把握地方政府或社会企业的真实需求，促成合作双方的有效对接；要认真学习国家和地方出台的有关"四技"服务的法规和政策，在商务谈判、合同制订、纠纷处置等方面能够维护学校和科研人员的切身利益。其次，建立合理有效的激励机制。根据科研人员不同的分工和行为，采取不同的激励管理模式。

① 要彩萍，李薇，殷立雄．从科研经费管理谈科研投资效益［J］．陕西科技大学学报，2003（3）：134-136.

譬如，对于从事基础研究的人员，侧重于考察论文的数量和质量，而对于从事应用研究和开发研究的人员则重点考核其成果的经济效益和社会效益及企业的评价；要以贡献业绩定收益，防止奖励中的“马太效应”，从政策上保证从事科技服务、科技开发和转化的科研人员享受公正的待遇；在遵循市场规律的基础上给予做出重要贡献的研究人员应有的经济奖励，对于优秀的开发人员，在职称评定上应采取必要的倾斜。只有这样才能避免高校当前出现的科研人员取得高级职称后再从事开发转化或私下自行开发转化而造成技术滞后及高校知识产权的流失。再次，要提高学院层面管理人员的积极性。一直以来，“四技”服务的管理主要在学校层面，学校相关职能部门直接面对科研人员，跳过了学院。学校在组织科研人员同合作方对接，学院管理层很少参与。一方面，随着校地合作力度的加大，“四技”服务的工作也日益繁忙，另一方面，社会服务作为学校的三大职能之一，学院也应该积极参与其中，因此，有必要将“四技”服务的一部分管理工作下移到学院层面，通过建立相应的激励机制，调动学院管理人员的积极性和主观能动性，挖掘学院对外科技服务工作的潜能，进一步推动学校的“四技”服务工作。此外，对于企业化运作的技术转移中心，通过市场机制，调动技术转移中心管理人员的积极性。

2. 实施“里应外合”战略

学校要采取措施鼓励科研人员“走出去”，邀请企业“走进来”，[①] 即实施“里应外合”战略。随着国家和地方对产学研工作的日益重视，高校的社会服务职能得到了进一步加强，但相关的制度安排显得有些滞后，尽管 2017 年初学校进一步完善了“四技”服务的有关管理办法，其中“四技”服务的经费分配更加体现了科研人员的劳动付出，但“四技”服务在工作量认定、职称晋升等方面尚未出台具体的政策，学校重视“四技”服务的氛围尚未形成，“四技”服务的能力建设还有待进一步加强。在校内，营造氛围，建立激励机制，提升能力建设，促进学校科研人员主动走出校门，同地方政府和社会企业开展合作，即为“里应”；在校外，丰富新农村服务基地的建设内涵，在新农村服务基地建立技术转移成果展示中心，梳理学校的技术成果，通过新农村服务基地予以展示，将学校的新技术、新品种、新工艺和新模式在新农村服务基地进行示范和推广，组织地方的种养大户、家庭农场、农业园区、农业企业等新型农业经营主体开展观摩活动。把搜集、整理地方技术需求信息、组织地方政府和新型农业经营主体与学校开展合作等纳入新农村服务基地的考核指标。以校外

① 李玉清，许朗．高校科技成果转化的问题分析和对策研究［J］．科技管理研究，2006（4）：128-131.

技术转移中心分中心和新农村服务基地为平台，利用地方人力资源或通过行政引导手段，吸引地方新型农业经营主体走近学校，进一步了解学校的科研人员及其技术成果，推动与学校开展合作，即为“外合”。

3. 采取“主动出击”战术

目前学校“四技”服务的主要采取“登记式”的工作方式，多数情况是：电话前来咨询后或科研人员带着企业找上门来，学校再结合企业需求组织洽谈、开展合作，总是被动地受邀参加一些政府主导的务虚为主、形式多样的洽谈会、对接会等。对外科技合作缺乏主动性和创新性。学校要适应新形势，应该主动出击，在了解学校学科优势、认真梳理学校科技成果、组建技术服务专家团队以及出台相关的管理和激励政策的基础上，组织专家走出校门，有针对性地走访地方政府主管部门（科技局或农林局等）或实力雄厚的农业龙头企业开展对接活动；主动邀请相关企业来学校举行专场对接会或专场成果发布会等。同时，本着立足江苏、侧重华东、辐射全国的布局原则，坚持学校学科优势、地方产业优势和地理区位优势的“三优势”结合，积极同地方政府合作共建科技服务平台，包括技术转移中心分中心、新农村服务基地等。“主动出击”还体现在从事“四技”服务的管理人员赴兄弟院校学习有关“四技”服务工作的管理经验，甚至走出国门，学习和借鉴国外大学在技术转移、成果转化以及校企合作的成功经验和有效做法。

4. 利用“舍车保帅”和“攻坚战”技巧

农业是弱势行业，多数农业企业资金、财力不是非常雄厚，即使是实力雄厚的企业，由于农业利润较低等因素，企业也不愿拿出较多资金同高校合作，特别是目前我国经济发展速度放缓，许多企业尤其是涉农企业发展后劲乏力，表现为学校近两年来“四技”服务的合同总额、合同数量以及到位经费增速明显有所放缓，因此，学校要增强社会服务职能，必须主动采取“舍车保帅”和“攻坚战”的作战技巧同合作方开展合作。“舍车保帅”，即在同地方政府和社会企业合作时，特别是共建平台时，学校不能涸泽而渔，只顾及眼前利益，紧盯经费不放。对于校地校企合作，一方面，学校要着眼长远发展，弄清地方或企业的产业和资源优势是否同学校的学科优势相匹配，能否发挥学校的科技和人才优势，进一步提高学校的社会影响和美誉度。另一方面，对于与资金不是很雄厚、但创新性很强的小型企业的合作，或对于采取联合成立股份公司方式的合作，合作初期，学校应采取减少入门费、分期付款等降低合作门槛等举措，予以合作方更多的支持，支持其不断发展壮大。总之，对校企校地合作，学校要秉持“扶上马、送一程”的合作态度，增强地方政府和社会企业同学校的合作意愿，这样的合作才能维持常久，学校获得的收益也会越来越多。以前对外科技合作，总是芝麻西瓜一起抓，忙得不可开交，但效果欠佳，合同数看起来不少，但合同额和到位经费并不是很多，为此，学校要采取“攻坚战”的作战技巧，即结合目前国家非常重视、农业发展非常需要的新兴产业领域，学校在每个学院遴选 2～3 个大项目、大成果给予重点支持，开展前瞻研究。譬如，农学院的品种选育（种源农业）和精确栽培技术（精准农业）、植物保护学院的生物农药及病虫害综合治理技术（减药技术）、资环学院的生物肥料技术（减肥技术）以及动物科技学院的绿色养殖技术和绿色饲料、添加剂的开发技术（生态农业）、园艺学院的瓜果蔬菜的现代高效种植技术（设施农业）、食品学院的食品加工技术（农产品精深加工业）、动物医学院的兽药疫苗技术（生物制品）、信息学院的农业物联网技术（智能农业）、工学院的农业设备制造技术（现代设施装备）等。对上述技术成果进行精心包装和组织，集中对外开展合作，包括与地方共建科技创新平台等，打造国家级生物农业基地。此外，要进一步集聚学校人文社科资源，通过推动譬如金善宝农业现代化研究院等品牌平台的建设和运行，充分发挥农业经济管理、公共管理、人文与社会发展以及农业科学技术史等相关学科和人才优势，在农业经济与农村发展、公共政策与农村社会事业发展、乡村规划与建设、政治文明与乡村治理、科技创新与现代农业等领域重点开展研究，通过建立开放协作机制，借鉴国外农村发展的经验，探索我国社会主义新农村建设与农村现代化发展进程中所面临的重大理论和实践问题，为中央和地方党委、政府决策提供科学依据，为推进新农村建设事业提供高质量的咨询、服务和指导，同时促进学校人才培养、学科建设、科学研究和成果转化。

5. 打造“校内校外”两个战场

为增强企业创新能力，进而增强国家创新竞争力，2006 年国家提出建立创新型国家，自此，从中央到地方都非常重视校地（企）创新平台建设工作。企业与高校合作共建平台，可以降低研发成本、提高企业品牌，并可持续得到高校的技术和智力支持，另一方面，高校与企业合作共建平台，也可以获得更多的社会资源和办学空间，进而为学校的人才培养、科学研究和社会服务提供强有力的支撑。近年来，学校同地方政府和社会企业建立了类型诸多的科技创新平台，譬如，联合共建重点实验室、工程技术中心、技术转移中心、新农村服务基地等。在共建平台方面，归纳起来有两种类型：一种类型是把平台建立在校内，譬如，南京农业大学与江苏雨润肉类产业集团有限公司合作共建的国家肉品质量安全控制工程技术研究中心；另一种类型是把平台建立在企业，譬如，南京农业大学和江苏新天地氨基酸肥料有限公司合作共建的江苏省固体有机废弃物资源化高技术研究重点实验室。[①] 从建设和运行的效果来看，两种类型的平台均充分发挥了学校的人才优势、科技优势以及企业的资金优势，并依据行业和企业发展的战略需求，以重大科研项目为引导，着重解决制约企业、行业发展的重大共性关键技术问题，形成并完善了从技术源头到产品开发、技术推广的技术创新链。学校主校区空间狭窄，成为学校发展的重要瓶颈。根据当前国家的政策支持导向和学校的发展需要，要进一步加强新兴产业相关的优势学科和研究领域与新兴农业产业企业紧密集合，充分利用地方的政策、资源和资金等，建立校企和校地科技创新平台。譬如，出台优惠政策，吸引地方政府和社会企业在学校白马基地建立工程中心和实验室等，同时，学校投入更多的人力和财力资源，同地方政府和社会企业合作共建校外技术转移中心和新农村服务基地等。受学校办学空间的制约，合作平台建设目前以校外为主，继续打造“校内校外”两个战场，通过合作平台建设，推动“四技”零距离、持续性服务，增强学校的社会服务职能。

6. 参与“一带一路”建设

2013 年，习近平同志向全世界庄重发出建设丝绸之路经济带和 21 世纪海上丝绸之路（简称“一带一路”）的伟大倡议，旨在推动中国与“一带一路”沿线国家增进理解信任、加强全方位交流，实现共同发展和共同繁荣。其中，丝绸之路经济带重点畅通中国经中亚、俄罗斯至欧洲（波罗的海）；中国经中亚、西亚至波斯湾、地中海；中国至东南亚、南亚、印度洋。21 世纪海上丝绸之路重点方向是从中国沿海港口过南海到印度洋，延伸至欧洲；从中国沿海港口过南海到南太平洋。当前，学校紧紧围绕国家发展战略，积极参与国家“一带一路”建设。通过与“一带一路”沿线国家的合作，拓宽经费来源渠道、丰富国际合作内涵、提高学校国际地位和声誉。近年来，学校国际交流日趋活跃，国际化程度不断提高，通过签订合作协议、开展合作项目、共建科研平台等方式，先后与 30 多个国家和地区建立了紧密的合作关系。为积极参与国家“一带一路”建设，首先，学校要认真了解“一带一路”沿线的国家农业发展状况，结合学校学科、技术和人才优势，找出合作切入点，确定可能的合作领域，为进一步合作奠定基础。其次，认真梳理学校同“一带一路”沿线的国家的合作情况，对于已建立合作关系的国家，通过增进交流互动、拓宽合作领域，进一步夯实已有的合作基础；对于尚未建立合作的国家，深入了解其技术需求，结合自身技术优势，通过申报国际项目，推动学校技术成果的国际转移

① 李玉清．调研报告：发挥科技人才优势，推动农业新兴产业跨越发展［R］．南京农业大学，2010.

和转化。再次，借鉴学校与美国康奈尔大学共建国际技术转移中心以及在肯尼亚建设全球首个农业特色孔子学院的宝贵经验，积极与"一带一路"沿线国家共建技术研发中心、技术示范推广基地、技术转移转化平台等，争取国家有关国际项目的持续支持，进而建立稳定、长期的合作关系，以实现技术研发的持续性、技术国际转移转化的常态化。

二、农业技术推广

多年来，南京农业大学坚持始终把农业技术推广工作作为学校服务社会的重要内容之一。特别是，2012 年 4 月南京农业大学获教育部、科技部批准成立新农村发展研究院以来，紧紧围绕长三角区域农业发展需求，探索建立以大学为依托、农科教相结合、教科推一体化的农村科技服务模式，充分发挥南京农业大学人才培养、科学研究、社会服务和文化传承的综合优势，重点开展新农村服务基地建设、新农村建设宏观战略研究、跨校或跨地区的资源整合与共享平台搭建、体制机制创新研究等，扎实推进农业技术推广工作实施，探索高校服务区域新农村建设与发展的新模式。近年来，学校承担了农业部、财政部重大农技推广服务试点工作、科技部"十二五"国家科技支撑计划、江苏省"挂县强农富民"工程、中央财政农业技术推广项目等，累计经费 6 000 多万元。依托项目，建设、升级科研试验基地、区域示范基地等 30 多个，推广新品种、新技术 500 余项。结合江苏农业发展现状，积极探索"科研试验基地＋区域示范基地＋基层农技推广服务站点＋新型农业经营主体"的链式农技推广服务模式，为推动江苏经济发展发挥了重要作用。

（一）农业技术推广工作开展情况

1. 承担江苏省"挂县强农富民"工程项目

为创新农业技术推广机制，推进农科教结合，促进农民增收、农业增效，江苏省 2009 年启动实施"挂县强农富民"工程。"挂县强农富民"工程实施以来，江苏省农业委员会组织 40 余家涉农高校科研院所与 50 多个县（市、区）挂钩对接，通过整合资源优势，强化科技合作，取得了明显成效，实现了产业发展上水平、农民增收得实惠、科教能力获提升的多赢局面。

自 2009 年以来，南京农业大学积极参与"挂县强农富民"工程的实施，先后与射阳、灌云、张家港、高淳、金湖、东海和泗洪等县市区开展对接服务（表 2-9），继续发扬"科技大篷车"、"百名教授科教兴百村"小康工程优良传统，总结出以科技教育为支撑，集校、地、园、村、户为一体，通过专家培训技术员、指导示范户、示范户带动辐射户的方式扎实推进工作开展。近几年，随着江苏现代农业的发展，新型农业经营主体发展迅速。因此，南京农业大学以新型农业经营主体为主要服务对象，发挥新型农业经营主体区域内示范作用，进行新品种、新技术和新模式的推广。2014 年以来，南京农业大学不断创新组织机制，充分调动专家积极性，拓展科技服务领域，开展了形式多样的特色活动，深化与对接县市的合作。譬如，组建暑期学生实践团队赴射阳、泗洪开展“联耕联种”、蔬菜种植、畜牧养殖、产业规划等方面的调研考察等活动，促进项目深入实施；在张家港连续多年举办“挂县强农富民”工程果品品鉴会，通过群众喜闻乐见的形式，促进新品种、新技术的推广，加速优质果品品牌的创建；应泗洪农业产业发展的需求，与泗洪县人民政府签订了全面战略合作协议，策划、参与泗洪稻米文化节等活动，为泗洪稻米品牌建设和市场推广作出贡献。中央电视台、农民日报、新华网、江苏城市频道等多家媒体多次报道南京农业大学“挂县强农富民”工程实施成效。

2009—2016 年，依托江苏省“挂县强农富民”工程项目，南京农业大学服务县（市、区）数量呈明显增长趋势，服务领域、服务范围向多元化与综合型方向发展，涉及稻麦、果蔬、花卉栽培、蛋禽养殖、设施园艺、生猪养殖等江苏主导和优势产业。截至 2016 年 12 月，合计推广新品种 110 个，新技术 127 项，建设示范基地 40 个，村级服务站 41 个，培训达 2 万多人次，农户户均增产 22.5%，增效 21.6%。

表 2-9　2009—2016 年南京农业大学“挂县强农富民”工程项目对接服务情况

年份	对接县数	对接县名称	服务领域
2009 年	2	射阳、灌云	花卉种植、蛋鸡养殖
2010 年	2	射阳、灌云	花卉种植、蛋鸡养殖
2011 年	2	射阳、灌云	花卉种植、蛋鸡养殖
2012 年	4*	射阳、灌云、张家港、高淳、金湖	花卉种植、蛋鸡养殖、果蔬高效种植、食用菌栽培
2013 年	4	射阳、灌云、张家港、金湖	蛋鸡养殖、果蔬高效种植
2014 年	4	射阳、东海、泗洪、张家港	蛋鸡养殖、果蔬高效种植、生猪养殖、稻麦栽培
2015 年	4	射阳、东海、泗洪、张家港	蛋鸡养殖、果蔬高效种植、生猪养殖、稻麦栽培
2016 年	4	射阳、东海、泗洪、张家港	蛋鸡养殖、果蔬高效种植、生猪养殖、稻麦栽培

注：高淳、金湖两县（区）分别承担一半的项目任务，因此计为一个县。

2. 参与江苏省农业三新工程（科技入户）项目

实施农业三新工程是江苏推进科教与人才强农战略的一项重大举措。1998年以来，为全面推进新的农业科技革命，加快转变农业发展方式，推进现代农业建设，江苏省委、省政府出台了《关于加快实施农业品种、技术、知识更新工程，全面推进科教兴农工作的意见》，全面组织实施农业三新工程。20年来，农业三新工程围绕江苏省农业优势主导产业发展，深入推进农业新品种、新技术、新模式的集成创新与推广普及，引领支撑现代农业建设。

随着现代农业的不断发展，农业三新工程在全省62个县（市、区）开展实施，服务领域涵盖高效园艺、生态畜牧、规模种植和高效蚕桑四大类农业优势主导产业及特色产业。其服务形式有以下两种：一是到户指导，即遴选科技示范户，组织技术指导员与示范户对接，通过开展入户指导、技术咨询、集中培训、现场观摩等方式，提高示范户技术水平和发展能力，并辐射带动周边农户，促进一定数量重大农业技术推广应用；二是在线服务，即借助农业科技服务云平台，农技指导员与示范户进行线上互动，通过实时交流、视频诊断等方式为农民提供服务。

南京农业大学作为江苏省主要涉农高校之一，积极参与江苏省农业三新工程的组织实施（表2-10）。通过分析近年来南京农业大学参与农业三新工程项目数量与到位经费情况发现，项目数量与到位经费2013年后呈增长趋势，项目平均资助金额亦有所提高。

表2-10　2011—2016年南京农业大学三新工程项目（含农业、林业、水产农机三新工程项目）及经费情况

单位：项，万元

年份	2011	2012	2013	2014	2015	2016	合计
项目数	12	9	5	9	16	17	68
金额	361	430	225	345	485.5	545.5	2 392.0

资料来源：《2011—2016南京农业大学科学技术年报》。

3. 依托科技特派员开展农技推广服务

为深入推进江苏省“送科技下乡促农民增收”活动，大力引导和支持科技特派员到基层创新创业，加快农业科技成果和农村实用技术的示范与推广，促进农业结构调整，带动农民就业增收，自2007年起，江苏省科技厅围绕特色产业、现代高效设施农业等领域，选聘省内涉农高校科研单位专家为江苏省“送科技下乡促农民增收”活动科技特派员。实施至今，全省共发布四批次科技特派员，共计4 257人，其中南京农业大学123人。2007—2011年，南京农业大学被选聘的专家数量逐年大幅增加，服务领域主要集中在园艺、动物科学等（表 2-11）。

科技特派员面向生产、面向应用、面向市场开展科技服务工作，加强科技成果转化与创新创业力度，提高科技服务能力水平。同时，科技主管部门参照《江苏省科技特派员工作实施方案（试行）》，加强资源统筹，通过政策、资金、项目等措施加大对科技特派员创新创业倾斜支持力度，为培育壮大农业优势和特色产业，促进农民就业增收，加快社会主义新农村建设做出了重要贡献。

表 2-11　南京农业大学参与科技特派员活动情况

单位：人

批次	第一批	第二批	第三批	第四批	合计
学校参加人数	7	10	37	69	123
江苏省总人数	60	241	2 909	1 047	4 257

4. 开展农业部、财政部重大农技推广服务试点工作

2015 年 8 月，农业部、财政部依托科研院校组织开展重大农技推广服务试点工作。根据江苏省农委、财政厅要求，结合江苏农业发展实际，南京农业大学紧紧围绕稻麦、果蔬（梨、黄瓜、葡萄）两大主导产业发展需求，区域上兼顾苏北、苏中、苏南三大区域，从全产业链角度进行系统推广示范，探索“科研试验基地＋区域示范基地＋基层农技推广服务站点＋新型农业经营主体”的链条式农技推广服务模式。

南京农业大学选择学校白马教学科研基地作为科研试验基地，重点开展稻麦、果蔬两个产业的科研试验、技术引进和集成；选择江苏省常州金坛区、泰州兴化市、连云港东海县，作为稻麦区域示范基地；选择苏州常熟市、镇江句容市和宿迁宿城区作为果蔬示范基地；充分发挥南京农业大学科技、人才优势，有效衔接基层农技推广服务站点，探索“线下建联盟，线上做服务”的“双线共推”农村科技服务模式：即“线上”开发“南农易农”手机 APP，通过信息化平台开展服务；“线下”建立新型农业经营主体联盟，重点为新型农业经营主体开展指导、培训和观摩等活动。截至 2016 年 12 月，建立稻麦、果蔬新型农业经营主体联盟 6 个，吸收新型农业经营主体 1 438 个，开展相关技术指导培训 94 场，参加培训新型农业经营主体超过 4 820 人次；“南农易农”手机 APP 注册人数 2 015 人，推送科技信息 1 347 条，累计浏览量 21 635 次。

5. 参与江苏省现代农业科技综合示范基地建设

为加快农业科技成果快速转化应用、提高农业物质装备和技术水平、增强服务新型经营主体能力，十三五期间，江苏省农委指导建设了一批实用技术集成创新导向明显、农业科技示范带动能力较强的现代农业科技综合示范基地。[①] 为增强学校的社会服务职能，南京农业大学专家参与江苏省现代农业科技综合示范基地建设工作，致力把现代农业科技综合示范基地打造成学校的农业科技集成创新中心、农业科技成果示范样板和农业经营主体培训基地。截至2016年12月，在批准建设的江苏省47个现代农业科技综合示范基地中，南京农业大学作为科技支撑单位，结合自身的学科、科技和人才优势，参与建设18个基地，占所有基地数量的38.3%。[②]

6. 参与江苏省级现代农业产业技术体系建设

为推进农业转方式、调结构，提升农业物质装备和技术水平，2016年11月江苏省农委启动省级现代农业产业技术体系建设工作，力争十三五期间在全省建设20个现代农业产业技术体系，涉及粮食、畜禽、园艺等优势产业，建成涵盖育种、种养、加工、营销等全产业链技术体系。[③] 2017年3月，江苏省农委确定水稻、小麦、特粮特经、蔬菜、西甜瓜、葡萄、草莓、花卉、茶叶、生猪、肉羊、肉鸡、蛋鸡和水禽14个产业技术体系、89个产业技术创新团队、125个产业技术推广示范基地，并聘请了16名首席专家、87名岗位专家、125名推广示范基地主任。其中，南京农业大学首席专家5人，涉及蔬菜、花卉、葡萄、生猪、肉羊5个领域，占全省首席专家总数的30%；岗位专家15人，占全省岗位专家总数17.2%。

（二）存在的主要问题

高校农技推广服务的途径较多，包含政府购买服务、与政府或企业共建基地、协同事业单位开展农技推广活动等。在国家各部委、省级政府及其主管部门的支持下，高校农技推广服务工作为地方农业经济发展作出了重要贡献，然而在调研中，我们仍发现高校农技推广服务工作存在着一些问题和不足，主要表现在以下几个方面：

1. 项目安排不合理

农业生产具有周期长、受自然环境影响大等特点，因此，农业技术需长时间、稳定持续的推广才能在生产中见到实效。而目前高校农技推广项目设置不

---

① 江苏省农业委员会．关于加强现代农业科技综合示范基地建设的意见（苏农科〔2015〕13号）［R］．2015-11-19.

② 江苏省农业委员会．关于公布第二批江苏现代农业科技综合示范基地名单的通知（苏农科〔2017〕3号）［R］．2017-03-16.

③ 江苏省农业委员会．关于推荐省级现代农业产业技术体系专家人选的通知（苏农办科〔2016〕15号）［R］．2016-11-03.

甚合理，主要体现在：一是项目执行期限较短，很多项目实施期限只有一年，实施效果受限，也给评价带来困难。例如，果树为多年生物种，新品种、新技术和新模式的实施在短期内对产业推动效益不明显；二是农时与经费的衔接问题。不少农技推广项目经费实际到账偏迟，往往耽误农时，对农业生产示范的安排产生一定影响。

2. 服务对象不明确

高校农技推广服务对象涉及小农户、种植大户、家庭农场、专业合作社、涉农企业、农业园区、基层农技推广部门以及行业技术协会等。在有限的资金支持下，服务对象不明确必然造成胡子眉毛一起抓的现象。涉农企业对新技术需求最为迫切，小农户则主要偏重于农业信息的获取。对于家庭农场、专业合作社，高校适宜提供政府主导的公益性农业推广服务；部分基层农技推广部门、行业技术协会等事业单位由于没有生产能力，农村科技服务；主要以开展培训、观摩活动形式为主，生产示范带动作用有限。所以，要结合地方产业发展需求，明确高校农技推广服务的对象是抓住事物主要矛盾、凸显科技服务效果的关键。

3. 实施路径待改进

农技推广项目的实施，政府占绝对主导地位。一般情况是，政府确立项目实施方向、服务领域和服务内容，呈现出“自上而下”的服务特点。这种服务方式导致科研人员难以了解服务对象的真实需求，推广行为和技术需求之间缺乏一个有效的双向交流机制。此外，政府主导的农技推广项目，包括农业部、财政部重大农技推广服务试点工作、江苏省农业三新工程项目、“挂县强农富民”工程项目等，存在服务对象不稳定、推广经费不持续、推广效果不明显的现象。譬如，南京农业大学自 2009 年承担江苏省“挂县强农富民”工程项目，分别与灌云、高淳、金湖、泗洪、张家港、射阳、东海、涟水、灌南等县（市）挂钩对接、服务 25 县次和 125 村次，从中可以看出，学校对接服务的区域不稳定，出现经常变换的情况。并且，除与泗洪县通过签订全面战略合作协议建立了稳定、持续的合作关系外，以项目为载体，学校与其他挂钩对接县市尚未形成稳定、持续的合作关系。

4. 管理机制需完善

高校农技推广服务工作缺乏完善的考核评价及激励机制，严重影响了高校教师开展农技推广服务的积极性，主要体现在以下两个方面：一是评价体系不健全。评价内容仍重基础、轻应用。譬如，高校农村科技服务评价体系在职称晋升、年度绩效考核方面仍以承担国家、省部级科研项目、发表 SCI 论文等硬性指标为主要评价指标。二是保障措施不到位。对于科技推广服务工作，高校缺乏可操作的激励机制，尚未出台推广项目的绩效管理办法，加之评价指标自身设计的缺陷，从事农技推广服务工作对教师职称晋升、工作量获得、绩效考核的正向推动作用不是很大。

（三）对策建议

1. 农业主管部门强化大学农技推广职能

政策环境对高校开展农技推广、科技成果转化工作有着重要影响。尽管多年的中央一号文件多次强调高校要积极参与新农村建设和农技推广工作，《中华人民共和国农业技术推广法》也规定了“农业科研单位和有关学校应适当适应农村经济建设发展的需要，开展农业技术开发和推广工作”。事实上，当前高校以雄厚的科技和人才优势，逐渐成为国家农技推广的有生力量，但基于政府购买服务的视角，政府和高校在农技推广合作方面还没有形成全面、稳定的合作关系，导致高校的农技推广功能没有充分发挥。[①] 由于缺乏相应的政策环境和制度安排，目前高校同政府农技推广部门仍停留在“点—点”合作，即高校部分专家参与了政府的部分推广项目而已。因此，政府应充分发挥政策调控功能，推动校农（农业部门）合作，鼓励高校参与农业部门主导的农业园区和基地建设和运作，强化高校职能部门与县市农技推广部门的合作，以基地和项目为纽带，集成跨部门、跨行业的农业社会化科技服务力量和科技服务成果资源，助推农村一二三产业融合和第六产业协同发展，带动和引领新农村建设与发展，实现高校的人才、科技、信息优势与政府完善的农技推广链条和众多的农技推广基地优势的紧密结合，推进农业科技进步和农民增收。

2. 政府提供稳定持续的经费支持

巧妇难为无米之炊。稳定的经费支持是高校组织高素质推广队伍、开展农技推广服务的基本前提和重要保障。2012 年，教育部、科技部联合实施高等学校新农村发展研究院建设计划，对高校新农村发展研究院提出了建设要求及重点任务，但缺乏经费支持。近年来，学校陆续承担了国家及地方的农技推广服务项目。譬如，2015 年农业部、财政部划拨 5 亿元选择 10 个省（直辖市）开展重大农技推广服务试点工作，所在地方高校作为重要参与主体，获得了数量可观的推广经费。再如，江苏省农业委会员自 2009 年实施“挂县强农富民”工程以来，江苏省不少高校积极参与其中，每年都会获得一定的推广服务经费支持。但与学校的人才培养和科学研究相比，农技推广

① 扈映．基层农技推广体制改革研究［M］．杭州：浙江大学出版社，2009：114.

服务工作呈现出经费支持不稳、强度较小的特点，目前政府给予高校农技推广服务经费的支持力度与高校自身的实力不相匹配，高校农技推广服务的潜力没有得到充分的挖掘，因此，建议政府在购买高校农技推广服务方面划拨专项资金，给予稳定的资金支持，并加大投入力度，主要可以在以下几个方面下功夫：一是助推农村一二三产业融合发展，加大农业产业链上综合农技推广服务项目的支持力度，而不仅仅是对单项技术的支持；二是对高校，特别是对成立新农村发展研究院的高校，要加大新农村服务基地建设的投入，增强基地服务能力，特别是在基地物理空间、设施设备、办公、食宿、试验用地（包括建设用地）等软硬件方面给予更多的支持；三是推动高校服务手段的创新。投入资金支持高校农村科技服务信息化平台建设和运行，包括农村科技服务网络平台、手机APP、微信公众号的搭建和运行以及数据库的建立等，提高农村科技服务的信息化水平；四是在高校农村科技服务模式的探索方面，政府应给予足够的资金支持，包括支持江苏省高等学校新农村发展研究院协同创新战略联盟的建设和运行、新型农业经营主体联盟建立、科技资源数据库建设等；五是投入资金推动新农村服务基地企业化运作，使基地能够独立同地方政府和当地的新型农业经营主体开展农技推广服务，增强基地造血功能，提升基地服务内涵。

3. 建立需求导向型的农技推广服务新模式

新农村服务基地的概念由教育部、科技部联合实施高等学校新农村发展研究院建设计划时首次提出。建立多种形式的新农村服务基地是国家赋予高校新农村发展研究院的重要任务之一。[①] 目前，获批成立新农村发展研究院的39所高校正积极推动新农村服务基地建设工作。新农村服务基地的建设和运行促使高校由传统的“点对点”“游击式”的服务方式转变为“面对面”“阵地式”的服务方式，为深入了解地方需求、有针对性地开展服务提供了一个持续、稳定的条件支撑。因此，首先，学校要以项目为载体，加强同地方政府的合作，认真了解地方农业产业需求，本着学校学科优势、地方产业优势、地理区位优势“三优势”结合的原则，有选择性地共建新农村服务基地；其次，把搜集地方生产需求信息、结合生产需求、组织专家开展农技推广服务工作纳入学校新农村服务基地的考核内容，推动涉农高校的服务舞台从学校课堂移到田间地头，形成一种“自上而下、自下而上”的双向互动的服务模式；再次，学校要将更多的推广项目资金向新农村服务基地集聚，一方面，可以提高推广项目的

① 教育部，科技部．关于开展高等学校新农村发展研究院建设工作的通知（教技〔2012〕1号）[R]．2012-02-03.

实施效果，推广项目的实施一般是对某一项或某几项新品种、新技术、新模式的推广与应用，需要稳定的展示空间和对展示效果科学、有序的管理维护，基地恰恰可以满足。另一方面，有限的项目资源将集中内化为基地永久性发展的基础。“罗马非一日建成”，基地的建设更加需要项目的持续投入。譬如，科技部的“星火计划”项目、农业部公益性行业（农业）科研专项、江苏省的农业三新工程项目、“挂县强农富民”工程项目等，其申请权应向具有独立法人的新农村服务基地或负责新农村服务基地工作的专家教授倾斜。

4. 加强与“一带一路”沿线国家合作开展农技推广工作

“一带一路”对我国现代化建设和屹立于世界的领导地位具有深远的战略意义，同时切合沿线国家的共同需求，是国际合作的新平台。截至目前，南京农业大学先后与30多个国家和地区的150多所境外高水平大学、研究机构保持着学生联合培养、学术交流和科研合作关系。学校现建有“中美食品安全与质量联合研究中心”“南京农业大学—康奈尔大学国际技术转移中心”“猪链球菌病诊断国际参考实验室”等多个国际合作平台；2012年获批建设全球首个农业特色孔子学院，并倡议发起设立了“世界农业奖”。据统计，2010—2017年，中肯两国合作开展了“小麦秆锈病新抗原的开拓、鉴定、创新和应用研究”“中非粮食安全战略研究”“肯尼亚野生芝麻种质收集与创新”“土豆软腐病综合防治”“非洲农业增产潜力研究”等11个研究项目，取得了显著成效。上述合作及成就为学校积极参与“一带一路”建设奠定了坚实基础、提供了丰富经验。当前，学校需要深入了解“一带一路”沿线国家的农业发展情况，结合自身的学科、科技和人才优势，确定合作内容，组织专家团队主动走出国门，在进一步夯实已有合作基础的前提下，加强与“一带一路”沿线的相关国家建立紧密的合作关系，通过与“一带一路”沿线国家共建农业园区、技术转移中心等平台、开展人才培训、技术服务等活动，争取国家有关国际合作项目，拓展学校经费来源渠道，提升学校国际地位和影响，为我国农业“走出去”助一臂之力。

5. 加强大学农技推广服务队伍建设

“人”是生产力中最重要、也是最为活跃的因素。农技推广服务队伍建设是高校开展农技推广服务工作的前提和保障。目前，高校的人才培养和科学研究都分别建有一支强大的教学和科研团队。相比之下，农技推广服务团队建设滞后，目前，除西北农林科技大学、浙江大学外，包括南京农业大学在内的大部分高校尚未成立专兼职结合的农技推广服务队伍，因此，南京农业大学要增强社会服务职能，必须加大农技推广服务队伍的建设力度。一是加强农技推广管理队伍建设。农技推广的管理不同于人才培养和科学研究工作的管理，管理人员除需要具备一定的专业背景外，还要经常下乡，与地方政府主管农业、科技的部门以及广大基层种养大户打交道，同时配合科研人员开展一些宣传和培训工作等，为此，学校要吸引那些既懂得专业、又能够吃苦和擅长交际交流的复合型人才加入到农技推广管理队伍中来，并定期进行培训，着手培养一批素质高、能力强、知识面宽的管理人员，以加强高校农村科技服务工作的管理和服务能力。二是建立专兼职结合的农技推广专家团队。一方面，学校要制定准入条件，通过全校甚至全国公开招聘方式，吸纳有意愿、有热情、有能力的教师承担公益性农技推广项目或担任基地负责人，逐渐壮大农技推广专家队伍。建议借鉴浙江大学、西北农林科技大学的做法，从科研成果、承担农技推广项目情况、农村科技服务经验、获奖情况、社会评价等方面，根据专职、兼职两支队伍的不同性质提出不同的任职条件。通过学校人事处公开招聘流程，遴选和确定合适人员。需要注意的是，学校需要事先调研当前参与农技推广服务教师的规模、组成和服务成效，本着“循序渐进、由少到多、不断壮大”的原则，进行科学论证，确定推广队伍建设规划，明确队伍专、兼职人员数量与比例，保证高校人才培养、科学研究和社会服务三项工作的稳步平衡发展。另一方面，结合校地新农村服务基地共建工作，吸纳地方农业部门常年在基层一线开展农技推广服务的“土专家”或具有丰富经验的种养大户加入高校农村科技服务队伍，并给予一定的身份或待遇。

6. 建立和完善农技推广服务考评和激励机制

当前，随着国家及地方对科技成果转化工作的不断重视，高校在规范和激励学校“四技”服务工作方面进行了大力改革，出台了相关的管理制度，很大程度上调动了科研人员开展“四技”服务的积极性，譬如，南京农业大学2017年集中出台了《南京农业大学技术合同管理暂行办法》《南京农业大学横向科技项目管理办法》《南京农业大学大学科技成果转移化管理暂行办法》等，但在农技推广服务方面仍缺乏相应的制度安排。[①] 首先，学校要重视农技推广服务工作，把农技推广服务放在与人才培养和科学研究同样的地位加以对待，大力宣传国家及地方有关农技推广服务工作的政策文件及其对学校发展的重要作用，积极营造重视农技推广服务工作的氛围。其次，科学设计农技推广服务评价指标。鉴于农技推广服务涉及高校的教师、学生、管理服务部门和地方政府及其主管部门、种养大户、家庭农场、涉农企业等众多利益相关者，因此对于农技推广服务评价指标的设计，学校要做到集思广益，充分听取和采纳多个利益相关方的建议和意见，评价指标不仅反映学校自身的利

① 李玉清．涉农高校农村科技服务评价问题分析与建议［J］. 高等农业教育，2017（2）：61-64.

益，也要充分把握和尊重投资主体和服务对象的利益需求及关切程度，争取考核评价指标最大程度的科学、合理和公正。再次，要规范评价工作流程，加强评价工作管理。学校要建立农技推广服务工作评价领导小组，明确农技推广评价工作的管理和服务部门。实际考评操作过程中，学校要联合地方农业、科技、教育等主管部门，由高校、政府、服务对象等多方参与共同评价，并增加实地考察环节，更多地倾听服务对象的建议和意见。此外，从学校层面，把农技推广服务工作纳入工作量认定范畴，推广效果作为职称晋升的重要依据。从地方政府层面，将学校农技推广服务人员的推广活动给地方带来的经济社会效益与农技推广服务人员的收入挂钩；建议地方政府建立农技推广服务奖励制度，对于在农技推广服务方面做出重大贡献的科研人员，政府予以物质奖励，予以推广资金的持续支持，学校将其奖励纳入晋升职称和年终考核的重要指标。

三、政策咨询

（一）政策咨询工作概况

随着我国农业现代化进程的不断加快，农业现代化过程中所凸显的难点和重点问题对人文社科研究的整体性、系统性和迫切性要求更加突出。为深入贯彻国家中长期科技与教育发展规划纲要，繁荣南京农业大学人文社会科学研究，强化南京农业大学新农村发展研究院的政策咨询功能，南京农业大学积极组织人文社科相关领域专家，编写政策咨询报告（表 2-12）、农村发展决策要参（表 2-13），重点资助江苏新农村发展系列报告项目群（表 2-14），建立江苏省重点高端智库——金善宝农业现代化研究院，针对热门“三农”问题，收集整理来自农村经济、农业生产、农民生活、农村社会等各方面的第一手资料，通过系统设计、周密调研和深入剖析，开展典型案例分析，形成独立于政府与民间之外的具有第三方性质的专题报告，以期为政府决策提供真实信息，为我国农村发展、农业现代化和新农村建设作出新的贡献。

表 2-12　南京农业大学政策咨询报告获批示情况

单位：次

年份	2007	2009	2010	2011	2012	2013	2014	2015	2016
国家领导批示数量	3			1		1	2		1
省部级领导批示数量		1	1	1	2	3	9	6	10

表 2-13　南京农业大学江苏农村发展决策要参情况

单位：份，万元

年份	2014	2015	2016	合计
撰写报告数量	8	5	4	17
资助经费	10	10	10	30

表 2-14　南京农业大学江苏新农村发展系列报告情况

单位：份，万元

年份	2013	2014	2015	2016	合计
撰写报告数量	7	13	13	1	34
资助经费	140	225	195	105	665

（二）存在的主要问题

1. 科研人员不重视

南京农业大学科研人员更多地倾向于学术问题研究，对最前沿最热门的农村经济社会问题关注度不够，在社会重大问题发生时往往不能及时拿出有理有力的政策研究成果，更极少有预见性地进行社会问题研究，而这类研究所产生的成果往往是政府决策最迫切需要、最易获得相关部门采纳及重视的。

2. 成果形式不成熟

政策咨询成果的呈现形式和重心不应等同于学术研究成果的通常形式，需要以提出问题及解决问题的建议为主要内容。但目前的现状是，南京农业大学科研人员多以学术成果的形式去完成咨询报告，往往不能着手于如何解决问题的途径，不能引起政府部门领导或相关部门的足够重视，达不到服务于政策的目的。

3. 报送渠道不畅通

由于直接的报送渠道较难获得，南京农业大学政策咨询成果并不能通过稳定而直接的渠道报送相关部门，导致成果不能到达或者经过较长周期才能到达核心部门领导的手上，严重影响了咨询报告的时效性。

4. 激励机制不健全

近年来南京农业大学增加了对于新农村发展系列问题的重大项目资助，但是由于学校在政策咨询报告方面的奖励力度较小，不能有效激发科研人员进行政策服务性研究的积极性。

（三）对策建议

1. 结合专业优势，组建团队

一方面，要提倡科研人员提高对前沿的、热点的重大农村经济社会问题的敏感性，积极支持科研人员进行相关研究，以提高政策咨询报告的产出；另一方面，也要基于学校在农业方面的学科和专业特色与优势，充分利用长期进行的基础研究的理论成果，结合社会实际，推出更多理论基础雄厚的政策咨询成果。在长期的政策研究发展当中，形成一批由各个领域的专家所组成的政策咨询团队。

2. 优化研究成果，增强实效

科研人员须自发学习研究获得采纳或批示的咨询报告的形式及内容，对比得出自身的不足之处，以期顺应好的咨询报告所需具备的要素。同时，有关单位也应积极组织关于政策咨询类成果的培训，由校内外获得批示或采纳较多的知名专家传授经验，以提高南京农业大学科研人员所报送的政策咨询成果的有效性。

3. 多方宣传推广，拓宽渠道

注重提高政策咨询成果的实际社会影响，通过多样化的宣传途径和平台去推广南京农业大学的科研人员及其政策咨询成果。进一步加强金善宝农业现代化研究院建设，通过智库的影响力来拉动学校在政策咨询研究方面的实力。

4. 完善管理机制，激励研究

完善智库成果的管理机制，将批示等同于各级 CSSCI 期刊论文对待。同时提高奖励力度，或通过人事考评制度的调整，提高科研人员进行政策性研究的积极性。

四、人才培训

人才培训是高校服务社会的重要体现。高校人才培训的对象主要包括政府农技推广系统的管理人员和从事农业产前、产中和产后的农业生产者、管理者和经营者。近年来，包括专业大户、家庭农场、农民合作社、农业园区、龙头企业、新农人等新型农业经营主体呈现快速发展的态势。据统计，相当一部分新型农业经营主体的生产者、管理者和经营者来自非农行业，他们有资金、有情怀，但缺乏农业知识、农业技术以及与农业有关的管理经验，实践证明，这给他们涉足农业带来了很大的风险。当前，中央和地方政府非常重视新型农业经营主体的培育工作，[①] 并把人才培训作为培育新型农业经营主体的一个重要抓手。近年来，我国农业技术推广体系改革和发展取得了明显进步，农业本身正不断向深度和广度拓展，新品种、新技术层出不穷，新型农业经营主体对农业科技的新需求，远远超出了国家农技推广机构的供给能力，部分原因是政府农技推广人员本身的素质和能力已经跟不上农业快速发展的步伐。中国科协调查结果显示，在现有的农技推广人员中，有 91.7%的人认为需要和非常需要获得进修和再学习的机会；而在农业生产的实践中，对科技示范户、农业实用技术人才、专业合作社带头人和种养大户开展科技培训，整体上对提高我国农技推广服务的效率和效益能够起到事半功倍的作用。[②] 基于此，近年来，国家对农业人才培训工作高度重视，作为我国重要的培训主体，高校承担起越来越多的农业人才的培训任务。

（一）人才培训工作概况

南京农业大学开展农业人才培训工作起步较早，20 世纪 50 年代，学校开办了函授农学专业本科班和特别班；1983 年经原国家教委、农牧渔业部批准，学校成立了中央农业管理干部学校南京农学院分院，后更名为中央农业干部教育培训中心南京农业大学分院；1992 年，学校成立成人教育学院，2010 年 3 月更名为继续教育学院。目前，继续教育学院是南京农业大学开展农业人才培训的主要机构。

适应现代农业发展的新形势和新需求，南京农业大学继续教育学院充分发挥学校的人才、科技和教育优势，积极承担农业部、江苏省农委以及地方政府农业主管部门委托的人才培养任务，面向农业系统管理干部、农业技术推广人员、新型职业农民、农村实用人才、中等农业职业学校骨干教师等，开设了“农业干部素质提升”“现代农业发展”“新农村建设”“城乡一体化”“农村社区管理”“农业产业化及龙头企业发展”“农业技术推广”等 7 大类 40 余项专题培训项目，不断提升农业工作者和新型农业经营主体的业务能力。

2009—2016 年，培训期数逐年增加，2016 年培训期数达 70 期，近八年来共培训农业各类人才 33 264 人次，其中，农业管理干部 12 555 人次，农民培训 5 876 人次，其他（包括乡镇、村级干部、大学生村官、农业技术推广人员等）14 848 人次（表 2-15）。学校被农业部确定为“农业部现代农业技术培训

---

① 中共中央办公厅，国务院办公厅．关于加快构建政策体系培育新型农业经营主体的意见［N］．农民日报，2017-06-01（1）．

② 陈锡文．尽快完善“一主多元”农技体系［N］．人民日报，2017-01-18（20）．

基地”“农业职业技术教育培训示范基地”；被科技部确定为“国家级科技特派员创业培训基地”、被江苏省委组织部认定为“江苏省干部教育培训高校基地”；被江苏省教育厅确定为“江苏省中等职业教育师资培养培训基地”；被南京市委组织部选定为“南京市处级干部进高校培训”首批高校；被新疆克孜勒苏柯尔克孜自治州（以下简称“克州”）党委组织部认定为“克州干部赴内地培训基地”。

表 2-15　2009—2016 年南京农业大学培训人数一览

单位：期，人次

年份	2009	2010	2011	2012	2013	2014	2015	2016
期数	13	24	30	37	42	58	72	70
干部培训	118	959	1 300	1 450	1 578	930	3 279	2 941
农民培训	228	202	360	200	230	890	1 456	2 310
其他培训	225	289	468	1 341	1 318	3 840	3 945	3 422
总计人数	571	1 450	2 128	2 991	3 126	5 660	8 665	8 673

（二）人才培训特色

1. 菜单式的课程设计

学校根据委培单位的要求，结合当地社会经济形势以及学科发展的前沿，针对某个培训项目，设计多个培训课程，由委培单位“点菜”，最大限度地满足“培训对象”的培训需求。

2. 客服式的教学管理

学校将管理与服务融为一体，一方面，树立优质服务意识，要求每位工作人员无论在言行举止上，还是在工作态度、方式上，都要视学员为亲人，想学员之所想，急学员之所急，让学员有一种宾至如归的感觉；另一方面，做好培训效果评价工作，在培训结束后，由学员对整个培训过程进行评价，主要对培训课程设置、教师授课效果、组织管理和后勤服务以及培训对今后工作的帮助程度进行打分，并根据统计结果进行总结改进，努力把控好每个培训环节，为学员提供更优质的教育培训服务。

3. 保姆式的训后服务

在农村实用人才培训中，将后续跟踪服务作为培训工作延伸的重要环节，每位学员都有指定的跟踪服务老师，培训结束后，学员在生产工作中遇到技术上的难题，可以随时与老师联系，老师除采用电话、邮件、QQ、微信解答，还根据具体情况到现场指导，尽可能给学员提供切实可行的帮助。

（三）人才培训经验

1. 注重培训方式创新，提升管理干部综合能力

培训过程中，注重培训内容的针对性，对县（处）级领导干部研修班，侧重研究、思考及管理创新，目的在于提高执政能力；对乡镇长（党委书记）培训班，侧重补充知识和技能，目的在于提高执行和操作能力。根据理论联系实际的原则，遵循干部培训规律和特点，注重培训方法的创新，综合运用讲授式、研究式、案例式、体验式等多种现代培训方法，采取了专题讲授、研讨交流、案例分析、参观考察等多种方式，使学员在学习理论知识、掌握基本技能的同时，开阔视野，启迪思维，提高分析和解决问题的能力。对中长期培训班，每周举行一次“学员论坛”，编写两期培训简报。譬如，2009 年学校为济宁市乡镇长举办的为期 5 个月的“现代农业发展与新农村建设”培训班，重点围绕城中村改造、土地流转问题、新型农民培育、农村居住环境改善和基础设施建设等农村的热点、焦点问题，每周举行“学员论坛”，要求学员结合所学知识，进行讨论。大家各抒己见，最后达成了践行科学发展观、为百姓谋福利、做一名好干部的共识。此外，每周制作两期简报，发给每位学员，同时报送济宁市委组织部。论坛与简报制度对促进学员学思结合、相互启发起到了积极的引导作用，达到了共同提高的目的。

2. 科学设置培训专题，培训基层农技推广人员

自 2009 年以来，学校根据农业部《关于做好基层农技推广体系改革与建设示范县基层农技人员培训工作的通知》和江苏省农委《关于下达年度基层农技推广体系改革与建设示范县农技人员培训计划和任务的通知》的要求，针对基层农技人员的实际情况，以提高基层农技推广人员业务素质和技能水平、全面提升基层农技推广人员公共服务能力为目标，科学设置培训专题，认真制订培训方案，积极参与基层农技推广人员培训工作。

3. 强化培训实际效果，大力培训农村实用人才

农村实用人才在示范农业推广、引导农业结构调整、带动农民增收致富等方面起着积极的推动作用，是新农村建设的主力军。长期以来，学校非常重视农村实用人才培训工作，本着学为所需、学以致用、通俗易懂、注重实效的原则，制订培训方案；培训内容不仅突出新知识、新技术，而且还涉及市场信息、营销管理等方面的知识；教学方式采用理论与实践紧密结合的方式，将课堂移到田间地头、养殖场所，充分发挥种养大户的示范带动作用。为巩固扩大培训效果，每次培训后学校都配有老师进行跟踪指导，帮助他们解决生产中遇到的各种问题。

（四）存在的主要问题

1. 人才培训能力有待进一步加强

随着中央和地方政府对基层农技推广和新型农业经营主体培育工作的高度重视，针对基层农技推广人员、新型职业农民的培训活动日益增多，表现为近年来学校承担的部省级下派的培训任务越来越重，自 2009 年起，学校组织的人才培训期数和培训人数呈现出逐年急剧增加的态势，从 2009 年的 13 期 571 人次上升到 2016 年的 91 期 8 673 人次。由于学校没有专门的培训场地，日益繁多的培训任务给承担培训任务的继续教育学院带来了越来越大的压力。在组织落实人才培训各项工作时，总是到处租借场地，培训期间场地不断更换的情况时有发生，培训设施设备也面临着严重不足，这些给培训工作带来了诸多不便，一定程度上影响了培训效果。

2. 人才培训资源有待进一步整合

学校拥有丰富的科技、人才和教育资源，为学校开展人才培训工作提供了优良的环境和条件，但这些培训资源分散在不同学院或部门，没有得到很好整合和充分发挥，譬如，不少具有丰富实践经验、掌握先进、实用技术的科研人员，由于繁重的教学、科研任务不能走上培训讲台，无法将这些经验和技术传递给培训学员。又如，尽管近年来学校与地方政府共建了不少综合示范基地、特色产业基地和分布式服务站等形式多样的新农村服务基地，但很少纳入学员的培训基地。人才培训资源分散情况还表现在不少学院或部门基于自身利益考虑，利用自身优势，独自与地方政府合作开展人才培训活动，呈现出各自“扛大旗、拉队伍、占地盘”的局面，由于培训内容各异，且培训的组织能力和培训效果参差不齐，也给学校带来了一些负面影响，尽管上述情况目前已经得到较大改观，但仍时有发生。

3. 人才培训效果有待进一步提高

目前，学校组织开展培训活动，培训对象大多为文化层次不高的职业农民或来自其他行业的新型农业经营主体负责人，由于培训内容还是过多的来自书本的理论知识，培训方式也多为课堂授课，无法引起学员足够的兴趣，很难调动他们学习的积极性。此外，由于每期的培训时间较短，尽管学校根据培训对象采用了差别化的培训方式。譬如，组织学员实地观摩，相对集中开展实地操作等，但时间上难以保证，培训效果也受到影响。

4. 人才培训管理有待进一步规范

学校在组织培训过程中，由于委培单位没有进行事先的培训需求摸底，无法真实反映多数学员的意愿，造成学员对培训内容不感兴趣，培训效果不甚理想；一些下派的培训任务，虽然对具体的培训内容、人员数量、地域指标等都做了详细的规定，但在实施过程中，基层申报单位为了完成培训任务，对学员遴选把关不严，将一些不符合条件的学员“撵来”培训，甚至出现培训“专业户”的现象；培训时间安排与农忙时节发生冲突的情况时有发生，加之缺乏对学员约束手段，培训过程中时常出现学员逃旷课情况。

（五）对策建议

1. 充分调研，做到培训对象精准化

培训前与委培单位充分沟通，设计不同的培训课程体系供委培单位用于开展需求调研。在综合各方意见的基础上，确定培训实施方案，最大限度地满足学员的培训需求，从而达到最好的培训效果。对于部省级下达的常态化培训任务，建立培训学员库，做到每年上报的培训学员名单与学员库进行自动比对，筛选重复培训的学员，反馈给基层申报单位进行更换。

2. 集思广益，改进人才培训方式

除了传统的理论讲授和现场教学培训形式，还应结合培训对象特点及培训要求，组织学员座谈，汇聚众智，共同探讨农业培训的新模式、新方法，鼓励学员创新培训思维；在条件允许的情况下，增加研讨交流培训环节，让学员由被动转变为主动；对于职业农民培训，除做好常规培训外，还要加强训后跟踪服务力度，尽量做到帮他们解决生产经营中的实际问题。

3. 加大投入，增强人才培训能力

人才培训是学校农村科技服务工作的重要体现。每年学校组织开展的近百期、近万人次的培训活动，对于提升学校地位和社会影响起着举足轻重的作用。为此，建议加大人才培训的投入力度，一方面，用于调动学校科研人员开展人才培训的积极性，提高培训质量；另一方面，切实改善学校人才培训条件，增强培训能力。此外，学校本着充分利用人才资源优势服务“三农”发展的原则，在努力做好培训工作的前提下，积极向上级主管部门争取建设经费，完善培训教材、添置培训设备，进一步创新培训手段，拓展培训空间，为学校人才培训工作提供良好的培训环境。

4. 整合资源，丰富人才培训内涵

认真梳理学校培训资源，包括学院或部门现有的培训教材、培训场所或培训设施等，统一整合纳入到继续教育学院的人才培训工作中，做到学校资源效用的最大化；深入了解学校科研人员的研究进展和研发成果，将经验丰富、讲解生动精彩、理论联系实际的老师选入培训专家库，建立激励机制，调动学校科研人员参加培训授课的积极性；通过建立合理的利益分配机制，鼓励学院或部门对接的培训任务主动向继续教育学院集聚；考察学校建立的综合示范基地、特色产业基地和分布式服务站，有条件的纳入继续教育学院长期定点的培训观摩基地、实践指导基地范畴。加强与学校信息中心、新农村发展研究院的合作，充分利用信息中心现有的远程培训系统、新农村发展研究院搭建的“南农易农”手机 APP 及其微课内容，拓展培训渠道，提升培训效果。

5. 注重细节，加强培训环节管理

不断构建完善多元化的高水平师资库。既要有高校的专家教授，也应有政府业务部门、科研院所、企业的领导专家，还要有生产一线的骨干人员，使专家类型多元融合，充分满足学员对理论知识、政策、实践、案例教学等内容的需要，保证培训质量和效果。融合培训方式，丰富培训手段。将专家授课、领导讲座、典型报告、研讨交流、案例教学、现场教学等相结合，既重视理论知识传授，又紧贴工作实际，做到专题讲座能够互动，学员提问现场回答，使学员在研讨交流中启迪思维、拓宽思路；根据培训主题，精选现场教学点，贯彻“看、听、思；问、议、评”六字准则。让学员带着问题参与现场教学过程，使受训者在愉快的培训活动中学到他们所需要的知识、增强他们所需要的能力。

6. 做好评价，提升人才培训效果

积极做好教师教学效果评价和培训总体评价。一是要对培训教师的专业水平、教学内容联系实际的紧密度、理论观点新颖度、农业新政策的掌握及解读水平、语言表达生动性等进行评价。二是要对培训机构的日程安排、课程设置和内容的针对性、培训方式和教学安排的合理性、食宿条件及培训管理和服务水平进行评价。同时，要统计分析评价结果，为完善优质培训师资库提供重要依据，这对改进培训方法、提高培训质量、教学管理及服务水平具有很好的促进作用。

五、科技帮扶

（一）科技帮扶工作开展情况及取得成效

1. 科技帮扶背景

消除贫困，改善民生，实现共同富裕，是社会主义的本质要求。[①] 改革开放以来，我国大力开展扶贫工作，1986 年，原国家科委提出科技扶贫，是我国政府组织实施的一项在农村进行的重要反贫困举措；随着《国家八七扶贫攻

① 习近平．实现共同富裕是社会主义本质要求［EB/OL］．（2012-12-30）［2019-01-20］．http：//www.chinanews.com/gn/2012/12-30/4448868.shtml.

坚计划（1994—2000）》和《中国农村扶贫开发纲要（2001—2010）》的实施，扶贫事业取得了巨大成就。然而，贫困地区发展滞后问题没有根本改变，贫困人口生产生活仍然十分困难。2011 年，中共中央、国务院印发了《中国农村扶贫开发纲要（2011—2020 年）》提出到 2020 年全面建成小康社会奋斗目标。党的十八届五中全会又明确提出，到 2020 年我国现行标准下农村贫困人口实现脱贫，贫困县全部“摘帽”。2012 年，国务院扶贫办、中共中央组织部、教育部等八部委印发《关于做好新一轮中央、国家机关和有关单位定点扶贫工作的通知》，文件规定：包括南京农业大学等 44 所教育部直属高校承担定点扶贫工作。2016 年，科技部等七部门联合发布《科技扶贫行动方案》号召全国科技工作者积极投身科技帮扶事业，围绕“精准扶贫、智力扶贫、创业扶贫、协同扶贫”，以政策、技术、人才等创新要素为抓手，充分发挥科技创新的支撑引领作用，坚决打赢脱贫攻坚战。

2. 科技帮扶历程

多年来，南京农业大学充分利用丰富的科教资源，围绕科技帮扶、教育扶贫，积极探索新做法和新模式，开展了大量卓有成效的帮扶工作。自改革开放以来，学校科技帮扶历程概括为四个阶段：

第一阶段：以“样板点”“示范方”为带动的驻村蹲点示范帮扶阶段。20 世纪 80 年代，学校组织广大师生在江苏连云港、宿迁和南京等地，开展“赶大集”“师生进村蹲点”“专家落户到田”以及“中低产田”改造与开发，向农民赠送新品种、新产品与明白纸，建立了看得见、摸得着、学得会的“样板点”“示范方”等，推动农民增产增收。①

第二阶段：以“科技大篷车”为载体的送科技下乡支农帮扶阶段。20 世纪 90 年代，学校建立“扶贫帮富”新机制和新平台，以“科技大篷车”为载体，走进田间地头，发放作物新品种和资料，开展现场培训和指导。20 多年来，“科技大篷车”足迹遍及江苏、湖北、安徽、四川等地 80 多个县（市）、800 多个乡镇，行程 40 余万公里。通过现场指导、培训讲座、赠送资料、开展规划等方式，直接为百万农民和基层干部服务，受到广大农民的热烈欢迎。

第三阶段：以“百名教授科教兴百村”小康工程为代表的振兴区域农业帮扶阶段。2003 年初，学校组织选派了 96 位热心农技推广且理论实践经验丰富的专家教授，加上其他单位的 11 位科技专家共 107 人，同连云港市选定的 107 个村庄进行挂钩对接，担任科技经济发展顾问，开创了“百名教授科教兴百村”

---

① 汤国辉，汤辰雨，刘晓光．科教推一体化的南京农业大学推广服务多模式实践与探索［J］．科技管理研究，2015（17）：93-96.

小康工程。服务当年，参与活动的 107 个村，人均纯收入增长 11.84%，高于连云港市农村人均收入 7.24 个百分点。据统计，服务期间，连云港市新建养殖基地 32 个、栽培基地 38 个、示范园区 19 个，引进新品种 290 余个、新技术 500 多项，培训农村基层党员干部、农技骨干 3 万余人，该活动受到教育部、科技部等上级政府主管部门的一致认可和地方政府领导的充分肯定。[①]

第四阶段：以“互联网＋农技推广”为理念的定点帮扶阶段。近年来，学校积极响应中共中央、国务院提出的 2020 年全面建成小康社会奋斗目标的号召，积极开展定点扶贫工作。截至 2017 年 10 月，学校在江苏省外对接帮扶贵州省麻江县、江西省井冈山市等；在江苏省内对接帮扶连云港、徐州、淮安、宿迁、盐城、南京等相关县市区。学校探索构建“双线共推”农技推广服务新模式，线下同地方政府主管部门合作成立扶贫示范户和新型农业经营主体联盟，做到帮扶的精准化和组织化；线上利用“南农易农”APP 开展技术指导和服务，实现帮扶的便捷和高效。结合区域特色产业发展需求，帮扶领域涉及稻麦、果蔬、花卉栽培、蛋禽养殖、设施园艺、生猪养殖等地方传统特色产业及食品加工、非遗保护等，为打赢脱贫攻坚战并助推地方脱贫“摘帽”作出了重要贡献，相关工作受到《人民日报》《科技日报》《中国教育报》中央七套、新华网《新华日报》《贵州日报》江苏卫视、贵州卫视等各级媒体专题报道。麻江学校定点帮扶工作项目获评“教育部直属高校精准扶贫精准脱贫十大典型项目”。

3. 科技帮扶成效

近年来，学校依托自身优势，组建金牌服务团队，从做好地方现代农业规划做起，结合地方特色产业，开展多学科融合，精准对接产业链。在国家要求定点帮扶的贵州省麻江县，南京农业大学专家服务团推广近 20 个优质稻米品种在 2 万亩锌硒矿带上试种，打造地方有机锌硒稻米产业品牌；开展 1 万亩红蒜品种脱毒、提纯复壮、储藏技术与大蒜素提取研究，重拾即将消失的“红蒜之乡”名号；组织学科服务团队全程参与麻江 8 万亩蓝莓产业园建设，开展蓝莓食品精深加工研发，推动蓝莓产品升级换代，开拓麻江蓝莓多元化发展之路；落地菊花产业关键技术，打造麻江贤昌镇状元故里和宣威镇药谷江村两个菊花谷 400 多亩，带动乡村生态旅游繁荣发展，树立麻江县生态文化新形象。南京农业大学受科技部委托定点帮扶江西省井冈山市，通过校地合作共建扶贫专家工作站，对接帮扶井冈山茶叶和花卉产业，为革命老区成为全国首批脱贫“摘帽”地区作出了重要贡献，得到了地方政府和老百姓的一致认可。作为江

① 汤国辉，万健．百名教授兴百村工程的研究：南京农业大学探索服务“三农”的新路子［J］．国农学通报，2005（11）：437-440.

苏省“五方挂钩”帮扶成员单位，学校对接帮扶灌南县、灌云县、睢宁县等。受南京市人民政府委托，对接帮扶南京市江宁、溧水、高淳、浦口等地。以项目帮扶为依托，带动地方产业发展，为助推江苏“两个率先”目标与“两聚一高”新实践的早日实现和“强富美高”新江苏建设作出了重要贡献。近年来，南京农业大学组织专家对接落地帮扶项目10余个（表2-16），积极参与地方产业发展工作，还组建了4批研究生支教团赴贵州、新疆等地乡镇中小学支教；委派中青年骨干赴地方挂职副县长和第一书记等（表2-17）；组织帮扶地区行政干部和技术骨干来学校开展专题培训50余期。

表2-16　南京农业大学科技帮扶选派人员情况一览

单位：人次

年度挂职类型	2011年	2012年	2013年	2014年	2015年	2016年	合计
第一书记	—	—	—	—	2	3	5
援疆援藏干部	3	2	2	5	3	2	17
“五方挂钩”	1	1	1	1	1	1	6
博士团	—	—	1	1	—	—	2
共青团挂职	4	2	1	1	—	—	8
贵州麻江挂职	—	—	—	—	1	2	3
四川资阳挂职	—	—	—	2	2	—	4
山东嘉祥挂职	—	1	1	—	—	—	2

（二）存在的主要问题

1. 总体设计还有待完善

教育部部长陈宝生在2017年教育部直属高校和单位扶贫工作推进会上要求，高校要做好扶贫顶层设计，统筹兼顾，找准短板，既要有计划也要做好整体规划。[①] 扶贫攻坚既是一个系统工程，也是一项政治任务，学校在参与扶贫攻坚、精准扶贫的工作中有科技与人才优势，主体责任与总体方案还有待完善，尚需制定统一的扶贫开发工作指导意见及相关工作方案，需形成自上而下主动参与、明确责任、统一思想、统筹协作、依据总体设计有序推进的工作局面。

① 教育部．发挥教育优势，实施精准扶贫，为脱贫攻坚作出新贡献——2017年教育部直属高校、直属单位扶贫工作推进会召开[EB/OL].(20170330) ［2017-08-05］. http://www.moe.edu.cn/jyb_xwfb/gzdt_gzdt/moe_1485/201703/t20170330_301565.html.

表 2-17　南京农业大学科技帮扶项目实施情况一览

扶贫类型	序号	项目名称	实施地点	经费来源	经费额度（万元）	实施期限
教育部直属高校定点扶贫	1	富锌硒米产量和品质提升种植技术	贵州麻江	学校＋政府	220	2017—2020 年
	2	红蒜品种提纯复壮和良种繁育技术研究	贵州麻江	学校＋政府	230	2017—2020 年
	3	庭院与盆栽小菊新品种的繁育与推广应用	贵州麻江	学校＋政府	8 200	2017—2020 年
科技部定点扶贫（江苏省科技厅委托）	4	茶叶与菊花产业新品种推广应用	江西井冈山	学校＋政府	25	2017—2019 年
江苏省脱贫攻坚工程——“五方挂钩”定点扶贫工作	5	江苏省“五方挂钩”对接贫困村项目	江苏灌云、灌南	学校＋政府	360	2014—2018 年
南京市农业科技推广帮扶	6	南京市科技推广帮扶项目实施绩效评价	南京	政府	5	2016—2018 年
	7	园艺新品种栽培技术试验示范（葡萄）	南京高淳	政府	19.5	2016—2018 年
	8	优质高效果树新品种新技术示范推广	南京浦口	政府	19	2016—2018 年
	9	食用菌安全生产试验示范	南京江宁	政府	18.5	2016—2018 年
	10	设施蔬菜优质高效绿色生产技术示范与推广	南京溧水	政府	24	2017—2018 年
	11	病虫防治技术在水稻种植上的推广应用	南京江宁	政府	27	2017—2018 年

2. 机制建设还有待加强

校地对接沟通紧密，校内部门、学院统筹协作顺畅，学科团队积极参与等是保障扶贫开发工作的必要前提条件。然而，校地沟通存在变动性、不稳定性，校内机构协作与优势融合机制不畅，扶贫开发工作绩效评价体系欠缺，缺少持续稳定的项目经费来源路径等成为制约推进扶贫开发工作有序推进的重要因素，究其原因主要在于缺少有效制度。

3. 组织力量还需要壮大

地方需求内容多，任务重；扶贫项目周期长、见效慢；单一路径扶贫又不能产生更好的扶贫成效是当前扶贫开发工作中的主要问题。据统计分析，一项农业科技攻关项目从高校研发开始直至在农村推广应用，形成现实生产力，需要十年甚至更长时间，即使在受援地推广现有成熟的农业科技项目，也至少需要 3～5 年。随之出现的则是扶贫开发工作缺少一支由科研推广教师、挂职干部和地方专职部门工作人员共同参与的高素质、能战斗的稳定团队。

（三）对策建议

1. 做好规划，加强领导

作为农业高校，学校积极响应国家号召，认真贯彻落实国务院扶贫办、中组部、教育部等部委有关精神。2016 年 7 月，南京农业大学组织 14 个职能部门成立了“南京农业大学扶贫开发领导小组”，领导小组办公室（扶贫办公室）设在南京农业大学新农村发展研究院办公室，[①] 为学校开展扶贫工作提供了强有力的组织保障。结合兄弟院校的成功经验，学校应从以下几个方面进一步加强扶贫工作：一是进一步做好高校对口扶贫开发工作规划。根据高校对口或定点扶贫帮扶需求，结合高校自身人才、成果及资源优势，总体谋划设计扶贫开发工作目标、任务、举措及考评机制，出台高校扶贫开发工作相关实施方案，作为一段时期内学校开展对接帮扶工作的指导意见。二是进一步完善扶贫开发领导机构。学校成立了由校领导担任组长、副组长，由党政办公室、组织部门、宣传部门、科研管理、农技推广部门、财务部门、人事部门等为成员的扶贫开发领导小组，由于科技帮扶工作主要以项目形式开展，具体由相关职能部门对接相关学院科研专家组织实施，所以建议将有关学院纳入扶贫开发领导小组，同时要进一步明确职能部门及相关学院参与扶贫开发工作的职责，建立联络沟通机制，定期或不定期组织召开专题会议，研究部署扶贫开发有关事宜。

2. 明确任务，统筹安排

学校始终高度重视扶贫工作，近年来，学校党政领导多次带队深入帮扶地区开展深入调查研究，推进校地帮扶对接工作，明确对接帮扶目标、帮扶内容和帮扶重点。根据对接帮扶地区有关需求，结合学校自身优势，学校应从以下几个方面统筹做好扶贫开发工作：一是开展扶贫工作调查研究。学校党政领导定期深入定点帮扶地区开展扶贫对接的调查研究工作，结合调查情况，组织学校相关部门和学院讨论扶贫工作机制，以科学的设计与规划引领精准扶贫。二是立足产业规划升级。充分发挥学校智力优势，深入帮扶地区开展区域资源、产业结构、人力智力、市场环境等战略研究，为帮扶地区制定农业主导产业发

---

① 南京农业大学．关于成立南京农业大学扶贫开发领导小组的通知（党发〔2016〕56 号）[R]. 南京农业大学党委办公室，2016.

展规划，并根据当地的特色产业发展现状，推广示范新技术、新成果、新模式，做好特色产业全产业链延伸服务。三是加强帮扶平台建设。积极推动校地合作，在帮扶地区与地方政府共建扶贫开发专家工作站等机构基础上，进一步搭建产学研合作平台，明确对接共建管理机制，依托平台建设，使其成为校地科技对接、工作互通的桥梁和纽带。四是深化干部选派。持续选派综合素质高、工作协调能力强的干部到帮扶地区做好驻县驻村帮扶。五是实施各类培训。通过学校外派专家现场指导、校内集中培训独立开班、分散学习个别指导等形式，为帮扶地区干部队伍、农技骨干、农民企业家、职业农民等各类乡土人才提供形式多样的培训和指导。六是做好教育帮扶。选拔人员到帮扶地区开展扶贫支教、宣传教育、公益项目开发、志愿服务等工作，并结合第二课堂，组织大学生社会实践到帮扶地区开展采风采写、调查研究、实习实践、创新创业等活动。

3. 谋划举措，建立机制

近年来，学校通过设立产业帮扶项目等，投入专项经费帮扶定点对接贫困地区。然而，精准扶贫工作不是一蹴而就的对接与推动，需要通过建立科学合理的工作机制持续推动，才能协助地方打赢脱贫攻坚战。学校在推动扶贫对接工作中应从以下几个方面做好持续推动：一是持续筹集并设立专项经费。统筹多方资源，在扶贫开发科技项目示范、扶贫工作调研、专家工作站建设、人员培训、选派干部及志愿者扶贫活动、扶贫开发公务对接等方面，长期设立专项扶贫开发经费，并通过建立“主管单位—高校—受援单位”统筹协调机制，多方筹措扶贫资金，有效监管扶贫资金使用。二是规范帮扶项目实施。完善帮扶项目立项、中期检查、验收等各环节管理机制，可由学校职能部门牵头负责组织对接产业帮扶项目的申报、立项和实施对接监管工作，相关学院根据项目需求，结合自身学科发展建设，积极动员和组织推荐专家团队参与项目申报并实施产业帮扶项目的对接。三是完善激励机制。修订完善干部管理及职称评定制度，在职务晋升、职称评定等方面，优先考虑具有扶贫挂职和参与实施帮扶项目经历的教职工。四是注重宣传研究。要在扶贫开发工作中加大宣传引导力度，注重挖掘、总结和宣传学校扶贫开发工作中的典型经验，积极选树一批扶贫工作的先进个人和团队，同时做好扶贫工作信息对接、数据跟踪、经验总结、模式探索等相关工作调查研究，不断提高学校扶贫开发的决策水平和实施能力。

六、科技镇长团

2008 年 9 月，江苏省委省政府启动实施了科技镇长团试点工作，以高校为主，选派年富力强的专业教师、行政干部到政府基层挂职，将高校的科技人才引向基层，发挥人才潜在优势，实现企业、高校和政府共赢。科技镇长团人数从2008年的第一批1个团15人发展到2016年的第九批101个团889人。科技镇长团是江苏人才和科技工作的一项重要创新举措，开创了高校科技管理人才服务基层发展和促进高层次人才锻炼成长的新途径，逐步形成了促进人才与科技、经济紧密结合的新机制。实践证明，科技镇长团在加强高校科技成果转化、推动校地校企合作、促进地方主导产业发展等方面发挥了重要作用。①

（一）科技镇长团工作开展情况及主要成效

“十二五”以来，南京农业大学累计选派具有博士学位专业教师、科级及以上行政管理人员61人次到县级政府机关部门或乡镇挂职，2人次挂职科技副县（市、区）长。其中具有副高级及以上职称专业教师48人，机关科级干部8人，处级领导干部1人（表2-18）。

学校选派的科技镇长团成员积极发挥桥梁纽带作用，全面宣传推介学校最新科研成果，探索产学研合作新型组织模式和运行方式，尝试推动产学研合作由“点对点”合作、松散合作、单项合作向系统合作、紧密合作、长期合作转变，推动企业与专业对接，产业与学院对接，县（市、区）与高校对接，努力构建并完善校地长效合作机制。比如，原农学院副教授朱利群在挂职张家港市期间，积极推动学校与地方共建张家港市现代农业示范园区。动物科技学院副教授张艳丽在挂职海门市期间，助推建立“南京农业大学海门山羊研发中心”。原农村发展学院副教授田素妍在挂职常州市武进区期间，积极推动举办礼嘉镇农业发展研讨会，开设新型职业农民（林果）培训班，新建了一批大学生教育实习基地。科学研究院科研计划处副处长陈俐在挂职南京市八卦洲街道期间，积极邀请国家科技部以及省科技厅领导调研八卦洲现代农业发展情况。科技镇长团成员主动发挥学校科研优势，新建了专家工作站、工程研发中心、研究生工作站等一批产学研优质合作平台，积极促成南京农业大学科技成果成功转化，推动了当地特色产业基地和载体做优做强。近五年来，南京农业大学科技镇长团成员共走访企业400余家，邀请到访专家200余人次，共帮助地方、企业申报省级及以上各类科技项目130余项，帮助学校争取横向合作资金逾1 000万元。

---

① 张玉华，范明，杜建国．江苏省科技镇长团推动产学研合作的现状及问题研究［J］．科技管理研究，2014（17）：88-91，140.

表 2-18　“十二五”时期以来南京农业大学科技镇长团选派人员统计

单位：人次

年份	2011 年	2012 年	2013 年	2014 年	2015 年	2016 年	合计
挂职团员	7	7	13	10	12	12	61
挂职团长	0	0	0	1	1	0	2

（二）存在的主要问题

南京农业大学科技镇长团工作实施以来，在推动政产学研协同创新、促进县域经济转型升级、高校科技成果转化、学校后备干部队伍建设等方面发挥了积极作用，增进了校地、校企联系与合作，为“强富美高”新江苏和世界一流农业大学建设作出了积极贡献。然而，随着科技镇长团工作的深入推进，逐渐显现出一些亟待解决的问题，主要体现在以下几个方面：

1. 人员选聘方式有待改进

科技镇长团人员选聘对整个机制运作起着至关重要的作用。近年来，学校有关职能部门对科技镇长团的人员选聘非常重视，主要采取“地方—教师”双向自主对接为主，目标定向选派为辅。这种选聘方法无疑有助于满足地方实际需求，但对已有帮扶项目的可持续运作存在缺陷，不利于长期、接力地开展合作，推动校地、校企合作项目纵深运行。

2. 挂职作用难以得到充分发挥

整体来看，科技镇长团在促进校地对接和地方产业发展方面发挥了无可替代的作用，受到了地方党委政府和企业的充分肯定。但在具体实践中，科技镇长团作用发挥有待进一步加强和改进，一是科技镇长团成员以学术型专业教师居多，他们习惯了高校相对单纯的环境，多以与企业“点对点”技术服务为主，缺乏足够的组织协调能力，很难为挂职地提供全方位的技术创新和产业服务升级。二是任职期限相对较短。除了团长任期为两年，团员任期一般为一年，用于熟悉当地环境和相关政策就需要一段时间，有的工作事项尚在谋划或启动不久就面临结束的困境。三是一些地方政府重视程度不够，提供的工作条件不能有效支持科技镇长团工作的开展，或地方主导产业类型与挂职教师学术专长不匹配，从而影响科技镇长团作用的发挥。

3. 挂职对个人职业发展的促进作用不太明显

学校教师到地方政府挂职，通常是基于培养人才和服务地方的双重考虑，实现校地双赢。对于挂职教师来说，一方面肩负服务社会的使命，另一方面也能促进个人职业发展。通过一段时间的挂职锻炼，有助于拓展视野、增强人际交往和组织协调能力，增强理论联系实际的本领。然而，专业教师在挂职期间虽不承担教学任务，但科研工作仍要继续，一定程度上导致科研用时减少，科研业绩受到一定的影响，而挂职工作取得的成绩对其在学校的发展作用不大。一些学校行政干部期望通过到地方政府挂职锻炼为职务晋升积累资本，但随着高校外派干部逐年增多，挂职回校后提拔任用机会减少，能够留任地方的更少，导致挂职干部教师“玩一玩”“走过场”“丰富个人履历”等现象滋生。

（三）对策建议

科技镇长团机制的健康、可持续运行，需要各级党委政府、高校和挂职教师的通力协作，从学校层面：

1. 加强科技镇长团人员选聘工作顶层设计

要结合地方经济社会发展实际、学校学科专业优势与特色、拟选派人员兴趣所长等科学遴选科技镇长团成员，同时要认真做好地方或企业对接服务项目的跟踪和指导，切实做到挂职人员选派、技术合作项目的可持续推进。

2. 引导挂职教师树立正确的思想认识

要教育和引导广大挂职干部教师增强使命感和责任感，珍惜机会，兢兢业业做好本职工作，为后面的接任者建立良好的工作基础。要帮助挂职教师树立自信心，切实发挥他们在相关领域的技术优势和人脉优势，用长处服务地方经济社会发展，用工作业绩提升自信。要帮助挂职人员正确认识“外来人”这一身份，到地方挂职虽然享受一定职务头衔和政治待遇，但相对于地方干部来说毕竟是“外来人”，要有足够的思想准备①。

3. 完善科技镇长团监督和考核机制

加强对科技镇长团的监督和考核，联合地方组织部门开展挂职干部教师任前、任中、任满工作情况汇报，积极参与科技镇长团挂职人员业绩考核，注重挂职优秀人员先进事迹的收集、整理和经验分享，促进学校外派挂职工作整体提升。

4. 完善科技镇长团成员培养和使用机制

重视科技镇长团选派人员的培养使用，将挂职教师业绩作为职称评聘、项目申报等重要参考依据，将符合后备干部条件的外派挂职人员及时补充到学校后备干部队伍库，将挂职期间工作成效作为检验干部能力与水平的重要标准，及时选拔任用一批能力强、业务精、素质好的优秀年轻干部，并积极推动工作业绩十分突出的挂职干部教师留任地方。

---

① 李炳龙，范明，朱永跃，等．服务社会背景下江苏“科技镇长团”长效机制研究［J］．科技进步与对策，2015（18）：34-37.

第三章 基地建设

基地建设是新农村发展研究院的一项重点任务。① 实践证明，校地校企共建新农村服务基地有助于整合高校、政府、企业等多方资源，实现资源共享、优势互补，促进政产学研用紧密结合。对于高校而言，通过基地建设，可以为高校科研人员提供办公、科研和生活场所以及必要的仪器设备等，改善学校的教学和科研条件；可以为高校科研人员提供一定的运行经费和固定的科研推广项目支持，拓展学校的经费来源渠道；有了稳定运行的基地，高校科研人员可以由原来的“游击战”转变为“阵地战”，能够有针对性地开展科学研究和社会服务，不仅节省科研人员的大量时间和精力，而且能够提高科研人员在科学研究和社会服务方面的专注度和连续性；此外，基地还可以作为高校教师教学实习、学生社会实践和创新创业的固定场所，成为农业实践创新人才的培养基地。对于地方政府和企业而言，基地的建设有利于农业园区、龙头企业、农业专业合作社、家庭农场和种养大户等同高校建立稳定、密切的合作关系；通过基地，地方政府和企业能够持续不断地得到高校的智力和技术支持，就地观摩高校的新技术和新品种，足不出户地获得先进实用的技术成果，这大大降低了技术开发、成果转化的交易成本；通过基地，地方政府和企业可以与高校联合承担国家和地方科研项目、共同申请专利和成果，进一步增强地方企业的自主创新能力。②

多年来，涉农高校在同地方政府和企业合作过程中开辟了形式多样的新农村服务基地，譬如，西北农林科技大学建立的“试验示范基地”、南京农业大学建立的“专家工作站”等。近年来，随着国家对高校新农村发展研究院建设

① 教育部．科技部发布《关于开展高等学校新农村发展研究院建设工作的通知》（教技〔2012〕1号）［R］．2012-02-03.

② 李玉清，王明峰．秉持“六项原则”推动新农村发展研究院建设［J］．中国高校科技，2015（5）：11-13.

的不断关注，高校同地方共建的综合示范基地、特色产业基地以及分布式服务站在促进高校人才培养、科学研究和社会服务等方面的作用日益凸显，许多高校，特别是建有新农村发展研究院的高校更加注重基地建设工作。中国农业大学在北京市同国家农科城、6 个区县政府合作建立了 10 个教授工作站，京外 15 个省市建立了 40 个教授工作站，形成了“教授工作站—试验示范基地—综合服务基地”的农技服务模式；南京农业大学充分发挥作物栽培和育种、生物肥料、生物农药、食品加工、信息农业、果蔬园艺和农业机械等领域的技术和人才优势，在常熟、宿迁和淮安等地建立了近 30 个研究院和专家工作站；西北农林科技大学在陕西白水、清涧、三原、千阳、洛川和杨凌等农业产业中心地带建立了近 30 个集试验研究、示范推广、实习实践和信息监测服务等多功能于一体的农业科技试验示范基地（站）；浙江大学在“湖州模式”的基础上，同地方政府共建了 16 个具有技术集成、产业融合、成果转化和人才培养等多功能的分布式试验示范基地；华中农业大学同武汉、襄阳、远安和潜江等 20 多个县市、农业企业建立了 30 多个核心试验区、试验示范区、养殖示范基地和中试线；四川农业大学在盆周山区开展优质茶叶安全生产技术集成与示范，建立了“专家大院”，同雅安市人民政府全面合作，探索共建了“雅安服务总站—区县服务中心—乡镇服务站”三级科技服务体系。①

一、基地建设概况

自 2014 年南京农业大学成立新农村发展研究院以来，学校本着“立足江苏，侧重华东，辐射全国”的布局原则，紧紧围绕区域现代农业发展的综合需求，积极开展新农村服务基地建设工作。截至 2017 年 6 月，学校与地方政府或企业联合共建 29 个新农村服务基地，其中，综合示范基地 5 个，特色产业基地 5 个，分布式服务站 19 个；基地遍布近 10 个省（自治区、直辖市），涉及作物育种与栽培、畜牧养殖、资源与环境、食品加工以及人文等多个领域；基地拥有科研、试验、办公、培训、学习与住宿空间；同时，基地还拥有各类大棚、温室、试验猪场等。此外，学校通过建立“南农易农”APP、“南农在线”V1.0 科技服务信息化平台、技术转移中心服务平台、江苏稻麦丰产科技服务平台和基地一点通微信公众号服务平台等，使基地与学校、基地与地方政府（或企业）、基地与基地之间实现了资源共享、

① 李玉清，刘晓光，王明峰．涉农大学校外基地建设探讨：基于新农村发展研究院建设的视角［J］．中国科技论坛，2016（6）：155-160.

信息互通，建立了“多元、开放、综合、高效”的运行机制和“双线共推”大学农村科技推广服务模式。

目前，南京农业大学新农村服务基地的建设分学校自主建设和合作共建两种类型。目前，学校主要采取合作共建的方式建立新农村服务基地，合作共建的基地有 28 个，自主建设的基地仅有 1 个（表 3-1）。共建基地的合作单位中政府部门占 41.4%，企业占 55.2%，高校科研院所占 3.4%（表 3-2），从数量上看，学校主要是与企业合作共建基地。合作共建的基地以合作方提供运行经费为主。合作共建基地在 3 年一个周期的考核评估时发现，与政府合作共建的基地，其运行经费到位情况并无明显差异；与企业合作共建的基地，随着合作年限的增加，企业按照协议约定提供运行经费呈逐年减少趋势（图 3-1）。

表 3-1　南京农业大学新农村服务基地建设类型情况

单位：个，%

基地类型	基地数	百分比
自主建设	1	3.4
合作共建	28	96.6
合计	29	100.0

注：数据截至 2017 年 6 月。

表 3-2　南京农业大学新农村服务基地合作单位性质情况

单位：个，%

合作单位性质	基地个数	百分比
政府部门	12	41.4
企业	16	55.2
高校、科研院所	1	3.4
合计	29	100.0

注：数据截至 2017 年 6 月。

新农村服务基地汇聚学校众多高水平师资。以 2016 年为例，南京农业大学服务于各类新农村服务基地的教师总数达 217 人，其中，正高级占 47%，副高级占 25%，中级占 23%（图 3-2）；取得博士学位的占 88%，取得硕士学位的占 10%（图 3-3）。可见，从事基地建设与发展工作的教师主要是高学历的高级职称专业人才。

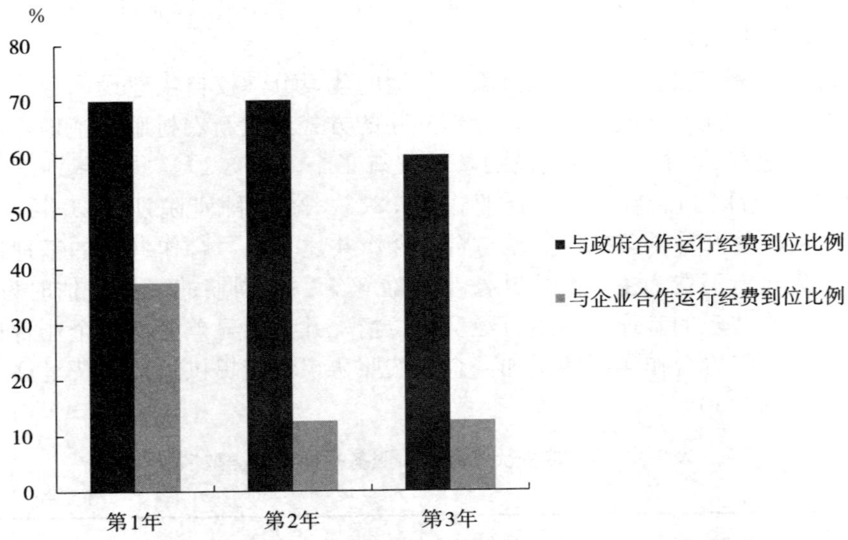

图 3-1　不同合作对象的新农村服务基地运行经费到位情况比较

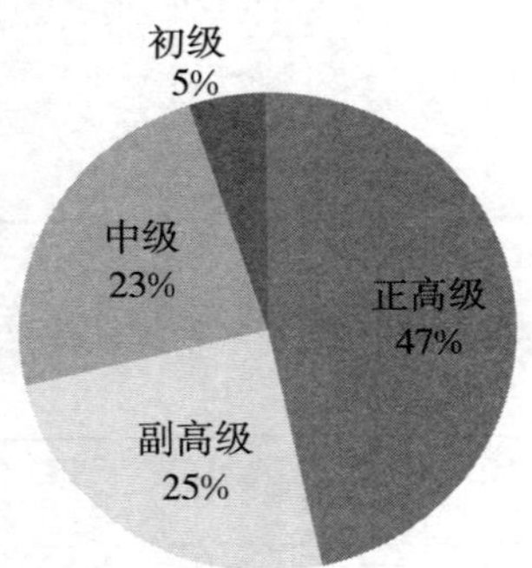

图 3-2　2016 年南京农业大学服务、入驻新农村服务基地教师职称情况

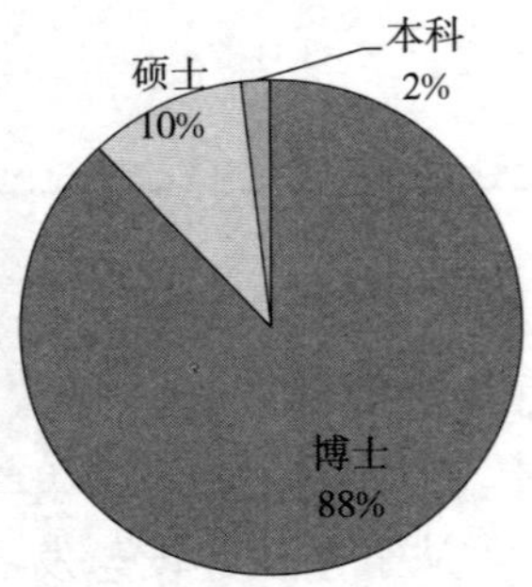

图 3-3　2016 年南京农业大学服务新农村服务基地教师学位情况

二、基地管理

实践证明，新农村服务基地有助于整合高校、政府、企业等多方资源，实现资源共享、优势互补，促进政产学研用紧密结合，但也存在着基地管理机制不健全、基地人员工作积极性不高、基地功能发挥不充分等诸多问题。为解决这些问题，高校必须建立一套科学有效的基地管理体系。

（一）基地“风轮”管理模型

多年来，南京农业大学探索构建了新农村服务基地“风轮”管理模型（图3-4），“风轮”的四个叶片分别代表新农村服务基地的规范管理、人员激励、工作考核和功能拓展四个方面的内容。

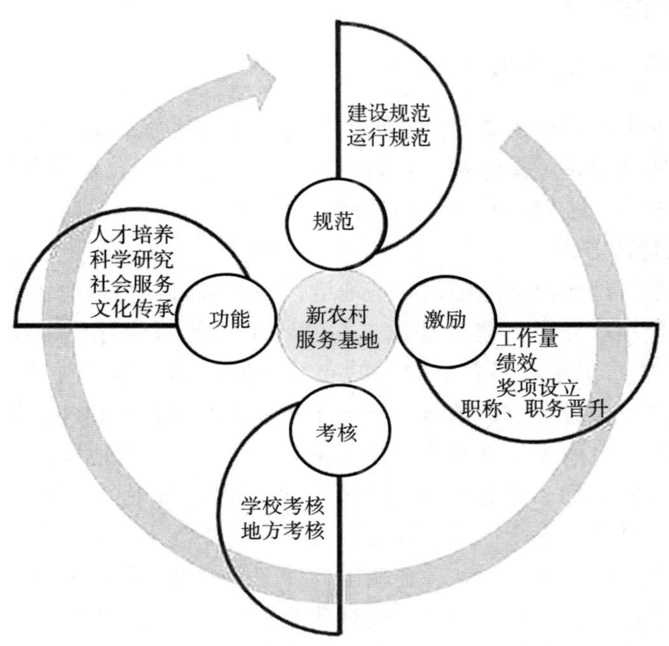

图 3-4　南京农业大学新农村服务基地“风轮”管理模型

1. 基地规范管理

基地规范管理包括基地建设和基地运行两个维度。其中，基地规范建设涉及建设原则、建设布局、建设标准、建设流程和基地负责人确定等内容。基地规范运行包括两个层面：一是学校对基地的管理，二是基地内部的管理，两个维度管理均涉及基地人员、基地项目、基地财务、基地成果、基地资产和基地安全等方面的内容。

2. 基地人员激励

基地人员激励涉及的内容包括工作量认定、绩效奖励、基地奖项设置和基地工作纳入职务职称晋升考评指标等。

3. 基地工作考核

基地工作考核包括学校对基地考核以及地方政府对基地考核两个层面。一是学校制定基地考核办法，明确考核内容；二是基地所在地方政府对基地的工作设立考核指标。学校和地方政府根据考核结果配套奖惩机制。

4. 基地功能拓展

基地不仅承担技术推广的任务，还要具有人才培养、科学研究、文化传承与创新等功能。高校有关职能部门间要加强协作，实现资源共享、优势互补，推动基地功能多样化。

（二）基地管理实践

南京农业大学是全国首批 10 所试点成立新农村发展研究院的高校之一，为推动基地顺利建设，保障基地有效运行，学校根据新农村服务基地“风轮”管理模型采取了一系列卓有成效的举措。

1. 规范管理方面

基地规范管理涉及基地建设和基地运行两个层面，在基地建设方面，南京农业大学从合作双方意向建设基地之初就着手规范基地管理工作，学校按照“立足江苏，侧重华东，辐射全国”的布局原则，遵循学科优势、产业优势、区位优势的“三优势”结合导向，积极开展多种类型的新农村服务基地建设工作。学校出台一系列规章制度规范基地建设工作，包括基地建设管理办法、基地建设标准（表 3-3）、基地建设流程等，明确规定基地的工作任务、组织架构以及人员、财务、资产和成果等管理内容。此外，合作双方在基地共建协议中明确甲乙双方的权利和义务、基地运行管理机制以及保障机制、基地负责人职责等。在基地运行方面，一是学校对基地的人、财和物进行监督，学校定期对基地进行巡查，对基地安全工作进行监督管理，新农村发展研究院办公室作为学校主管部门与新农村服务基地负责人签订综合治理工作责任书，开展安全专项整治、实验室安全检查，及时传达学校安全会议精神；二是基地自身规范化管理，主要体现在具有独立法人资格基地的规范化管理，该类型基地在地方注册为独立法人，根据地方需要，由当地政府出资注册；基地实行理事会（董事会）领导下的基地负责人负责制，学校是基地的理事会（或董事会）成员单位；基地自身制定包括人事、财务、项目、资产和知识产权等方面的管理办法维系基地有效运行。

表 3-3　南京农业大学新农村服务基地建设参照标准

建设项目	支持方	具体内容	综合示范基地（研究院）	特色产业基地（研究分院）	分布式服务站（专家工作站）
产业规模	地方政府（社会企业）	种植业或养殖业	辐射能力：≥5 000亩（10 000羽或1 000头）	辐射能力：≥5 000亩（10 000羽或1 000头）	辐射能力：≥1 000亩(1 000羽或100头)
硬件建设	地方政府（社会企业）	办公	≥200米^2	≥100米^2	≥50米^2
		生活	≥200米^2	≥100米^2	≥50米^2
		配套设施设备	≥50万元	≥10万元	
		试验示范用地	≥500亩（1 000羽或100头）	≥100亩（500羽或50头）	
软件建设	南京农业大学	科研队伍	≥20人	≥10人	≥5人
	地方政府（社会企业）	管理队伍	≥5人	≥3人	≥1人
	南京农业大学	管理制度、运行机制等		有	
项目支持	地方政府（社会企业）	与技术推广、成果转化相关项目	≥5项/年	≥2项/年	
经费支持	地方政府（社会企业）	启动经费	≥1 000万元	≥500万元	≥100万元
		日常运作经费	≥50万元/年	≥20万元/年	≥10万元/年
政策支持	地方政府（社会企业）南京农业大学	优惠政策、激励政策保障措施、考核办法		有	

2. 人员激励方面

南京农业大学采取一系列举措鼓励教师走出校门到基地开展推广和服务工作。学校出台农技推广服务工作量认定管理办法，认定服务基地的教师的“线下线上”农技推广服务活动，将科研人员的基地服务工作进行量化，将其等同于教学活动，根据一定标准核算为教学工作量；学校完善科技成果的奖励政策，促进实用技术的产出，科研人员在基地承担的推广项目、服务时间和服务效果等纳入基地成效、个人业绩的考核指标；试点学院建立岗位分类管理制度，将工作作为推广工作的重要考量手段，完善推广人员的岗位、职称和津贴等配套的激励政策，建立稳定的基地管理队伍；学校设立社会服务贡献奖，颁发给做出突出贡献的基地负责人。

3. 工作考核方面

一方面，南京农业大学制定新农村服务基地考核实施细则，根据基地不同的建设类型，从基地建设管理及基地承担的技术示范与推广、科学研究、人才培养和合作交流等方面进行综合性考评，学校将考核指标量化，根据不同的基地类型对基地进行分类考核，基地通过年底考核后，学校给予基地农技推广工作量；另一方面，基地所在地方政府对基地也有相应的考核指标，有的地方政府出台了相关管理办法规范考核工作，如淮安市、宿迁市和常熟市均对本市的高校校外基地采取年底统一考核的机制，根据考核结果评选优秀基地，对优秀基地给予后补助奖励。考核不是目的，更是一种手段，通过考核，基地负责人更加明确基地的任务、更加清楚基地存在的问题和不足，进而进一步改进和完善，通过考核，辅以奖励机制，是对基地负责人付出的认可和肯定。

4. 功能拓展方面

南京农业大学赋予了新农村服务基地人才培养、科学研究、社会服务和文化传承等多种功能。为推动基地功能多元化，通过新农村发展研究院院务委员会，新农村发展研究院办公室加强与学校科学研究院、教务处、研究生院、学工处、团委和继续教育学院等职能部门和有关学院合作，推出了一系列重要举措：与推广部门合作，争取推广项目向基地倾斜，推动基地业务开展；同科学研究院合作，引导科研项目在基地落地，开展科学研究和试验示范工作，建立技术转移分中心，以基地为平台，开展技术开发和成果转化工作；同研究生院合作，设立新农村发展研究院专业学位研究生培养专项，每年拿出一定专硕名额分配给基地进行培养；同教务处合作，把新农村服务基地纳入学校校外大学生实践教学基地；同学工处、团委合作，通过基地开展大学生创新创业人才培养工作；同继续教育学院合作，将新农村服务基地作为技术培训的校外考察参观点，发挥基地的观摩示范作用。

三、主要成效

“十二五”时期以来，基地获得显著的经济效益和社会效益，参与示范园区建设120余个，对接服务新型农业经营主体超过500家，推广新品种290余个、新技术500余项；基地与地方政府、企业联合申报项目超过200个，转化新技术、新成果50余项；基地对接服务农村合作社及地方企业100余个，举办各类培训班200余期，培训300余场，培训农民企业家、各类技术人员、骨干农民10 000余人次，接纳科技服务活动人员30 000余人次。基地推动了学校人才培养模式的创新和改革，为学校人才培养工作提供了便利的科研和生活条件。2014—2017 年基地培养本科生超过 1 000 人次，培养博士和硕士研究生 600 余人次，以 2016 年为例，2016 年学校在基地上培养博士研究生占 15.4%，硕士研究生占 47.2%，本科生占 37.4%（表 3-4）。淮安研究院、常熟新农村发展研究院、宿迁设施园艺研究院和溧水肉制品加工产业创新研究院 4 个新农村服务基地被学校评为优秀校外实践教学基地（全校总计 15 个优秀基地）；淮安研究院、常熟新农村发展研究院和宿迁设施园艺研究院连续多年获地方政府年度考核优秀；淮安研究院院长黄瑞华教授荣获淮安市“十大科技之星”荣誉称号。新农村服务基地工作受到《科技日报》《新华日报》和《农民日报》等 50 余家媒体的关注和报道。

表 3-4　2016 年南京农业大学新农村服务基地培养学生统计情况

单位：人，%

学位	人数	比例
博士	44	15.4
硕士	135	47.2
学士	107	37.4
合计	286	100.0

四、存在的主要问题

1. 学校顶层设计有待进一步加强

首先，学校校外基地众多，管理部门相互之间缺乏协同机制。基地的作用是综合性的，在基地建设之初，学校缺乏对基地的综合考虑，未协调相关部门制定整体方案；在基地建设过程中，部门之间缺乏实时有效的沟通，制约了基地功能的最大化发挥。其次，基地建设缺乏符合学校发展规划的区域和学科布局。目前建设的基地主要是因地方政府或企业的发展需求而建设的，学校未按照自身建设和发展而规划基地的学科和区域布局，尽管基地自身承担着学校的人才培养、科学研究、社会服务等功能，却因在建设之初缺乏学校角度的总体规划，而不能充分利用校外基地的优势资源推动学校自身建设和发展。第三，学校缺乏对基地的可持续的建设和管理经费投入。基地是学校的科学研究、人才培养以及成果示范、推广和转化工作的服务平台，对学校自身发展壮大具有现实的意义。目前基地建设大都采取合作共建的形式，与学校合作的地方政府和企业所能给予的经费投入有限，且不具有可持续性，一旦合作方未按协议履行义务甚至终止合作，基地则无法正常运行。第四，学校缺乏对基地负责人强有力的保障机制。调研发现，不少高校在基地建设过程中积极为基地负责人提供保障措施，譬如，安徽农业大学等高校给予基地负责人一定的职务，并给予一定的待遇，同时积极争取基地负责人在所在地方政府挂职；部分高校采取统一为基地负责人购买保险的形式，为基地负责人的人身生命财产安全提供一定的保障措施。

2. 基地功能没有得到充分发挥

通过走访发现，学校的一些基地同地方政府和企业建立了较为紧密的合作关系，成效显著，受到了当地政府和企业的一致好评。但占有一定比例的基地并没有充分发挥应有的作用，主要表现在：高校科研人员赴基地的次数较少，常驻基地的科研人员更是凤毛麟角；部分地方政府和企业未提出明确技术需求，基地无项目可以开展；部分基地尽管运行不错，但仅限于基地负责人的科研领域开展工作，合作领域的幅度较窄；部分基地只是根据地方需求季节性地开展技术培训和技术指导，缺乏深度合作。出现上述情况，究其主要原因，一方面，与高校合作的地方政府和企业对技术需求的挖掘力度不够，无法提出较为稳定、持续的合作方向和内容，技术需求不旺盛，基地开展项目较少；另一方面，高校现有的体制不利于高校科研人员走出校门驻扎基地开展工作。

3. 基地配套措施难以跟进

实践证明，基地对高校人才培养、科学研究和社会服务起到了积极的推动作用，譬如，近年来学校国家级奖项的获得的背后都有基地的支撑和支持（表3-5）。但受多年来形成的重基础轻应用、重理论轻实践的科研体制的影响，在体现科研人员从事社会服务的价值、推动基地可持续发展等方面，高校仍缺乏必要的制度保障。对于在基地开展工作的科研人员，在确定其服务类型、权重，进而科学合理地计量他们工作量方面，许多高校没有成文的规定。科研人员在基地开展工作，必然会影响正常的教学和科研任务，为弥补社会服务给教学与科研带来的损失，南京农业大学对从事基地服务工作的教师给予社会服务工作量，按照基地类型和考核结果予以一定工作量，并由基地负责人分配给相关服务于基地的教师，但在其他职称晋升、绩效考核等方面仍缺乏较为科学、合理的制度办法；大部分基地缺乏完备的组织机构、合理有效的运行机制、项目管理机制、经费投入机制、考核评价机制以及成果共享机制等，由于缺乏上述机制，基地合作共建双方在人事、项目、经费及成果归属等方面经常会产生一些分歧和纠纷，基地的功能发挥及其运行成效均受到一定的影响。

表 3-5　2010 年以来南京农业大学国家科学技术奖基地支撑情况一览

序号	获奖时间	获奖名称	获奖类别	基地名称	所在地市
1	2010 年	抗条纹叶枯病高产优质粳稻新品种选育及应用	国家科学技术进步奖一等奖	南京农业大学（土桥）水稻实验站	江苏南京
				连云港农科院	江苏连云港
				徐州农科院	江苏徐州
				淮安农科院	江苏淮安
				江苏红旗种业有限公司	江苏泰州
				镇江农科所	江苏镇江
2	2011 年	克服土壤连作生物障碍的微生物有机肥及其新工艺	国家技术发明奖二等奖	江阴市联业生物科技有限公司	江苏无锡
3	2011 年	梨自花结实性种质创新与应用	国家科学技术进步奖二等奖	江浦实验农场	江苏南京
4	2012 年	小麦-簇毛麦远缘新种质创制及应用	国家技术发明奖二等奖	江浦实验农场	江苏南京
5	2012 年	重要作物病原菌抗药性机制及监测与治理关键技术	国家科学技术进步奖二等奖	淮安农科院	江苏淮安
				白马湖农场	江苏淮安
				新洋农场	江苏盐城
				南通市农科院	江苏南通
				泰州市农科院	江苏泰州
				镇江农科所	江苏镇江
				洪泽县朱坝镇小麦高产示范基地	江苏洪泽
				南京农业大学（土桥）水稻实验站	江苏南京
6	2013 年	冷却肉品质控制关键技术及装备创新与应用	国家科学技术进步奖二等奖	国家工程技术研究中心农科教产学研合作基地、江苏省研究生工作站—雨润集团	江苏南京
				江苏省研究生工作站—江苏省食品集团有限公司	江苏淮安
				农科教产学研合作基地—得利斯集团	山东潍坊

（续）

序号	获奖时间	获奖名称	获奖类别	基地名称	所在地市
7	2014 年	水稻籼粳杂种优势利用相关基因挖掘与新品种培育	国家技术发明奖二等奖	南京农业大学（土桥）水稻实验站	江苏南京
				连云港农科院	江苏连云港
				徐州农科院	江苏徐州
				淮安农科院	江苏淮安
				江苏红旗种业有限公司	江苏泰州
				镇江农科所	江苏镇江
				山东农科院水稻所	山东济宁
				山东省临沂农科院	山东临沂
8	2015 年	有机肥作用机制和产业化关键技术研究与推广	国家科学科技进步二等奖	江阴市联业生物科技有限公司	江苏无锡
				浙江省农业科学院	浙江杭州
				北京市土肥工作站	北京
9	2015 年	稻麦生长指标光谱监测与定量诊断技术	国家科技进步奖二等奖	如皋信息农业专家工作站	江苏如皋
				苏州信息农业专家工作站	江苏吴江
				徐州信息农业专家工作站	江苏铜山
				江西信息农业专家工作站	江西南昌

注：数据截至 2016 年 12 月。

4. 基地资金投入力度不大

调查结果表明，资金是影响基地发展因素的第一要素，这从基地的实际走访中也得到验证。譬如，西北农林科技大学的农业科技试验示范基地（站）的成功建设和有效运行同国家财政多年的大力支持是分不开的；南京农业大学淮安研究院近年来取得的显著成效也得益于淮安市政府每年 200 万元的经费投入。教育部、科技部在《高等学校新农村发展研究院建设方案》中明确提出，在政策、经费以及项目安排等方面给予倾斜，并要求地方政府通过多种渠道筹措资金，鼓励设立专项资金等方式支持高校新农村发展研究院建设。目前，西北农林科技大学每年获得国家财政部一定的专项资金支持；科技部对首批建设新农村发展研究院的 10 所高校以国家科技支撑计划项目形式投入 1 亿元的技术推广示范资金，除此之外，国家层面在基地建设的投入方面少之甚少。部分地方政府对新农村服务基地的资金相对于赋予新农村服务基地的职能和责任不相匹配，而且大部分的资金投入是一次性的，缺乏稳定的、持续的经费来源，这些都严重影响了新农村服务基地的可持续发展。

5. 基地可持续发展能力尚未形成

（1）基地缺乏稳定的专家团队。农业学科作为南京农业大学的优势学科，虽然专家数量众多，但由于基地地理位置以及生活、工作条件有限等诸多因素，愿意赴基地从事基地管理和开展服务的人员较少。近年来，学校通过基地建设和公益性农技推广项目的组织实施，建立了一支肯干事、能吃苦、乐奉献的基地管理与服务队伍，但队伍规模仍不能满足基地发展的需要。此外，部分具有独立法人资格的基地虽然可以通过社会招聘扩大管理队伍，但由于基地自身发展条件与个人职业规划存在矛盾，人才流动性大，导致工作缺乏延续性。

（2）基地缺乏有效的运行机制。目前多数基地正处于发展的关键阶段，在运行模式和管理机制上仍存在不少问题。就当前建设情况看，学校新农村服务基地，特别是产业研究院，既是学校在地方的常设机构，也是地方引入高校建设的科研单位，学校提供人才和技术，地方政府提供建设与运行经费以及必要的工作条件，由于自身身份的特殊性，基地同时接受学校和地方政府的双重管理。从调研结果来看，基地缺乏完善的组织机构，缺乏人、财、物和项目等有效的管理、考核评价和成果共享机制；随着基地的发展，原本制定的管理制度不能够满足学校、地方或企业对于基地发展的要求，基地现有的运行与管理模式亟待完善与创新。通过基地有效运作，使得基地获得较好成效，这将促使学校与地方政府合作不断深入，地方政府有可能还会继续给予基地建设和运行经费，但从长期发展的角度出发，基地尤其是独立法人的基地，自我造血能力亟待增强，但目前不少基地对未来的发展缺乏整体的规划，鲜有自主创新的技术产品，且缺乏市场品牌，基地难以持续发展。

五、对策建议

1. 规划基地布局，注重建设“三维度”考量

保证基地建设的可行性、运行的有效性和发展的可持续性，必须要从地方产业优势、高校学科优势、地理区位优势三个维度进行考量（图 3-5)。

维度之一——地方产业优势：不少基地运行效果不佳，甚至人去楼空，成为“僵尸”基地，重要因素之一是高校缺乏对地方产业的了解及其需求的考量。地方需求是高校同地方共建基地的前提，而需求最终来自地方的产业发

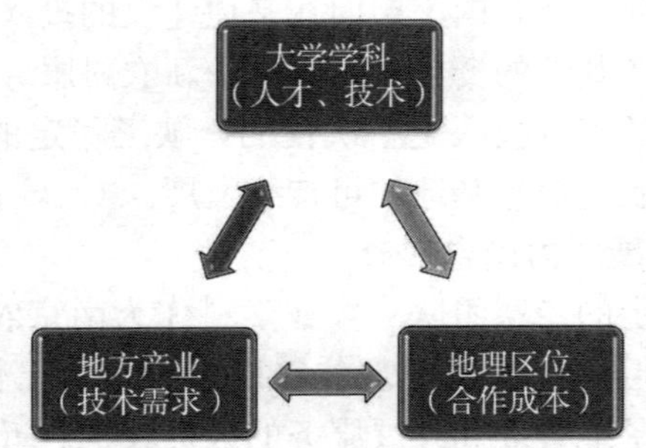

图 3-5 基地建设的“三优势”有机结合

展，因此，在谋划基地建设时，高校要结合国家发展战略和地方区域特色，深入了解地方产业发展现状和前景以及由此衍生出的技术需求情况等，进而确定基地建设与否是非常必要的。

维度之二——高校学科优势：科技和人才是高校同地方开展合作的基础。一流的学科产生一流的人才和成果，基地作为高校同地方持续、紧密合作的重要阵地，高校在了解地方产业优势，确定未来合作领域的同时，还要回过头来认真思考、论证高校自身是否具有明显的学科优势能够承接地方的产业需求，从而组织相应的专家团队，筛选先进、实用的技术成果，为持续紧密的合作提供强有力的人才和技术保障。

维度之三——地理区位优势：地域远近是基地建设的一个重要考量因素。研究表明，企业和高校地域距离每增加 10%，体现在经费资助等方面的合作机会就会下降近 2%；① 校地校企开展合作，合作伙伴的选择仍以地域相近为特权。② 在实际访谈中，大部分科研人员希望在较近的区域内开展科技服务工作，大部分政府官员和企业负责人希望同就近的高校科研院所开展合作。通过分析，主要原因有三个：一是地域较远，尽管拥有高技术的通讯设备，但仍需额外的投资和资源；二是高校科研人员会付出更多的精力和时间，对教学和科研工作的影响较大；三是地方政府和企业会增加一部分交易成本，接受服务的便捷度和及时性也会大打折扣。

2. 创新体制机制，推动基地建设和运行

制度创新被视为深刻改变中国农业的三大驱动力之一。改革开放 40 年以来，既有制度提高生产力的效应已逐步释放殆尽，解决新时期面临的许多关键

① Rosa，Julio M，Pierre Mohnen. Knowledge Transfers between Canadian Business Enterprises and Universities：Does Distance Matter? [R]. CIRANO，September 2008：39.

② De Backer，Koen，Vladimir Lopez-Bassols，Catalina Martinez. Open Innovation in a Gglobal Perspective：What do Existing Data Tell us? [R]. OCED STI，April 2008：41.

问题和深层次矛盾，需要各项制度的改革和体系的建设，[①] 当前高校传统的科研体制与新时期社会的期望、农业发展的新需求及赋予高校自身的社会责任不相匹配，需要高校在农村科技服务体制机制建设方面进一步改革和创新，激活服务动力，增强服务能力。根据制度理论，制度必须提供明确具体的基本行动框架、激励或惩罚机制以及领导管理、评价监督等实施机制。[②] 作为高校当前开展社会服务的一个重要载体，基地的作用发挥依赖于两个层面的制度设计。第一个层面：基地的管理机制。基地管理制度涉及基地的人员、项目、经费、知识产权等，是维系基地有效运行、促进基地持续发展的重要保障；不仅需要在基地建设初期的着手构建，而且有着一个不断改进、完善的过程，共建各方，包括高校、政府以及企业，必须予以高度重视。第二个层面：科研人员的激励机制。首先，需要进一步完善科技成果的奖励政策，从而促进实用技术的产出；其次，把科研人员在基地承担的项目、服务时间和服务成效等纳入基地成效、个人业绩的考核指标，并将科研人员在基地的服务工作量化，作为科研、教学工作的有效补充；再次，建立岗位分类管理制度，进一步完善推广人员的岗位、职称、津贴等配套激励政策。

3. 争取政府支持，加强基地服务能力建设

教育部、科技部主导的新农村发展研究院建设计划，旨在探索构建以大学为依托的高校农村科技服务新模式，走出一条大学服务社会的新路子，并以基地为载体，开展资源配置方式、人事管理制度、人才培养模式、教师考评与激励机制等方面的改革，促进办学质量的全面提高。根据成本补偿理论，教育投资的主体和渠道应当是多元化的，[③] 特别是政府在政策和资金方面的扶持，对于基地的发展是非常重要的。

（1）争取地方政府的大力支持。基地开展农技服务的公益性特点和由政府主导的特性，决定了基地建设需要政府的重要支持和主要投入。首先，对于参与基地共建的企业或实体化运行的基地，政府及其农业、科技主管部门应在税收、项目安排等方面给予一定的倾斜，建议综合示范基地、特色产业基地通过高校和地方政府共建，地方政府提供基地的工作、学习和食宿等物理空间和硬件设施以及试验示范用地，并每年安排一定数量的专项经费，用于基地的日常运行和项目实施；高校同地方政府共建的分布式服务站，即使是和地方政府共

---

① 黄季焜．六十年中国农业的发展和三十年改革奇迹：制度创新、技术进步和市场改革［J］．农业技术经济，2010（1）：4-18.

② 胡海青．我国产学研合作人才培养中企业机会主义行为的制度分析［J］．高等教育研究，2014（1）：61-67.

③ 刘志民．教育经济学［M］．北京：北京大学出版社，2007.

建，但仍可挂靠具有一定规模和实力的家庭农场、龙头企业和农业园区，高校利用其现有的、成熟的温室大棚等基础条件为周围种养大户开展技术示范和推广工作，政府应给予落户基地的家庭农场、龙头企业和农业园区一定的资金补偿。其次，从世界研究生教育发展状况来看，硕士研究生教育基本是以面向实际应用为主，[①] 因此，教育主管部门或学校可以结合专业学位硕士研究生培养，对学校常驻基地开展工作的教授专家在研究生招收方面给予一定的指标倾斜及更多的经费支持；对于在基地学习、实践以及参与科研和服务工作的学生给予一定的生活补贴；政府各类人才教育培养计划项目、农科教合作人才培养平台建设、创新创业项目以及科技推广、示范转化项目应向基地进一步倾斜。

（2）加强同国家、省部级基地的紧密合作。为加快农业技术研发和推广，保障国家粮食安全，促进农业科技创新创业和成果转移转化，探索农业科技体制机制改革创新，近年来，中央和地方非常重视农业基地建设工作。譬如，2007 年，农业部、财政部共同启动现代农业产业技术体系建设计划，结合 50 个现代农业产业技术体系建设，在农业主产区设立了 1 252 个国家产业技术综合试验站；“十三五”期间，科技部计划完成建设 30 家国家级农业高新技术产业示范区（开发区）、300 家国家农业科技园区、3 000 家省级农业科技园区，形成以国家农业高新技术产业开发区为引领，以国家现代农业示范区为支撑，以国家农业科技园区为骨干，以省级农业科技园区为基础的层次分明、功能互补、特色鲜明、创新发展的农业科技园区体系；2015 年，江苏省启动现代农业科技综合示范基地建设工作，到 2016 年末已批准建设 47 个现代农业科技综合示范基地。上述基地，基础条件完善，中央和地方政府给予了强有力的政策扶持和资金投入。为此，学校应积极争取同农业部的国家产业技术综合试验站、科技部的国家及省级农业科技园区、江苏省的农业科技综合示范基地的紧密合作，根据基地服务的产业领域，组织专家团队，甄选技术成果，共建新农村服务基地，进而争取各项政策、项目与资金的扶持。

（3）积极参与国家“一带一路”建设。2013 年 9 月和 10 月，习近平先后提出了建设“新丝绸之路经济带”和“21 世纪海上丝绸之路”的构想，被视为“一带一路”的合作理念与倡议，引起了国内国际的高度关注和强烈响应，并在第 71 届联合国大会得到了 193 个会员国的赞同，写入大会决议。“一带一路”倡议为我国高校开展国际合作与交流开创了更加广阔的前景。由于欧美国家在农业领域处于国际领先地位，我国农业高校的国际合作长期锁定在欧美等发达国家，与“一带一路”沿线的大部分国家、特别是沿线的发展中国家合作

① 《教育部关于做好全日制硕士专业学位研究生培养工作的若干意见》（教研〔2009〕1 号）。

甚少。实践证明，每个国家和地区的农业发展都有自己的优势和特色，因此，我国农业高校要在农业教育、科技以及管理等方面加强与“一带一路”沿线国家的合作，做到相互借鉴、互通有无、优势互补，体现大国胸襟和担当。近年来，南京农业大学国际交流日趋活跃，国际化程度不断提高，先后与37个国家和地区建立了紧密的合作关系，其中，亚洲12个、北美洲4个、欧洲12个、非洲7个、大洋洲2个，合作形式包括：国际交流与合作协议29个、人才和技术合作项目27个、合作平台或基地6个，上述合作在上级主管部门和学校领导的大力支持下都取得了显著的成效，譬如，2012年学校获批在肯尼亚建设全球首个农业特色孔子学院，得到国家领导的充分肯定；2012年学校发起设立的“世界农业奖”至今已成功举办5届，国际影响力日益增大；2010—2017年，中肯两国合作开展了“小麦秆锈病新抗原的开拓、鉴定、创新和应用研究”等11个项目进展顺利，成果丰硕。但总的看来：一方面，合作内容偏向人才交流，科技合作不多；另一方面，合作形式以项目合作为主，缺乏持续性，合作的广度和深度还有待进一步加强。为此，学校当前要积极响应国家“一带一路”倡议，结合自身的学科、人才和技术优势，在稳定、拓展合作渠道的基础上，应积极同“一带一路”沿线的国家和地区共建更多的合作平台或基地，譬如，联合共建农业园区、产业基地、农业工程中心及技术转移中心等，以此为纽带，形成长期、稳定的合作关系。以基地或平台为载体，开展农业技术的研发、示范和推广，实现农业技术的国际转移和转化，拓宽学校经费来源渠道，提高学校国际声誉和地位。

4. 整合校内资源，实现基地功能多样化

地方政府和社会企业对科技、人才等诉求的多元化决定了高校基地服务功能的多样化，因此，基地功能不可能也不应该是单一的。由于学校的人才培养、科学研究和社会服务等职责分属学校不同的部门和单位，要满足地方政府和社会企业对基地功能多样化的需求，学校需要梳理校内资源，把不同功能整合到基地建设中来。整合校内资源建设基地，既能够避免资源浪费，又能够推动基地发挥更大功效，从而实现基地功能多样化、高效化。近年来，学校建立了形式多样、功能各异、数量众多的基地（表3-6）。目前，基地按照功能划分，包括人才培养基地、科技研发基地和农技转化推广基地等，由于这些基地功能单一，且隶属不同部门管理，很大程度上制约了基地的正常运行及其功能的拓展和发挥。因此，学校有必要建立相关部门间的基地信息联络机制，要进一步加强学校“基地一点通”建设和运行工作，在不断丰富“基地一点通”有关基地内容的的基础上，进一步拓展“基地一点通”的功能，便于广大师生了解基地更多的信息，推动基地教育、科研服务等功能的多样化；将有关基地的项目和资金向基地倾斜，促进资源整合和优势互补，做到基地的统一建设和管理。一方面，梳理、整合学校现有基地，通过了解基地建设状况，将教务、学工、团委、科研等部门建立的校外基地逐步的、有选择性地纳入新农村发展研究院基地的管理和服务范畴。另一方面，对新建基地进行统一布局和规划，高校根据开展科学研究、人才培养以及社会服务等工作的实际需要，对基地进行统一布局和规划，避免重复建设，通过汇聚相关部门的人力、物力、财力，发挥凹镜聚光的作用，加强基地的建设能力和彰显度。总之，通过校内资源整合，争取基地成为学校的人才培养培训基地、大学生和科研人员的创新创业基地（“双创”基地）、技术研发基地、成果展示基地、技术示范、转化和推广基地等，实现基地功能的多样化，进而推动高校内部人事管理、科研组织、社会服务以及人才培养等多方面的综合改革，最终实现高校办学模式的根本改变。

表 3-6　南京农业大学校外基地建设一览

单位：个

基地类型	组织部门	基地名称	数量
人才培养基地	学生工作处	就业创业实习基地	223
	共青团南京农业大学委员会	志愿服务基地	35
		社会实践基地	17
		爱国主义教育基地	6
		文化素质基地	12
		大学生创业基地	6
	研究生院	企业研究生工作站	113（江苏省）
			45（校级）
	教务处	教学实践基地	11（教育部、农业部）
			118（校级以上）
			163（院级）
科技研发基地	科学研究院	试验示范基地	2（国家级）
			92（校级）
	科学研究院	技术转移中心	11（江苏省）
农技转化推广基地	新农村发展研究院	综合示范基地	5（教育部、科技部）
		特色产业基地	5（教育部、科技部）
		分布式服务站）	19（教育部、科技部）

注：数据截至 2017 年 6 月。

5. 兼顾多方利益，科学制定基地考评体系

新农村服务基地是众多利益相关者共同拥有的平台，基地能够顺利运行并取得显著成效，离不开地方政府的政策扶持和经费投入、学校的人才和技术支撑以及基地负责人的科学管理和专家教授的劳动付出。基于基地建设和运行达到"地方政府满意、学校满意、服务对象满意、基地人员满意"的四个"满意"目标，目前，基地共建双方——地方政府和学校正在逐步完善基地的考核评价体系并予以实施，譬如，宿迁市出台了《宿迁市市区产业技术研究院绩效评价细则（试行）》，规定依据基地为宿迁经济发展做出的贡献大小予以不同程度的奖励力度。2016 年，南京农业大学宿迁设施园艺研究院在地方政府组织的年度考核中被评为优秀，以基地后补助的方式，获得 30 万元的资金奖励。近年来，南京农业大学围绕基地的人才培养、科学研究和社会服务功能也制定了一系列的考核和激励办法，设立了社会服务奖项，对成效显著的基地予以工作量补贴和精神奖励。作为基地不同的利益相关者，地方政府和高校有着不同的利益需求，对同一种利益需求又存在着不同的关切程度，它们各自制定的基地考核指标及其权重有所不同，甚至相差甚远。现实情况是，目前学校和地方政府各自对基地进行考核，由于不同的利益关切，时常出现对于同一基地，学校和地方政府考核结果不同的情况，即学校考核等级优秀，地方考核等级较差，反之亦然，基地负责人为之迷惑而不知所措，学校和地方政府各自分开评价，也给基地带来了时间和精力等方面的诸多不便。建议地方政府和学校联合成立基地考核小组，在充分把握和切实尊重对方各自需求的基础上，合理科学制定考核评价指标；在组织考核时，要联合学校有关部门、地方农业、科技等主管部门以及服务对象代表共同组建基地评价专家小组，增加实地考察环节；对于考核优秀的基地，学校和地方政府共同设立农村科技服务奖项予以表彰。对于获得表彰的基地，地方政府更多的予以物质或奖金奖励，而学校在职称晋升、绩效评价、年终考核和工作量补贴等方面予以体现。此外，共建双方探索和实践第三方评价机制，引入社会咨询机构或民间组织对基地运作成效开展专题调查进行评价，发挥政府、市场、专业组织等多元评价主体作用，建立科学化、社会化、专业化和市场化的评价机制。

六、典型案例：南京农业大学"基地一点通"微信公众号服务平台

（一）建设背景及目的

近年来，高校同地方政府和社会企业建立了诸多不同类型的基地，包括学

校新农村发展研究院办公室组织建设的新农村服务基地（综合示范基地、特色产业基地和分布式服务站）、科学研究院组织建设的科研试验基地、教务处组织建设的教学实践基地、研究生院组织建设的研究生工作站以及团委、学工处组织建设的人才培养和大学生创新创业基地等。校外基地在拓展学校办学空间、增强学校科学研究、人才培养和社会服务功能以及增强学校为区域农业发展服务能力等方面发挥了重要作用，但同时也看到，高校基地建设和运行状况参差不齐，特别是，学校广大教师及学生对学校的基地建设情况了解甚少。一方面，校外基地闲置、功能无法充分发挥，另一方面，广大教师的科研和教学工作缺乏合适的试验示范和教学实习基地，大学生社会实践、专业实践以及创新创业也难觅良好的活动平台，高校基地供给和基地需求存在“两张皮”现象。基于此，搭建南京农业大学“基地一点通”系统，整理学校优质的科研实验基地、推广示范基地、人才培养基地等，建立校外基地库，利用“互联网+”校外基地的理念，通过二维码扫描，为广大教师和学生展示学校校外基地建设和运行情况，为教师的项目落地和教学实践，大学生的实习和创业以及继续教育学院学员的观摩考察等提供合适的平台和场所。通过该平台进一步规范基地建设和管理，推动基地资源整合、存量激活和功能拓展。

（二）功能实现

1. 功能模块

（1）基地风采模块：基地名称、基地位置、基地概况、基地新闻、基地成果及农产品展示、基地活动动态等。

（2）基地服务模块：基地从事研发、推广领域以及生活、工作、食宿情况。

（3）基地互动模块：展示基地负责人、所属学院、产业领域、联系人和联系方式，用户可以直接拨打电话或者发短信。

（4）周边功能模块：按照基地与用户的距离，作周围基地的查找显示；按照基地地理位置和产业领域显示基地。

（5）导航功能模块：定位当前位置，调用地图软件可直接在公众号上导航到目的基地。

（6）多权限管理模块：用户分为管理人员、基地人员、学生和老师。其权限如下：

管理人员：维护微信平台日常运作需要的操作及设置相关权限；基地人员：维护自身基地信息，与学生和老师互动；老师：查找查看基地信息、和基地学生互动、基地现场打卡，实现社会服务工作量记录；学生：查找查看基地信息，和基地老师互动。

2. 数据库建设

整理现有基地资料，建设基地库。

（三）建设内容

1. 南京农业大学基地库建设

收集学校教务处、研究生院、学工处和团委等部门的优质基地信息（基地名称、基地位置、基地概况等）建立基地信息库。并按照关键字（基地条件、基地可提供的服务）对基地进行分类。

2. 多权限管理建设

针对管理员、基地管理人员、软件用户等用户的多权限管理：基于工作流程的内置角色与自定义角色相结合的方式，对各个功能菜单进行权限管理，通过“用户—角色—功能关联”的方式进行精确的权限管理。部分权限设置如下：

管理员是整个平台的运行管理维护者，它管理基地一点通的运营，拥有添加基地、设置人员权限等职能。

基地管理人员可以管理基地介绍内容。

用户可以查看基地介绍，周边基地条件和可以提供的服务，以及联系基地人员，通过导航到达基地。

3. 基于地理位置服务（LBS）建设

利用地图接口及卫星定位技术，自动定位用户位置；基于用户位置，并结合地图接口，在地图上直观展示基地可供的服务内容，包括用户周边基地、专家等相关服务等信息，同时支持基于自动类目、关键词及综合查询功能模式的查询功能；调用智能终端中导航软件（引导安装），形成规划路线并导航。

第四章 模式构建

“模式”指从生产和生活经验中经过抽象和升华提炼出来的核心知识体系。农业科技推广模式是指在既定的区域宏观环境约束下，由农村技术推广主体在推广动机的导引下运用的有关推广方式、方法和措施的总和。① 社会服务是高校的重要职能之一，农村科技推广是涉农高校服务社会职能的具体体现。多年来，我国涉农大学根据自身优势和区域特点，结合国外高校的成功做法，在农村科技服务中探索建立了诸多服务模式，取得了显著成效，譬如，河北农业大学的“太行山道路”、西北农林科技大学的“农业科技专家大院”、浙江大学的“湖州模式”、中国农业大学的“教授工作站”等服务模式。②

一、农村科技服务推广模式探索

作为我国最早成立的农科教育高校之一，100 多年来，南京农业大学始终肩负着服务社会的使命。自 20 世纪 20 年代开始到新中国成立前，学校在全国建立了多处涉农基地，形成了多种多样的农村科技服务形式。例如“棉作分场”，这是南京农业大学最早建立的一种基地推广模式之一，基地会进行选种及栽培试验，并向指定的棉场推广区散发棉种，组织青年棉团、展览会、讲演会等农业技术推广活动。新中国成立后，以金善宝、马育华、樊庆笙等为代表的我国著名科学家组织师生走遍大江南北，传播、推广新技术、新品种、新工艺及新模式，为我国农业发展做出了杰出贡献；改革开放后，特别是在 20 世纪八九十年代，南京农业大学驶出“科技大篷车”，组织广大师生，走村串户办大集，开展科技帮扶、送物下乡和大学生社会实践等活动，把农业科技送到

① 马江涛．杨凌农业科技推广模式研究［D］．杨凌：西北农林科技大学，2008.

② 刘冬梅，李俊杰．“太行山道路”：对科技帮扶持续机制的探讨［N］．中国科学报，2013-01-14（8）．

田间地头，成为农村科技服务一道亮丽的风景线；[①] 2003 年，南京农业大学启动“百名教授科教兴百村”小康工程，组织 107 位专家与连云港市的 107 个村进行挂钩对接，帮助制订村级经济发展规划，调整农业产业结构，提供新技术、新品种，为农民进行技术培训和指导等。[②] 多年来，南京农业大学开创的“科技大篷车”和“百名教授科教兴百村”等服务模式，成效显著，在社会上引起了较大反响，得到了上级主管部门和地方政府的一致认可和肯定。

2012 年，南京农业大学成为首批 10 所成立新农村发展研究院的试点高校之一。[③] 学校领导非常重视新农村发展研究院建设工作，学校党委书记担任院长，分管科技的副校长担任执行院长，下设办公室（正处级编制），专门组织、协调和协助各部门对外开展农村科技服务工作。近年来，学校秉承“以服务求支持、以贡献谋发展”的办学理念，依托自身人才和科技优势，结合我国，特别是长三角地区农业发展的新形势和新需求，积极探索大学农村科技服务新模式。

二、近年来开展的主要推广模式

自教育部、科技部实施高校新农村发展研究院建设计划、南京农业大学成立新农村发展研究院以来，学校借鉴“百名教授科教兴百村”服务模式的经验和做法，一改过去“科技大篷车”的游击战术，转为“阵地战”，着手推动综合示范基地、特色产业基地和分布式专家工作站建设，截至目前已构建了多种适应农业发展实际和特点的科技服务模式。主要包括校企合作、校地合作、校地企联合、自主创业等政产学研用合作服务模式。[④]

（一）企业化运作校企合作平台，推动科技成果转化，开展农村科技服务

该模式充分发挥高校的科研、人才和企业的资金和市场融合的优势，高校以技术成果作价入股，企业以资金和硬件设施入股，联合成立科技型股份公

---

① 汤国辉，万健．百名教授兴百村工程的研究：南京农大探索服务“三农”新路子［J］．中国农学通报，2005（11）：437-440.

② 汤国辉．我校“科技大篷车”送科技下乡活动的启示［J］．研究与发展管理，2001（4）：46-51.

③ 教育部、科技部发布《关于同意中国农业大大学等 10 所高校成立新农村发展研究院的通知》（教技函〔2012〕39 号）［R］．2012-04-22.

④ 李玉清，王明峰．调研报告：新常态下江苏涉农高校农村科技服务体制机制研究：基于建立以高校为主体的农业科技社会化服务体系视角［R］．2016.

司，高校科研团队长驻公司，根据市场需求进一步开发、熟化技术成果，并就地转化为商品进行销售。同时与合作企业以共建公司的名义联合申报国家、地方各级政府科研项目，推动企业科技创新，保持旺盛的市场竞争力。以南京农业大学与江苏新天地氨基酸肥料有限公司共建江苏新天地生物肥料工程中心有限公司为例，2007 年 10 月，该公司注册资金 1 588 万元，其中，学校以技术入股 30%、公司以现金入股 70%，公司主营肥料研究与开发；微生物菌种研究、开发、制造和销售；土壤修复工程施工等。公司每年为高校研究团队提供 63 万元的研究生学费奖励资金，提供 10 000 米^2 的研究实验室、13 000 米^2 的实验中试平台、20 000 米^2 的食宿和生活空间。南京农业大学有机肥研究团队 17 名正、副教授、80 余名在读硕士博士常年在公司开展固体废弃物资源化菌种和工艺、太湖流域农业面源污染减控技术和产品、土传病害防控技术、农业功能微生物菌种产品的研发工作，并开展田间试验和示范、推广有关技术和产品。公司研发的新型产品通过南京农业大学教师和学生推广队伍直接面对农民用户，进行示范和推广、讲解生物有机肥防病抗病机理、传授施肥及减少化肥农药防治土传病害技术，并在作物生长各个阶段，有针对性地对农户进行技术指导。目前，有关技术在海南、江苏、浙江、安徽、山东等 24 个省市进行示范推广，县乡镇基地试验示范点达 1 200 多个，累计推广商品有机肥、生物有机肥、有机无机复混肥达 3 000 万亩。

（二）以项目为依托，以产业关键技术为重点，服务新型农业经营主体

除针对性地为合作方开展技术服务，南京农业大学科研人员还通过国家级、省部级及地方组织的推广项目，将新产品、新技术落地在基地，组织当地新型农业经营主体进行观摩和推广，促进农民增收致富，这些项目包括农业部、财政部联合开展的重大农技推广服务试点工作、江苏省苏北专项、农业自主创新项目、农业三新工程项目、“挂县强农富民”工程项目等。以南京农业大学推广葡萄栽培技术为例，陶建敏教授任职于南京农业大学园艺学院，长期从事果树，特别是葡萄新品种引种、选育和栽培技术推广等工作，是国家 26 名葡萄产业技术体系岗位科学家之一。近年来，陶建敏教授针对葡萄种植，潜心研发并不断改进了避雨栽培、H 型整形、土壤改良、控根控肥等技术，技术水平处于全国的前列，并引进了“阳光玫瑰”“极高”等 50 多个葡萄新品种，通过承担农业部、财政部重大农技推广服务试点工作、江苏省“挂县强农富民”工程项目以及江苏省中央财政农业技术推广项目等，陶建敏教授将研发的栽培技术和引进的新品种与近年来同地方共建的多个葡萄种植基地进行有机

结合，加大葡萄新品种、新技术、新工艺、新模式向基地集聚的力度，进一步加强基地的示范效应（表 4-1）。2016 年，陶教授在南京八卦洲的基地亩产超出普通葡萄园 500 多千克，每亩收益 9 万元。在葡萄生长和收获期间，陶建敏教授积极组织省内外种植大户进行观摩、指导和示范，并将形成的成功经验及时组织、编辑成画册，发放到前来观摩的农户手中。画册不仅对避雨栽培技术和 H 型修剪作了详尽的描述，而且更针对地理区位的环境、资源禀赋量化了设施构建的数据，配以生动的插图，一目了然。

表 4-1 葡萄技术推广模式一览

序号	基地名称	共建单位	基地项目依托	引进品种或重点推广技术	每年组织培训、观摩指导（人次）	辐射面积（亩）
1	南京市八卦洲葡萄专家工作站	南京缘派蔬菜专家合作社	1. 江苏省中央财政农业技术推广项目 2. 江苏省农业三新工程项目 3. 国家 948 及其重点滚动项目 4. 国家葡萄产业体系项目	引进品种： 阳光玫瑰、极高 推广技术： 1. 避雨栽培技术 2. H 形修剪技术 3. 土壤改良技术 4. 控根控肥技术	1 500	10 000
2	常州礼嘉葡萄产业专家工作站	武进区礼嘉镇人民政府	1. 国家 948 及其重点滚动项目 2. 国家葡萄产业体系	引进品种： 阳光玫瑰 推广技术： 1. 避雨栽培技术 2. H 形修剪技术 3. 土壤改良技术 4. 控根控肥技术	560	1 000
3	灌南葡萄种植基地	灌南县居丰园葡萄合作社	1. 国家重大农技推广服务试点工作 2. 江苏省中央财政农业技术推广项目 3. 江苏省农业三新工程项目 4. 国家 948 及其重点滚动项目 5. 国家葡萄产业体系	引进品种： 阳光玫瑰 推广技术： 1. 避雨栽培技术 2. H 形修剪技术 3. 土壤改良技术 4. 控根控肥技术	380	1 500

（三）以基地为载体，以优势学科为依托，做强做大地方农业产业

在政府及其主部部门的支持下，南京农业大学与地方政府和涉农企业建立了形式多样的新农村服务基地。校地、校企以基地为纽带形成了稳定、持续、紧密的合作关系。江苏经济发达，农业发展正从以增加产量的生产主导型的传统农业发展道路，转向优化结构、提高农产品品质、增强农产品国际竞争力、增加农民收入的技术主导型的现代农业发展道路。为促进农业进一步快速发展，近年来，地方政府加大了与涉农高校的合作力度，涉农高校通过自身优势学科，结合地方农业产业，推动成果转化，促进产业升级，带动农民增收致富，成为又一种新型的农村科技服务模式。以南农湖熟菊花基地模式为例，观赏园艺学科是南京农业大学的重点学科，特别是在菊花培育方面，南京农业大学收集保存菊花品种 3 000 余个，资源 5 000 余份，保存数量居世界首位。为加强菊花品种资源保存、新品种选育及其配套技术研发、示范和推广，2012 年，南京农业大学同南京江宁湖熟街道合作共建湖熟花卉基地，该基地 300 亩，建有智能玻璃温室 30 000 米^2、连栋薄膜温室 40 000 米^2，配套喷滴灌、光周期调控系统、自动化育苗床、冷库以及办公、生活等条件。基地保存了南京农业大学的所有菊花资源和品种，其中，由南农自主培育的造型、颜色各异的菊花新品种 300 多种，成为“中国菊花种质资源保存中心”“国内最大的菊花资源保存中心”，也是目前世界最大的菊花基因库。每到菊花盛开季节，在基地开展菊花新品种选育的同时，依托丰富的菊花品种资源，南京农业大学和湖熟农业开发公司共同举办湖熟菊花展，向广大市民展示菊花新品种、新造型以及花艺新技术、菊花文化等丰富内容；并针对消费者和市场需求，研发具有不同营养、保健等功能的茶用、食用菊花新品种及其深加工产品，不仅推动了当地菊花产业升级，还带动了湖熟休闲旅游农业发展，数据显示，2016“花漫湖熟·菊花大赏”湖熟菊花展从 10 月 29 日开幕至 11 月 27 日结束，30 天吸引 50 万游客前来观光游览，带动当地旅游、菊花、餐饮、零售、农副产品的销售达 3 000 余万元，带动 800 多户周边农户户均增收 2 万元，不仅带旺了湖熟旅游、餐饮、零售、农副产品等行业，更是拉动了当地农民的就业需求。目前，以南农湖熟菊花基地模式为引领，南京农业大学同淮安市人民政府建立了白马湖菊花基地，同射阳县人民政府合作建立了射阳县洋马菊花示范基地，均取得了显著的经济效益和社会效益。

（四）自主创业，转化和推广技术成果，带动农民增收致富

技术成果转化是推动国家和地方经济持续快速发展的主要驱动力。在以创

业促转化方面，国家及地方各级政府创造了较为宽松的环境，譬如，无锡的“530人才计划”、南京的“321人才计划”等，在此政策推动下，高校科研院所对科技成果产业化表现出极大的兴趣和空前的动力。南京农业大学科研人员利用自身研发的技术，在政府予以一定的资金支持下，自主创业，转化科技成果，开展科技服务，形成了一种新型的农村科技服务模式。以“黄明”模式为例，黄明是南京农业大学食品科技学院的一位教授、博士生导师，也是国家肉品质量安全控制工程技术研究中心的一名研究骨干，凭借自身掌握成熟、实用的科技成果，勇于创新，依托南京农业大学强大的技术和团队，2013年开启了他个人创业的人生之路。2013年5月，黄明自筹资金，在政府和学校的支持下成立了南农大肉类食品有限公司，并担任南京农大肉类食品有限公司董事长职务。公司以“南农大·黄教授”为品牌，精心打造高端绿色肉制品，力争引领传统肉类产业转型升级。线上同苏宁易购、亚马逊、京东、天猫等开展合作，线下在南京打造了18家实体专卖店，并在无锡、常州等地开设了专卖店。目前，公司与常州利华畜禽有限公司、江苏益客集团、河南华英农业发展股份有限公司、山东天禧牧业集团有限公司等合作，保证原料安全和稳定供给。南京农业大学科研人员依靠自身过硬的技术，通过自主创业，拓展了科技成果转化的新途径，不仅为广大市民消费者提供了安全的食品，也间接促进了农民增收致富。

（五）搭建信息化平台，开展“M+1+N”模式，及时提供技术服务

2008年，在江苏省科技厅高校技术转移中心建设项目的支持下，南京农业大学搭建了集成果展示发布、远程培训指导、在线对接洽谈、疑难问题会诊等功能于一体的农村科技服务信息化平台，并与新农村服务基地对接，建立网络专家工作站，实时开展远程服务。新农村发展研究院成立后，南京农业大学建立了多个综合示范基地、特色产业基地和分布式服务站。同时，按照作物栽培与育种、植物保护、资源综合利用、果蔬园艺、畜牧兽医等不同领域组建了200余人的农村科技服务专家团队。进一步拓展了平台功能，探索了“M+1+N”的科技服务模式（图4-1）。该模式基于“南农在线”（V1.0）平台，以学校校外基地为依托，利用物联网、远程视频、智能终端、空间定位等技术，搭建高校与基地、企业、农户之间的信息化枢纽，实现“M”个专家利用“1”个信息化平台，实时远程指导和服务“N”个基地农业生产，有效解决了专家稀缺与基地众多、专家常驻基地服务与在校教学科研工作的矛盾，降低了服务成本，提高了工作效率。以江苏常熟新农村发展研究院为例，该研究院是

南京农业大学同常熟市人民政府共建的综合示范基地，主要开展蔬菜育种和栽培、生物有机肥、食品加工、农业物联网等技术的开发、推广和服务。基地工作人员不仅现场指导，而且可利用台式电脑和手机终端图文并茂地实时上传技术需求和疑难问题，南京农业大学对基地发来的技术需求和疑难问题根据不同领域进行分拣、归类，及时递送相关专家，规定在一定期限内进行答疑和解决。此外，通过基地组织基层推广人员、种养加大户等，南京农业大学定期或不定期组织专家开展远程技术培训和专题讲座。为进一步推动网上科技服务工作，南京农业大学正在着手出台相关激励政策，譬如，对于专家网上技术指导和服务的数量和质量核算一定的工作量，给予一定的奖励。①

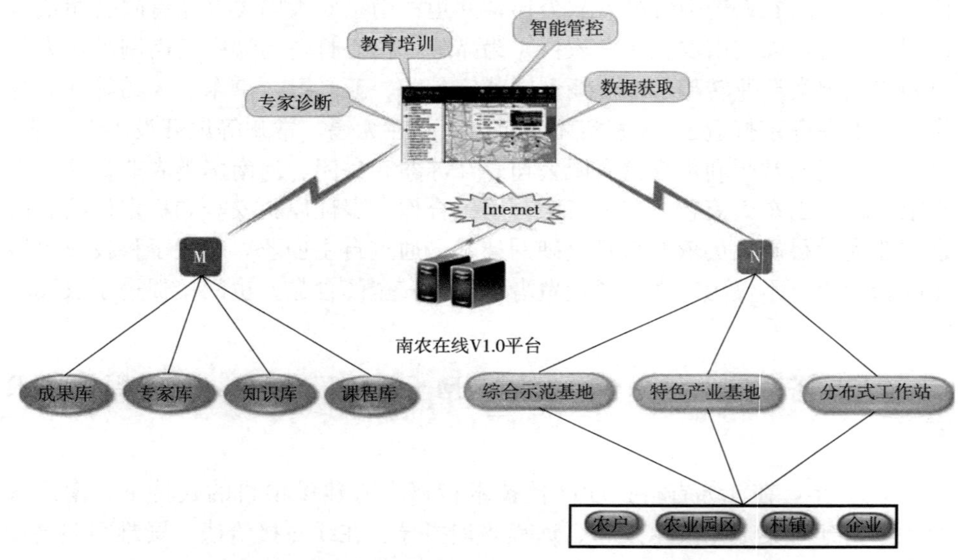

图 4-1 南京农业大学“M+1+N”服务模式

三、利用“互联网+”农技推广理念，打造“双线共推”服务新模式

（一）背景及内涵

长三角地区农业现代化进程较快，农业适度规模经营比重较高，以种养大户、农业园区、家庭农场、农业合作组织、涉农企业为代表新型农业经营主体

① 李玉清，田素妍，雷颖，邹静．大学农村科技服务模式探索与实践：以南京农业大学为例[J]．高等农业教育，2015（10）：28-31.

数量较多。地处长三角经济发达地区的南京农业大学，利用快速发展的互联网技术和便捷、先进的通讯手段，本着方便专家、提高效率、降低成本的原则，以大量涌现的新型农业经营主体为服务对象，以公益性农技推广项目为载体，以校地校企共建的新农村服务基地为平台，与地方政府主管部门共同组建新型农业经营主体联盟，通过开展农业部、财政部重大农技推广试点工作、江苏省“挂县强农富民”工程项目等，不断实践和探索，初步构建了“线下建联盟，线上做服务”的“双线共推”农村科技服务新模式（图 4-2）。

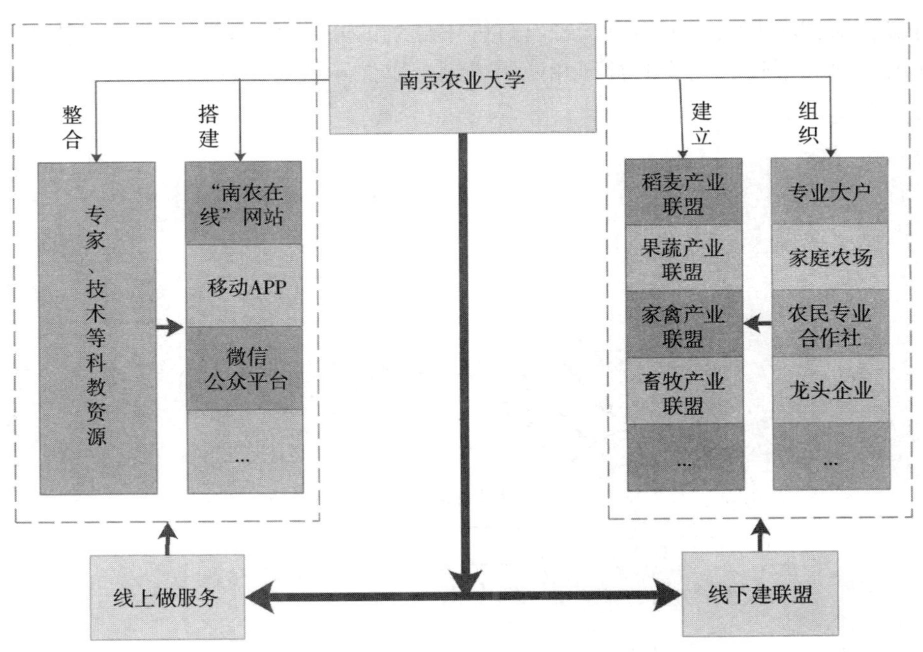

图 4-2　南京农业大学“双线共推”农村科技服务模式

“双线共推”模式，顾名思义，就是线下与地方政府合作，组织农业园区、家庭农场、专业合作社、涉农企业等新型农业经营主体，建立不同领域的产业联盟；线上整合农科教资源，搭建“南农在线”、手机移动 APP、微信公众平台，开展实时指导、问题解答和在线培训等。“双线共推”模式以公益性农技推广项目和新农村服务基地为纽带，紧密联系线上用户、培植忠实用户、提高用户活跃度，以线上丰富信息资源、提升服务实效，形成新时期适合现代农业发展趋势的、体现南京农业大学优势和特色的线上高速飞驰的“科技大篷车”和线下协同共赢的“双百工程”。

（二）建设方案

1. 基本构架

线下通过建立新型农业经营主体产业联盟，专家直接通过联盟向新型农业经营主体开展技术推广；线上通过移动互联平台，专家提供在线指导，概括为线下建联盟、线上做服务的“双线共推”模式。该模式发挥高校的人才、科技和学科优势，线下通过公益性农技推广项目或新农村服务基地组建联盟，并为联盟成员开展技术培训、指导和观摩等活动，线上利用“南农易农”APP实时解答新型农业经营主体生产经营过程中遇到的问题和困难。近年来，南京农业大学建立了较为完善的管理和激励机制，以保障“双线共推”模式的正常运行（图4-3）。

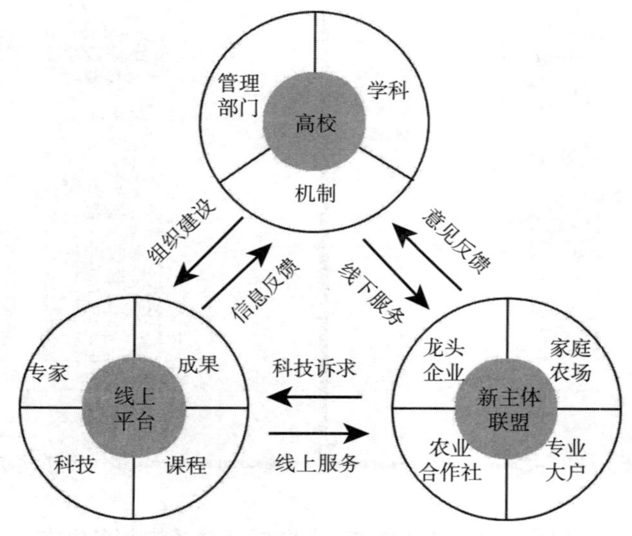

图4-3　南京农业大学“双线共推”农村科技服务模式运行

2. 主要内容

（1）线下建立产业联盟。结合高校新农村服务基地建设与公益性推广项目实施，由基地和项目负责人联合地方主管部门，组织地方不同产业的种养大户、家庭农场、农业专业合作社、涉农企业及新农人等组建新型农业经营主体产业联盟，委派高校有技术、有情怀、有能力的专家作为联盟首席专家，委派地方农技推广部门中有丰富经验的工作人员为副首席专家，通过政府购买服务方式，线下有组织、有针对性地开展技术培训、技术指导、项目申报和实施等活动。新型农业经营主体联盟建设是“双线共推”模式一项重要内容，是农村科技服务对象精准化、活动组织化的前提和保障。联盟建设遵循以下两个原则：

坚持以基地为平台、以项目为载体的建设原则：通过高校建设的新农村服务基地和组织实施的公益性农技推广项目，分领域组建新型农业经营主体产业联盟。

坚持以地方农业推广部门为依托的组织原则：注重联合地方农业推广部门，利用农业推广部门的行政职能，组织新型农业经营主体建立产业联盟，联合地方农业推广部门开展农业技术服务、技术培训等活动。

（2）线上开展技术服务。高校自主开发“南农易农”手机APP移动互联平台，通过当前农事、易农互动、农业微课等功能向新型农业经营主体传播农业科普知识、农业技术及开展技术咨询活动等。APP是新时期高校专家开展农村科技服务的重要手段，借助高校公益性农技推广项目实施和新农村服务基地建设，组织学校专家、地方农技推广部门工作人员和新型农业经营主体安装、使用APP，成为新时期专家推广新技术、新品种、新工艺和新模式以及新型农业经营主体了解各类农业信息的重要途径。

①APP主要功能模块：

模块一：当前农事：最新农业信息，实现实时农事指导；

模块二：农业专家：分领域建设专家库，包括高校专家和乡土人才；

模块三：市场资讯：提供国内外最新的农业相关讯息，包括农资服务和基地农产品的展示和销售等；

模块四：实用技术：提供应时的农业生产技巧及其最新实用技术；

模块五：提问交流：通过语音、文字等方式，开展用户提问和专家解答以及专家间、用户间互动交流；

模块六：农业微课：收集、拍摄、上传小视频，实时讲解农业种养技术，普及最新农业知识。

② APP建设原则：

原则一：个性化订阅内容：鉴于新型农业经营主体经营领域不多，采取个性化订阅方式，做到专家精准服务，用户快捷获取有效信息；

原则二：强化后台统计：实现专家及用户参与度及贡献度后台统计功能，为实现有效激励和APP企业化运作提供技术支撑；

原则三：突出高校特色和优势：突出农业专家、农业技术、农业微课等模块功能，发挥高校的人才、科技和信息等资源优势。

3. 保障措施

（1）组织保障。校地协同共建“双线共推”服务模式领导小组、工作小组

(或设置专门的组织机构)，推动多团队、多领域、多地区的农技推广工作，形成横向联动、纵向贯通、多方协同的服务新格局。

(2) 机制保障

①校地间以及合作双方内部机构间的协同机制；

②新农村服务基地和公益性推广项目的管理机制；

③线上 APP 市场化运作机制：委托科技服务商作为第三方运营 APP，同新农村服务基地和公益性农技推广项目开展合作，为联盟成员开展有偿服务。实现公益性经营性相结合的农村科技服务运行机制（图 4-4)；

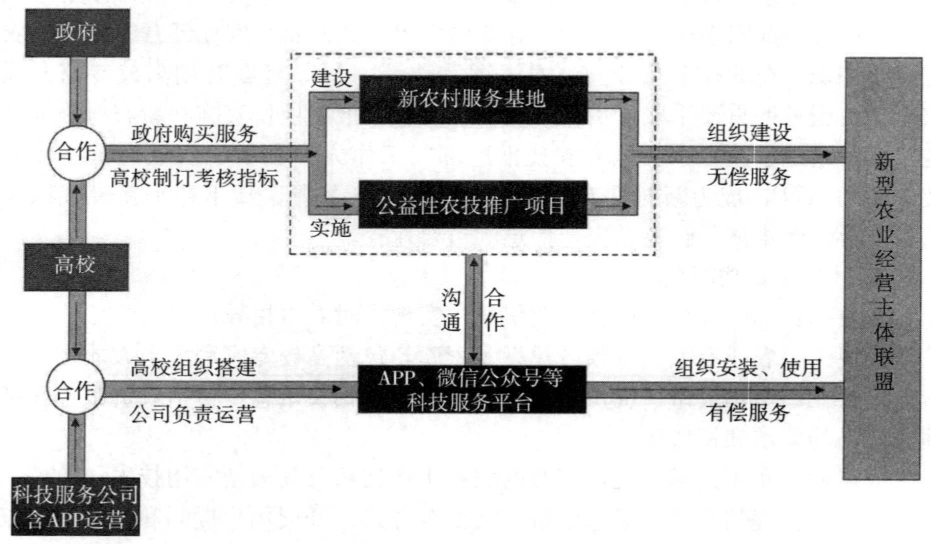

图 4-4 南京农业大学"双线共推"模式框架下公益性经营性结合的农村科技服务运行机制

④线下新型农业经营主体联盟建设和管理机制；

⑤推动"双线共推"模式激励机制：给予高校专家工作量补贴辅以绩效奖励；给予新型农业经营主体农资物化补贴；将有丰富推广经验的农技推广人员、农业园区和龙头企业技术骨干聘为高校特聘专家、协助 APP 运营商开展农技推广服务并合理取酬。

(3) 经费保障

①政府购买服务方式持续提供经费支持：用于基地建设及其日常运行、公益性农技推广项目实施以及新型农业经营主体联盟组建和活动开展等；

②APP 运营商服务收入：用于"南农易农"手机 APP 搭建及维护、聘请专家开展服务活动等。

（4）队伍保障

①管理队伍：由高校和地方政府有关农技推广部门协同组建“双线共推”模式管理队伍，发挥各自优势，分工合作；

②专家队伍：结合高校综合改革契机，完善高校人事制度，组建一支专兼职结合的农技推广服务队伍；贯彻 2018 年中央 1 号文件精神，以协议约定义和权利，聘请有丰富推广经验的农技推广人员、农业园区和龙头企业技术骨干，组建校外专家队伍，发挥各自特长，协同服务新型农业经营主体联盟。

（三）工作进展

1. 健全组织机构

新农村发展研究院成立后，为进一步推动“双线共推”模式，学校成立新农村发展研究院院务委员会，委员会主任由校党委书记担任、副主任由分管副校长担任，院务委员会成员包括学校相关职能部门，新农村发展研究院办公室专门设置信息技术事务部，总体策划和组织“双线共推”模式的开展和实施，同时，成立大学生服务团队，组织“南农易农”手机 APP 的宣传和推广及功能维护与信息更新，策划“双线共推”模式的特色活动。该举措为整合学校资源、进一步加强“双线共推”模式工作提供了组织保障。

2. 组织专家队伍

学校通过多年的农技推广工作服务实践，一方面，通过公益性农技推广项目和新农村服务基地建立了一支有技术、有能力、有情怀的学校在职推广专家队伍，总计 86 人，其中包括稻麦产业团队 19 人、果蔬产业团队 21 人、畜牧兽医团队 14 人、食品加工团队 11 人、政策咨询团队 8 人、花卉茶叶等产业团队 13 人；另一方面，还根据区域产业发展需求特聘校外专家 23 人，还组建了一支 13 人的来自不同学科的退休教师专家队伍。

3. 完善管理制度

目前，学校制定了《南京农业大学新农村服务基地运行管理暂行办法》（校发〔2014〕426 号），在此基础上，学校新农村发展研究院办公室进一步完善了《南京农业大学新农村服务基地考核实施细则》，将“双线共推”模式纳入了基地的考核内容；学校出台了《南京农业大学教师农技推广服务工作量认定管理办法》（校发〔2018〕78 号），将教师的线下线上推广服务纳入工作量的计量范畴；学校新农村发展研究院办公室制定了《南京农业大学“双线共推”服务模式实施管理办法》，明确了“双线共推”模式实施过程中相关职能部门、科室以及基地和项目负责人的工作职责和任务，设计了基地和项目的“双线共推”模式基本指标，要求基地和项目负责人指定 1 名信息员，专门具体负责“双线共推”模式有关事项，并明确其工作职责；为保障新型农业经营主体联盟规范建设和有效运行，学校新农村发展研究院办公室出台了《南京农业大学新型农业经营主体联盟建设工作流程》，规定了联盟成员准入的基本条件，制定了联盟建设方案及章程，起草了联盟成立倡议书，设计了新型农业经营主体信息采集表和新型农业经营主体联加盟申请书等；为方便学校广大科研人员和地方新型农业经营主体负责人快速了解和安装“南农易农”手机APP，学校新农村发展研究院办公室编制了南京农业大学“南农易农”手机APP使用手册，制定了《南京农业大学线上服务流程》，详细介绍了“南农易农”APP的安装和使用程序。

（四）主要成效

1. 线下以项目和基地为纽带，建立新型农业经营主体联盟，做到精准服务，积极促进区域经济发展

近年来，围绕“双线共推”模式，南京农业大学本着“立足江苏、侧重华东、辐射全国”建设原则，遵循学校学科优势、地方产业优势和地理区位优势的“三优势”结合导向，线下同地方政府（或企业）联合共建新农村服务基地29个（表4-2），其中，综合示范基地5个、特色产业基地5个、分布式服务站19个，正在培育的基地20个，主要分布在江苏、安徽、山东、云南、河北等省份。同时积极承担农业部、财政部重大农技推广服务试点工作、江苏省农业自主创新项目、农业三新工程项目、“挂县强农富民”工程项目等（表4-3）。2015年以来，线下以新农村服务基地为平台，以公益性农技推广项目为载体，联合地方农业部门，建立产业新型农业经营主体联盟8个，吸收新型农业经营主体1 629个（表4-4），开展技术指导培训108场，参加培训新型农业经营主体超过5 630人次。

表4-2　南京农业大学新农村服务基地一览

基地类别	名　称	合作单位	涉及学科	建设年份
综合示范基地	淮安研究院	淮安市人民政府	畜牧业、渔业、种植业、城乡规划、食品、园艺等	2013
	常熟新农村发展研究院	常熟市人民政府	果蔬、粮食、肥料、食品、农村发展等	2013
	句容新农村发展研究院	句容市人民政府	果蔬、粮食、农产品加工、农村发展等	2014
	安徽和县新农村发展研究院	和县台湾农民创业园	蔬菜、果树、农学、经管	2016
	丹阳新农村发展研究院	丹阳市人民政府	食用菌、食品加工、饲料、肥料等	2017

（续）

基地类别	名　　称	合作单位	涉及学科	建设年份
特色产业基地	宿迁设施园艺研究院	宿迁市人民政府	果蔬、花卉、中草药、农业信息化、农业工程等	2011
	昆山蔬菜产业研究院	昆山市城区农副产品实业有限公司	蔬菜、食品、农经	2013
	盱眙神力特生物凹土产业研究院	江苏神力特生物科技有限公司	饲料科学、矿物学	2012
	溧水肉制品加工产业创新研究院	南农大肉类食品有限公司	食品、食安、生工	2014
	灌云现代农业装备研究院	灌云县科技局	农业工程、机械工程	2011
分布式服务站	云南水稻专家工作站	云南省农业科学院粮食作物研究所	农学、育种	2010
	如皋信息农业专家工作站	如皋市农业技术推广中心	农学、农业工程、信息	2011
	海安雅周农业园区专家工作站	江苏丰海农业发展有限公司	果树、蔬菜、农学	2014
	安徽和县常久园艺专家工作站	和县常久农业发展有限公司	果树、蔬菜、植保	2014
	丹阳食用菌专家工作站	江苏江南生物科技有限公司	食用菌、食品、饲料、肥料	2014
	宜兴茶叶专家工作站	宜兴市张渚镇人民政府	茶学、中药材	2011
	高邮家禽加工专家工作站	扬州天歌鹅业发展有限公司	食品、畜牧业、信息工程	2010
	八卦洲葡萄专家工作站	南京缘派蔬菜专业合作社	果树	2014
	常熟田娘生态农业专家工作站	江苏田娘科技有限公司	资环、土壤、肥料、生态	2014
	常熟食品包装专家工作站	常熟市屹浩食品包装材料科技有限公司	食品、食品安全	2014
	滁州荣鸿农业专家工作站	安徽荣鸿农业开发股份有限公司	蔬菜、果树、生态农业、经管	2015
	大丰大桥果树专家工作站	江苏盐丰现代农业发展有限公司	果树、生态农业	2015
	南京湖熟菊花专家工作站	南京农业大学(自建)	花卉、园艺、休闲农业	2013

（续）

基地类别	名　称	合作单位	涉及学科	建设年份
分布式服务站	河北衡水冠农植保专家工作站	河北冠农农化有限公司	植保、农学、园艺、生态	2015
	山东临沂园艺专家工作站	山东朱芦镇人民政府	果树、设施	2015
	昆山千灯农业园区专家工作站	昆山千灯镇人民政府	休闲农业、农业经济、农学	2016
	常州礼嘉葡萄产业专家工作站	常州市礼嘉镇人民政府	葡萄、农学	2015
	盐城大丰盐土农业专家工作站	江苏盐城国家农业科技园区	盐土农业	2010
	苏州东山茶厂专家工作站	苏州东山茶厂股份有限公司	电子商务、茶学	2017

表 4-3　2014 年以来南京农业大学公益性农技推广项目实施情况一览

	项目来源		县域分布	涉及学院	项目经费（万元）
国家部委	农业部、财政部科研院校重大农技推广服务试点工作	2015	东海、兴化、金坛常熟、宿城、句容	农学、园艺资环、食品植保、经管工学	3 000
江苏省	江苏省“挂县强农富民”工程项目	2014	射阳、张家港泗洪、东海	园艺、动科农学	850
		2015	射阳、张家港泗洪、东海		
		2016	射阳、张家港泗洪、东海		
		2017	射阳、张家港泗洪、灌南、涟水		
	江苏省中央财政农业技术推广资金项目	2016	金坛、兴化、丰县睢宁、灌南、盱眙东台、海安、沭阳建湖、淮阴	农学、园艺资环、食品植保、经管信息、金融	1 020
	江苏省科研院校农技推广服务试点项目	2017	吴江、如皋、新沂东海、金湖、金坛海安、宿豫、赣榆大丰、东台	园艺、动科资环、食品植保、经管	1 000

表 4-4　南京农业大学新型农业经营主体联盟建设一览

依托基地/项目	序号	联盟名称	联盟所在地	联盟成员数	基地/项目名称	联盟涉及领域
依托基地	1	礼嘉葡萄产业新型农业经营主体联盟	常州武进	35	常州礼嘉葡萄产业专家工作站	果蔬
	2	宿迁果蔬产业新型农业经营主体联盟	江苏宿迁	167	宿迁设施园艺研究院	果蔬
	3	句容果蔬产业新型农业经营主体联盟	镇江句容	101	句容新农村发展研究院	果蔬
	4	涟水生猪产业新型农业经营主体联盟	淮安涟水	45	淮安研究院	生猪
	5	常熟市果蔬产业新型农业经营主体联盟	苏州常熟	280	常熟新农村发展研究院	果蔬
依托项目	1	大丰区盐土新型农业经营主体联盟	盐城大丰	56	2017 年省农技推广服务试点项目	盐土
	2	如皋市蔬菜产业新型农业经营主体联盟	南通如皋	33	2017 年省农技推广服务试点项目	果蔬
	3	张家港果品产业联盟	苏州张家港	52	2017“挂县强农富民”工程	果蔬
	4	射阳蛋鸡产业新型农业经营主体联盟	盐城射阳	25	2017“挂县强农富民”工程	禽类
	5	泗洪稻麦产业新型农业经营主体联盟	宿迁泗洪	150	2017“挂县强农富民”工程	稻麦
	6	金坛区稻麦产业新型经营主体联盟	常州金坛	215	2015 年国家重大农技推广服务试点工作	稻麦
	7	兴化市粮食生产新型经营主体联盟	泰州兴化	302	2015 年国家重大农技推广服务试点工作	稻麦
	8	东海稻麦产业新型农业经营主体联盟	连云港东海	168	2015 年国家重大农技推广服务试点工作	稻麦

2. 线上以“南农易农”APP 为载体，开展技术服务，实现快捷便利，确实解决技术推广“最后一公里”问题

一方面，积极组织新型农业经营主体联盟注册使用 APP；另一方面，积极组织专家，围绕地方主导和优势产业发展需求，利用学校开发“南农易农”APP（已获得软件著作权）开展技术服务。目前，APP 已有注册用户 3 100 名，线上专家 78 名，推送信息 2 300 条，发布微课 64 个，浏览量 35 000 次。近期，“南农易农”手机 APP 将再次升级改版，对接国家农业科技服务云平台，实现与农业部、各省农业主管部门农业信息资源库的数据共享、可视化基地动态管理等，进一步提高线上便捷和精准服务水平。

（五）典型案例

1. 南京农业大学新农村服务基地：南京农业大学常熟新农村发展研究院

南京农业大学常熟新农村发展研究院成立于2013年10月，由南京农业大学、常熟市人民政府和董浜镇人民政府共同出资组建，注册资本505万元，实行企业化运作。2015年，研究院成立常熟农业科技联盟，到目前为止，成员单位达280家。研究院开展蔬菜早熟技术研发，并通过联盟与新型农业经营主体紧密合作，每年为新型农业经营主体提供种苗1 000万株，并配套技术服务，辐射面积超过10万亩次，辐射周边县市10 000人次以上；组织联盟成员开展、技术示范、现场观摩，累计人次近10 000人次。研究院先后被农民日报等媒体报道，多次被地方农委和科技局评为科技先进单位，2015年研究院获“常熟科技合作贡献奖”。

2. 南京农业大学新农村服务基地：宿迁设施园艺研究院

南京农业大学宿迁设施园艺研究院成立于2011年3月，是南京农业大学与宿迁市政府共建的具有独立事业法人资格的集科研、开发、示范推广于一体的区域性设施园艺研究机构，是江苏省首批建设的重大创新载体之一。研究院针对果蔬产业开展成果推广与技术服务，2015年，成立了宿迁果蔬新型农业经营主体联盟，到目前为止，联盟成员达167家。联盟在宿迁市南蔡乡等示范区完成216亩黄瓜产业区域示范基地建设指导，向周边新型农业经营主体进行技术辐射推广黄瓜示范面积3 152亩，盟员产业规模不断扩张，成为部分经营主体农民增收的主要来源之一。同时，组织新型农业经营主体联盟3 000余人次开展技术培训，促成地方专家受聘为“南农易农”APP校外专家。研究院多次获国家、省级等媒体报道，其中，研究院带动新型农业经营主体创新创业事迹获《新华日报》专题报道，出的多项政策建议获市主要领导批示，参与完成的“植物营养基质研发与产业化应用”获得教育部科技进步一等，参与完成的“蔬菜设施构型优化与高效栽培技术集成推广”获第七届江苏省农业技术推广奖一等奖。

3. 南京农业大学农业部、财政部重大农技推广服务试点工作：稻麦产业金坛基地

多年来，南京农业大学同常州市金坛区农业局紧密合作，建立金坛稻麦产业基地，就水稻、小麦的新品种、新技术和新模式开展示范和推广，对金坛农业发展做出积极贡献。2015年下半年，南京农业大学承担农业部、财政部重大农技推广服务试点工作，金坛420亩稻麦生产基地作为南京农业大学试点工作稻麦产业的区域示范基地。以试点工作为契机，2015年12月南京农业大学和常州市金坛区农业局联合组织183个稻麦种植大户成立稻麦产业新型农业生产经营主体联盟，并举行了“南农易农”APP开通仪式。截至目前，联盟成员达215家，培训稻麦产业新型农业经营主体1 500人次，为联盟成员推广示范稻麦新品种、新技术和新模式54个，推广面积达10万亩，利用“南农易农”APP为种植大户解决问题120多个。为推动稻麦产业化发展和农技推广一体化新模式，2017年3月，南京农业大学与常州市金坛区农业局联合组织170家稻麦种植大户与江南制粉厂、金秋稻米、丰登酒业等3家稻米加工企业开展订单合作，订单生产规模达2万余亩，占金坛区水稻生产面积的近十分之一，实现了稻麦产业“三位一体全产业链”（高产高效技术推广＋龙头企业订单生产＋农资统一供应）生产，挖掘金坛区稻米产业增效潜力，促进稻农增收致富。2017年5月，江苏省夏收夏种现场观摩会在南京农业大学金坛示范基地召开，观摩会上，南京农业大学集中展示了水稻机插水卷苗、硬地硬盘微喷灌集中育秧和水稻机插侧条缓混一次性施肥3项新技术。该系列技术显著提高了机插秧苗的质量，降低秧田管理劳动强度，节肥30%～40%，肥料利用率提高20个百分点左右。江苏省农委张坚勇副主任给予了高度评价，并建议在全省加大示范推广力度。

四、以协同创新视角，构建“两地一站一体”服务新格局

（一）项目依托

2015年8月，农业部、财政部联合开展重大农技推广服务试点工作[①]，选择河北省、辽宁省、江苏省、安徽省、福建省、河南省、湖北省、广东省、重庆市和陕西省10个省（直辖市）为试点省份，依托科研院校开展重大技术推广新机制试验试点。其中，河北省依托中国农业大学和中国农业科学院，辽宁省依托辽宁省农业科学院和沈阳农业大学，江苏省依托南京农业大学和江苏省农业科学院，安徽省依托安徽农业大学，福建省依托福建农林大学，河南省依托河南农业大学，湖北省依托华中农业大学和湖北农业科学院，广东省依托华南农业大学和广东省农业科学院，重庆市依托重庆市畜牧科学院，陕西省依托西北农林科技大学。

试点工作要求科研院校，特别是高校紧紧围绕当地主导产业发展需求，通

---

① 农业部办公厅、财政部办公厅《关于做好推动科研院校开展重大农技推广服务试点工作的通知》（农办财〔2015〕48）。

过提升科研试验基地、区域示范基地的示范和推广服务能力，促进重大农业技术推广应用。每个省（直辖市）可选择1～2个主导产业集中力量进行试点，提升科研试验基地的技术研发和集成能力和区域示范基地的技术示范和推广能力，加强与国家农业科技创新与集成示范基地的对接与联合协作，区域示范基地承接科研试验基地的成果示范任务，对接基层农技推广体系以及农户，形成以院校技术创新为引领、地方主导产业为核心，通过技术示范、技术培训、信息传播等途径开展工作的新型农业技术推广服务系统。试点工作旨在通过支持“科研实验基地＋区域示范基地＋基层推广服务体系＋农户”的链条式农技推广服务新模式发展，重点鼓励院校学科专家常驻试验示范场、科教人员到农村一线从事农技推广，推动技术创新与技术推广的有机结合，促进院校科技服务与农业产业需求、院校专家团队与基层农技推广体系的有效对接，探索建立以高校为核心，政府、科研院所、基层农技推广机构、农业生产经营主体等多方参与、密切合作的工作新机制。

（二）探索背景

多年来，高校凭借学科齐全、人才集聚和成果丰富以及人才培养、科学研究、社会服务、文化传承与创新、国际交流与合作等功能多样化的优势，通过探索“太行山道路”“西农模式”“湖州模式”“科技大篷车”“百名教授科教兴百村”等服务模式，成为我国新型农业科技服务体系的有生力量和重要组成部分。但同时高校也存在着中试示范基地与农技推广服务资金缺乏、技术成果成熟度不高及实用性较差，难以推广和转化等问题。

在推动农技推广服务的工作实践中，为发挥各自优势，政府和大学通过“委托—代理”的关系，实施农技推广、开展人才培训等活动，建立了较为紧密的合作关系。特别是2012年教育部、科技部实施高等学校新农村发展研究院建设计划以来，高校同政府农技推广部门共建了多种形式的平台，譬如，中国农业大学与地方共建的教授工作站、西北农林科技大学与地方共建的农业科技专家大院、南京农业大学与地方共建的综合型和特色产业型研究院、安徽农业大学与地方共建的现代农业技术合作推广服务中心等。这些平台以不同的组织模式和运行机制发挥着公益性农技推广服务的功能，为服务地方农业做出了积极贡献。但高校和政府农技推广部门有着不同的组织目标和利益诉求，加之长期形成了科研、推广、教育各成体系的“板块结构”，[①] 在合作的实践过程中侧重于自身目标的实现和利益维护，导致共建平台存在着机构建设不健全、

① 苑鹏，国鲁来，齐莉梅，等．农业科技推广体系改革与创新［M］．北京：中国农业出版社，2006.

运行机制不完善、功能发挥不充分、服务效果不明显等诸多问题和不足。

理论和实践表明，在科技经济全球化的环境下，实现以开放、合作、共享的创新模式是有效提高创新效率的重要途径。同样，作为农业科技创新的重要环节，公益性农技推广也不单纯是一个技术问题，需要高校和政府农技推广部门建立协同服务的组织模式和运行机制，以实现资源共享、优势互补。如果说，2012 年教育部、科技部联合实施高等学校新农村发展研究院建设计划，为高校明确了社会服务的重要地位，那么，2015 年农业部、财政部联合开展重大农技推广服务试点工作，又为高校提供了社会服务的重要路径，即以协同创新的视角，高校与政府主导的农技推广系统以及社会化服务组织进行系统整合，建立长效的跨部门、跨领域、跨专业的协同攻关和运行管理机制，各参与单位合理分工、明晰权责，最终形成从高校科研到地方应用的快捷、高效的大学科技服务体系。

（三）实践与成效

试点工作启动后，根据农业部、财政部有关要求，结合江苏农业发展实际，南京农业大学紧紧围绕稻麦、果蔬（梨、黄瓜、葡萄）两大主导产业发展需求，区域上兼顾苏北、苏中、苏南三大区域，从全产业链角度着手开展农业技术的系统推广和示范工作（图 4-5）。选择学校白马教学科研基地作为科研试验基地，重点开展稻麦、果蔬两个产业的科研试验、技术引进和集成；在实施江苏省“挂县强农富民”工程项目和既有科技示范基地的基础上，选择江苏省常州金坛区、泰州兴化市、连云港东海县，作为稻麦产业的区域示范基地，选择苏州常熟市、镇江句容市和宿迁宿城区作为果蔬产业的区域示范基地；加强同地方基层推广服务体系衔接，在每个区域示范基地所在县选择 3 个乡镇，结合南京农业大学新农村服务基地建设，每个乡镇建立 1 个基层农业科技专家服务站点；鉴于江苏省新型农业经营主体发展迅速的实际情况，试点工作以新型农业经营主体为服务对象，每个基层农业科技专家服务站点选择一定数量的新型农业经营主体建立新型农业经营主体产业联盟，集中开展农业技术示范服务与技术推广以及职业化新型农民、经纪人和技术能手等工作。以农业部、财政部科研院校重大农技推广服务试点工作为载体，结合自身多年农技推广实践经验，南京农业大学探索了“科研试验基地＋区域示范基地＋基层推广服务体系＋新型农业经营主体”的“两地一站一体”的链条式农技推广服务模式。

通过该模式，试点工作取得了显著成效：增强了学校 372 亩科研试验基地的技术研发、孵化和集成能力，提高了地方 5 500 亩区域示范基地、18 个农技推广服务站点的农技示范和推广水平，开展技术培训 4 800 人次，培育了

1 400个新型主体，辐射推广示范田达 90 000 多亩，新技术推广率达 100%，农民满意率 95%，形成技术规程 23 套，筛选适宜新品种 37 个，集成技术体系 23 套，有力推动了水稻、小麦、梨、葡萄和黄瓜的产业发展，提升了江苏稻麦、果蔬产业的市场竞争力。在该模式的推动下，通过试点工作初步建立了一支高校专兼职结合的农技推广队伍，其中包含 23 名政府农技推广体系内专家，实现了与推广队伍的有效对接；将东海、兴化两个区域示范基地纳入学校新农村服务基地的管理范畴，实现了基地资源的有效整合；将推广绩效纳入职称晋升评定指标，推动了学校人事制度改革，将专硕研究生培养与农技推广相结合，拓宽了专硕研究生的培养路径，拟定了农技推广类资金管理办法，为高校农技推广工作提供了制度保障。试点工作取得的显著成效获得了地方农业主管部门、新型农业经营主体好评，先后受到了中央电视台、新华日报、农民日报等多家媒体的报道。通过试点工作探索的“两地一站一体”模式获得了时任中共中央政治局常委、全国政协主席俞正声的重要批示，农业部部长韩长赋也给予了高度评价，并写进了 2017 年 12 月出台的《农业部、教育部关于深入推进高等院校和农业科研单位开展农业技术推广服务的意见》(农科教发〔2017〕13 号）中，要求全国涉农高校借鉴和学习。

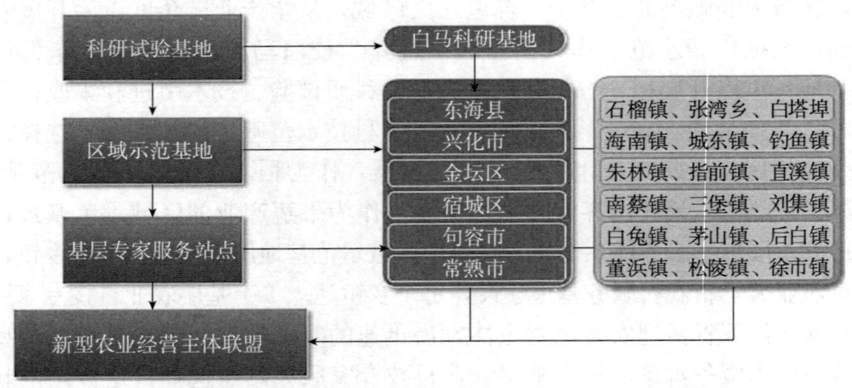

图 4-5　南京农业大学重大农技推广服务试点工作“两地一站一体”模式

(四) 建设方案

1. 建设目标

面对新时期农业生产方式和农业产业结构发生的巨大变化，农业技术需求呈现出综合性、多样化的发展态势，推动高校和政府农技推广体系有机结合，充分发挥高校丰富的人才、科技和信息优势以及政府农技推体系的政策、组织和资源优势，加强高校职能部门与政府农技推广体系紧密合作、推动资源整合，实现优势互补，形成高校—政府横向联动、纵向贯通、多方协同的农技推广服务新格局（图 4-6、表 4-5）。

2. 建设内容

（1）高校。加强高校重点实验室、工程技术（研究）中心以及大学科技园的能力建设，促进农业新技术、新品种的研发和产出。

（2）科研试验基地。在高校所在城市郊区建设科研试验基地，方便科研人员开展室外试验工作。

（3）区域示范基地。在优势或特色产业区域建立农业新技术、新品种、新工艺、新模式的示范基地。在科研试验基地研发的具有潜在推广价值的新品种、新技术在区域示范基地进一步规模生产，有组织地开展技术示范、观摩和推广宣传等活动。

（4）基层农业技术推广服务站点。加强地方政府基层农业技术推广机构的能力建设，特别是农技推广服务的组织建设、队伍建设等，深化“五有”乡镇农业科技推广综合服务中心的建设内涵，增强服务能力，提高服务水平。

（5）新型农业经营主体联盟。高校与地方农业部门合作，将不同经营领域的新型农业经营主体组织起来，建立新型农业经营主体联盟，通过联盟推广新品种、新技术，实现高校农技推广的组织化和精准化；同时，通过联盟集中收购、销售农产品，创建农产品品牌，增加农业收益。

（6）小农户。联盟对接小农户。组织小农户与新型农业经营主体结对，采取统一种苗、统一农资、统一技术、统一收购的“四统一”合作模式，推动新型农业经营主体带动小农户增产增效、增收致富。

（7）人文社科观测点。发挥高校人文社科优势，建立人文社科观测点，对乡村振兴和科技扶贫情况、新型农业经营主体联盟运行和新型农业经营主体的发展情况、农产品流通、销售及价格等市场情况进行调研，开展农业农村发展规划、政策咨询等。

3. 模式运行

（1）双向互动的交流机制。高校研发的公益性技术①，如作物栽培技术、

---

① 就高校研发的农业技术来说，按照非排他性和非竞争性程度，可分为“公益性技术”和“经营性技术”两大类。公益性技术，如作物栽培技术、病虫害预防、科技信息等，关系到农产品的有效供给、农民科技文化知识普及等，以政府购买服务，通过高校、政府农业推广机构开展服务；经营性技术，如种苗、化肥、农药以及专利等私有技术，具有较强的竞争性和排他性，主要通过技术所有者—高校科研院所与技术需求者—企业开展技术转让等方式进行技术转移、技术物化，形成农资和消费品。本书所涉及的技术为“公益性技术”。

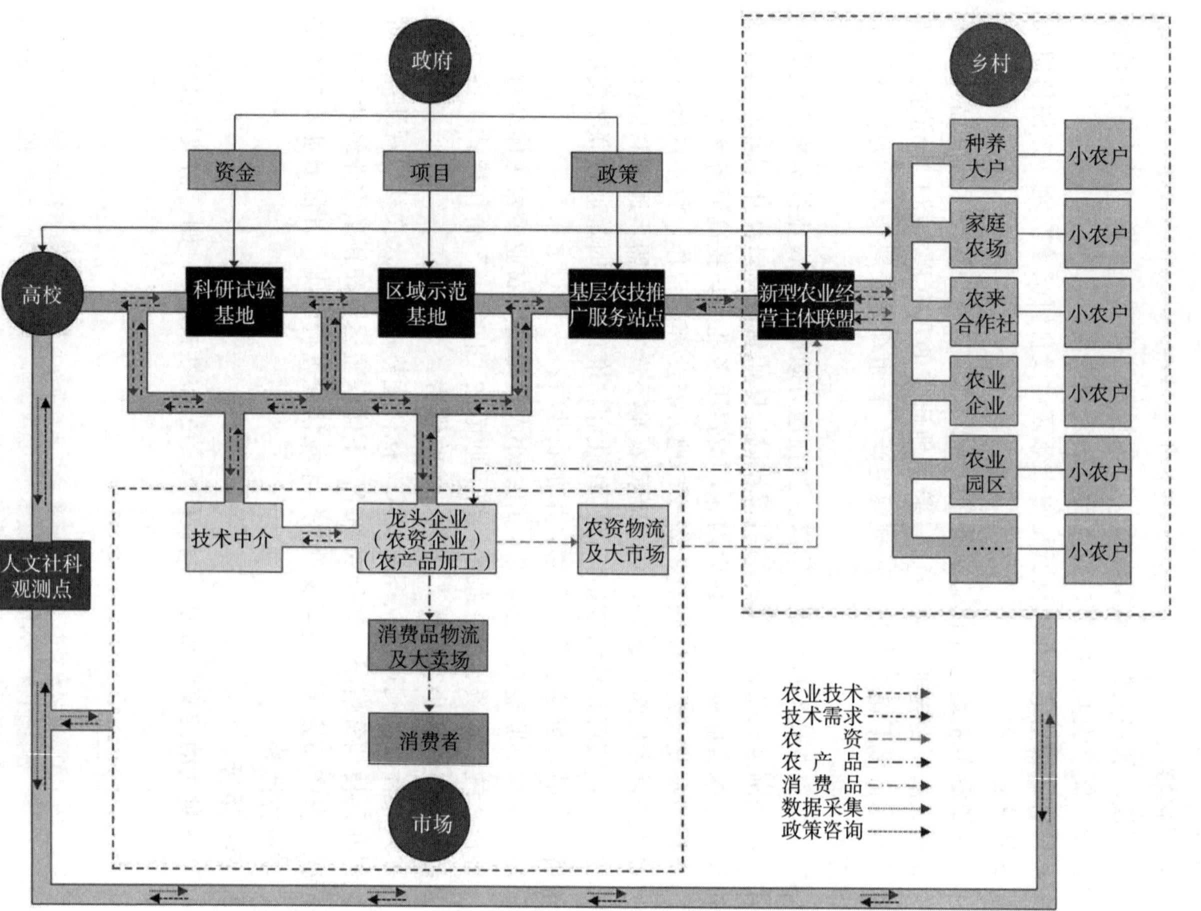

图4-6　高校—政府协同服务的“两地一站一体（盟）”农技推广模式

表 4-5　高校—政府协同服务的"两地一站一体（盟）"农技推广模式主体一览

	技术研发主体	"两地一站一体（体）盟"链条式推广体系				技术采用主体
	高校	科研试验基地	区域示范基地	基层农技推广服务站点	新型农业经营主体盟	农业生产者和经营者
基本组成单元	重点实验室 工程技术（研究）中心 高校学院 大学科技园 …	高校农场 高校中试研发基地 …	高校新农村服务基地，包括：综合示范基地、特色产业基地以及分布式服务站政府综合示范基地 …	县级农委、农业局农技推广中心 作栽站 植保站 土肥站 …	稻麦产业联盟 果蔬产业联盟 …	小农户 种养大户 家庭农场 农业企业 农业园区 农业合作社
建设主体	高校主导建设	高校主导建设	高校主导建设 校地联合建设 政府主导建设	政府设置	校地联合组建	自建
建设布局	高校内	高校周边（1小时校圈）	优势或特色产业区	产业区所在地农业部门	产业区	产业区
科学研究与服务	技术研发（小试）	技术试验（中试）	技术示范（大试与推广）	联盟人才培训、技术指导等	组织技术推广 农产品销售及品牌创建 农资购置	技术采纳与实施 农业生产 农资购置
人才培养	学术型研究生培养	专业学位研究生培养；基层农业管理、农技推广人员培训				…

病虫害预防、科技信息等，通过高校实验室或工程技术（研究）中心开展研发试验，移至科研试验基地进行室外中试试验，对于具有潜在推广价值的新品种、新技术，进一步移至区域示范基地进行扩繁或规模化种养，开展示范和推广宣传工作，并联合地方基层农技推广推广机构及人员，通过组织培训，现场观摩等活动，传播给新型农业经营主体联盟，由联盟传播、推广，供种养大户、家庭农场等新型农业经营主体以及小农户采用。同时，新型农业经营主体及小农户的技术需求信息，通过该路径逐级反馈，推动高校根据市场需求不断开展技术创新；一些经营技术，如种苗、化肥、农药以及专利等私有技术，通过技术转移、转化，物化为消费品及生产资料，通过大卖场或物流企业销售给消费者和农业经营者和生产者，并将升级、改进等技术需求信息反馈给高校；高校建立人文社科观测点，通过走访调研等手段，了解乡村振兴和科技扶贫情况、新型农业经营主体联盟运行和新型农业经营主体发展情况以及农产品流通、销售及价格等市场情况，分析存在的问题，有针对性地开展农业农村发展规划、政策咨询等。这样形成了自上而下的技术熟化和传播（政策咨询）和自

下而上的技术需求信息（数据采集）反馈的双向互动的交流机制。

（2）多方协同、资源共享机制。高校依托科技和人才优势，主要开展新品种、新技术研发及政策咨询工作；农技推广部门凭借庞大的推广队伍，重点开展新品种、新技术的推广工作；高校与地方政府共建新农村服务基地、联合实施公益性农技推广项目，组建新型农业经营主体联盟。政府提供资金、项目，并予以政策支持，加强高校研发能力以及地方农技推广部门服务能力建设；发挥综合实验基地、区域示范基地的人才培养（培训）、科学研究和社会服务的功能，高校及地方政府内部部门间也要加强协调，建立高校与政府农技推广机构间以及各自内部部门间的多方协同、资源共享的运行机制。

4. 保障措施

（1）建立一支专兼职结合的农技推广队伍。推动高校人事制度改革，加强教师分类管理，设置一定比例的农业技术推广岗位，制订相应的职称评聘和考核办法，建立一支专兼职结合的农技推广队伍。

（2）构建线上线下协同、公益性和经营性结合的农技推广新模式。利用“互联网＋”农技推广理念，线上搭建手机 APP、微信公众号等服务平台，线下组建新型农业经营主体产业联盟，通过政府购买服务，以新农村服务基地为平台、以公益性推广项目为载体，委托第三方市场化运作，开展线上指导、线下培训，构建线上线下服务协同、公益性和经营性推广结合的农技推广服务新模式。

（3）建立高校与地方农技推广机构、新型农业经营主体的利益共享机制。建立高校科研人员、地方农技推广人员和新型农业经营主体的利益伙伴关系；高校科研人员通过技术承包和技术入股等方式、地方农技推广人员通过为新型农业经营主体开展技术培训、技术指导等方式，开展增值服务合理取酬。

（4）提供持续、稳定的经费保障。农业部、教育部以及省级主管部门设立高校农技推广专项；地方政府支持高校新农村服务基地建设，持续提供基地运行经费和项目经费；高校在基本科研业务经费和本单位资助的科技项目中设立农业技术推广及其能力建设项目。

五、存在的主要问题

1. 科研人员参与度不够

“双线共推”模式利用了“互联网＋农技推广”的重要理念，结合了当前农业新型经营主体的技术需求特点和农业适度规模经营的发展趋势，该模式的实施大大加强了农技推广的便利性和精准性，但目前学校科研人员还没有真正了解和体会到“双线共推”模式的优势，对于“双线共推”模式还没有引起足够的重视，科研人员的思维惯性和路径依赖导致习惯于过去的传统的推广方式，包括现场发放材料、田间开展指导、集中进行培训等，“双线共推”模式促进农技推广的潜力还没有得到充分发挥和体现。

2. 模式开展与基地和项目的契合度不强

目前，南京农业大学根据教育部、科技部关于新农村发展研究院的建设要求，陆续在全国各地建立许多了形式多样的新农村服务基地，并开展了譬如农业部、财政部重大农技推广服务试点工作项目、江苏省农业三新工程项目、江苏省“挂县强农富民”工程项目等诸多类型的公益性农技推广项目。“双线共推”模式理应以基地为平台、以项目为载体开展和实施，否则将成为“空中楼阁”；同样，基地和项目若很好地利用“双线共推”模式，将运行得更有特色、实施得更有成效。然而，当前“双线共推”模式与基地建设和项目实施结合得不是很紧密。尽管在基地共建协议以及项目实施方案中明确了“双线共推”模式的有关任务的指标，但完成的不是很理想，模式与基地建设和项目实施“两层皮”现象严重。

3. “线上”服务功能发挥不佳

“南农易农”APP是“双线共推”模式线上服务的重要载体。起初，“南农易农”APP开通了当前农事、农业科技、易农微课、易农互动、农业要闻、农业政策、市场资讯等板块，但同江苏省农委开发的“农技耘”手机APP相比，优势不明显，尚未形成南京农业大学自身的特色；在使用便捷方面还需进一步加强。

4. 体制机制保障不完善

为促进“双线共推”服务模式成为基地建设和项目实施的重要引擎，成为新时期南京农业大学开展农技推广的重要举措，南京农业大学成立了专门的机构，建立了一支在岗兼职的农技推广服务专家队伍，成立了退休教师农技推广服务团和大学生农技推广服务团，但目前还未形成一套完整的“双线共推”模式的管理体系，主要表现为：工作流程不清晰、任务及分工不明确、联盟建设不规范、校地配合不默契等。

六、对策建议

1. 树立“双线共推”模式为先的农技推广理念

当前，“双线共推”模式仅作为基地建设和项目实施的一项内容，具体以

“线上”和“线下”完成的建设和服务指标体现，这还不足以引起农技推广人员的高度重视，为此，要树立“双线共推”模式为先的农技推广理念，秉持基地建设和项目实施以新型农业经营主体联盟组建、“南农易农”APP推广优先的原则。建议建设基地、实施项目，首要任务就要结合当地的农业产业优势和特色，组建新型农业经营主体联盟，做到农技推广服务对象精准化、活动组织化；组织学校专家和新型农业经营主体安装、使用“南农易农”APP，使其成为新时期南京农业大学专家推广示范农业新技术、新型农业经营主体了解农业新信息的重要渠道和手段。基地建设或项目实施，没有足够的服务对象，缺乏信息化的服务手段，农技推广的公益性、服务的便捷性和有效性将大打折扣。为此，要建立资源共享机制、考核激励机制、组织保障机制以及教师岗位分类管理机制，积极调动地方农技推广部门以及学校科研人员的积极性，推动“双线共推”模式，开展农技推广服务工作（图4-7）。

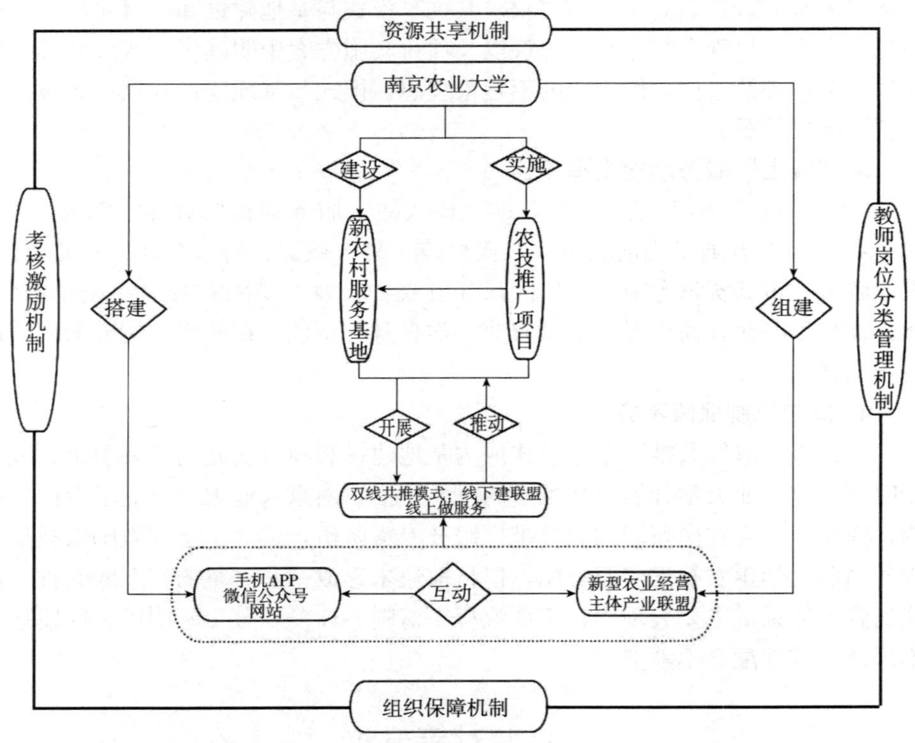

图4-7　南京农业大学“双线共推”农村科技服务运行机制框架

2. 建立校地互动有效的运行机制

2015年，农业部、财政部开展重大农技推广服务试点工作，推动高校和政府主导的农技推广体系相互结合，探索了“科研试验基地+区域示范基地+基层农技推广服务站点+农户”链条式农技推广服务新模式，形成了高校技术成果自上而下的孵化、集成和推广机制。在项目实施过程中，高校和基层农技推广部门紧密合作，发挥各自的优势和特长，农业技术的推广效率得到显著提高。校地互动有效的运行机制不仅体现在高校农业技术自上而下的快速推广方面，也要体现在新型农业经营主体技术需求信息自下而上的有效传递方面，通过“双线共推”模式，要利用基地建设、联盟活动和项目实施，收集、整理新型农业经营主体的技术需求信息，特别是组织线下组建的大学生农技推广服务团，结合大学生暑期社会实践活动，在基地建设所在地，项目实施区域，分不同产业，通过采访和问卷调查，真实了解新型农业经营主体的生产经营状况及其存在的问题和不足和技术需求情况，同时征求他们对高校开展农技推广服务的内容、手段的看法及建议，形成调研报告，并反馈给学校相关职能部门和有关产业领域的专家教授，推动学校改进服务手段，调整、丰富服务内容，该举措不仅有利于增强高校社会服务的能力，也促进大学生对我国农村社情民意的深刻了解，提高他们发现问题和解决问题的能力，培养他们的献农精神和为农情怀。“双线共推”模式有关线下商务基地建设、联盟组建和线上的APP推广等工作，同样离不开地方政府有关科技、教育和农业主管部门的积极配合和大力支持。南京农业大学可以聘请管理经验丰富、责任心强的地方主管部门工作人员参与基地和项目管理，聘任乐于献身农业、推广经验丰富的地方农技推广人员、农业园区和龙头企业技术骨干作为特聘专家，参与项目实施和APP推广，择优担任专业硕士研究生的校外指导老师，进一步发挥地方政府农业管理人员、推广人员以及农业园区和企业技术骨干的推广能力和专业特长；建立校地联合农技推广的利益分享机制，调动地方政府农业管理人员、推广人员以及农业园区和企业技术骨干的积极性，把南京农业大学开展的“双线共推”模式的外在工作转化为地方农技推广的内在需求。

3. 加大线上服务平台的建设和推广力度

APP是新时期开展农技推广服务的重要渠道。“南农易农”APP正式开通以来，运行效果不是很显著，专家及农户使用的频率不是很高。需求层面，主要体现在科研人员推广技术和农户获取技术的思维惯性和路径依赖。因此，在加强学校对“南农易农”APP宣传的同时，需进一步优化“南农易农”APP，要借鉴兄弟高校和其他社会单位和组织有关APP和信息化服务平台开发的经验和优势，丰富APP功能内涵，注重错位开发，实现功能差别化，做到体现高校特色、发挥南农优势；要采取多种方式和渠道，向广大科研人员和联盟成员积极宣传“南农易农”APP；健全APP管理和激励机制，加大学校科研人员线上服务工作量的认可力度和使用农户物化补贴的奖励力度等，调动学校科研人员和地方新型农业经营主体使用 APP 的积极性。特别是，加强农业技术供给侧改革，进一步探索“南农易农”APP 企业化的运营机制，利用互联网技术，聘请地方专家，借助社会力量，高效运营“南农易农”APP，以协同化的服务格局实现优势互补和资源共享，以社会化的服务方式实现农技人员通过服务合理取酬，以信息化的服务手段实现农业服务的便捷和高效，从而加大线上服务平台的建设和推广力度。

第五章 组织保障

组织机构是组织治理机制的基础。[①] 为推动农村科技服务工作，加强社会服务职能，南京农业大学设置了相应的组织机构，并随着国家对高校社会服务工作的不断重视，对这些组织机构也进行调整和重组，为学校农村科技服务工作提供了强有力的组织保障。

一、农村科技服务组织机构的演变历程

20 世纪 90 年代，南京农业大学积极响应国家“科教兴国”战略，成立科教兴农办公室，校长担任办公室主任，举学校之力对外开展农业科技推广工作；同一时期，在江苏省教育厅的支持下，注册成立了南京农业大学科技开发部，建立独立账户，对外开展“四技”服务，具体工作由南京农业大学科技处负责。

2002 年，南京农业大学产业处增设科技开发科。原科技处承担的“四技”服务职能划归学校产业处，由产业处科技开发科开展具体工作。

2008 年，南京农业大学产业处调整为产学研合作处，并将科技处下属的科技推广职能划归产学研合作处，产学研合作处代表学校对外开展成果转化和农技推广工作。

2009 年，南京农业大学技术转移中心建设项目获江苏省科学技术厅立项，学校于 2010 年 5 月正式成立南京农业大学技术转移中心，[②] 同产学研合作处合署办公。

---

① 詹群，刘晓光，董维春．国内高校农业科技推广组织模式优化路径［J］．中国农业教育，2015（2）：23-28，36.

② 南京农业大学《关于成立“南京农业大学技术转移中心”的通知》（校产发〔2010〕164 号）。

2011年，学校整合科技处、实验室与基地管理处、人文社科处、产学研合作处等职能部门成立科学研究院，[①] 内设副处级建制职能处，包括科研计划处、重大项目处、人文社科处、成果与知识产权处、实验室与平台处、产学研合作处（技术转移中心）等，进一步理顺了纵向和横向的关系，完善了从计划到项目、从项目到成果、从成果到服务的技术成果下行流动机制及其技术需求信息上行反馈机制。

2012年4月，南京农业大学获教育部、科技部正式批准成立新农村发展研究院，在机构设置上与科学研究院合署办公。2014年2月，新农村发展研究院与科学院研究院分设，独立设置新农村发展研究院办公室，正处级建制，下设综合科、基地与推广科、发展研究科，[②] 专门组织、协调和协助学校有关部门和单位对外开展农村科技服务和新农村建设工作。2016年后，新农办增设信息技术事务部。为弱化管理模式科层制，增强管理服务的灵活性和创新性，提高工作效率，新农办其所属各科室调整为综合事务部、科技推广与服务事务部、基地建设与管理事务部、研究与咨询事务部。

二、农村科技服务主要组织机构

截至2017年6月，南京农业大学从事农村科技服务和新农村建设的主要机构包括新农村发展研究院、产学研合作处（技术转移中心）、人文社科处和继续教育学院等。

1. 新农村发展研究院办公室

南京农业大学新农村发展研究院于2012年4月获教育部、科技部正式批准成立，是全国首批10家高校新农村发展研究院之一。自成立以来，学校领导非常重视新农村发展研究院建设工作。学校党委书记担任院长，分管科技副校长担任执行院长，设置正处级建制的新农村发展研究院办公室，下设综合事务部、科技推广与服务事务部、基地建设与管理事务部、信息技术事务部、研究与咨询事务部。新农村发展研究院办公室代表学校，以“生产发展、生活宽裕、乡风文明、村容整洁、管理民主”的社会主义新农村建设方针和江苏“两个率先”的建设目标为指导思想，秉承“诚朴勤仁”的南农精神，依托南京农业大学雄厚的师资力量和丰硕的科研成果，围绕长三角区域现代化农业发展需求，重点开展多种形式的新农村服务基地建设、新农村建设宏观战

① 中共南京农业大学委员会，南京农业大学《关于成立“科学研究院”的通知》（党发〔2011〕76号）。

② 中共南京农业大学委员会，南京农业大学《关于部分机构设置的通知》（党发〔2014〕9号）。

略研究、跨校或跨地区的资源整合与共享平台搭建、体制机制创新研究等任务。

2. 技术转移中心（科学研究院产学研合作处）

南京农业大学技术转移中心是2009年按照江苏省科学技术厅关于高校技术转移中心的建设要求建立的、为促进农业科技成果转化和进一步提升南京农业大学服务社会经济发展能力的产学研管理服务机构。① 主要职能包括收集、整理、宣传和转让南京农业大学研发的技术成果，包括协助技术成果发明人开展专利、技术作价评估、草拟项目可行性报告、市场可行性报告；与地方政府、企业进行技术合作洽谈、商业谈判、技术合同签订；开展技术合同的认定、免税、统计报表、合同经费的催收以及合同纠纷调解等工作。

3. 人文社科处

2011年前，人文社科处为独立的正处级建制。2011年，南京农业大学成立科学研究院，人文社科处归属科学研究院，成为副处级建制职能处。2013年，南京农业大学部分机构调整，撤销科学研究院人文社科处，将人文社科处调整为独立的正处级建制。② 截至目前，南京农业大学人文社科处承担着部分科技服务和新农村建设的有关职能和任务，主要包括组织编写《江苏新农村发展系列报告》和《江苏农村发展决策要参》。其中，《江苏新农村发展系列报告》系统分析上一年度江苏省农业相关领域发展现状和存在的问题，提出相应对策建议，成效显著，社会反响强烈，获得多位省部级领导批示和多家重要媒体宣传报道。《江苏农村发展决策要参》是整合多方学术资源，瞄准城镇化、农业现代化和新农村建设等重大社会需求，开展实地调查研究，形成发展报告成果，编印并报送江苏省领导及主管部门，为科学决策提供具有前瞻性、时效性、可操作性的研究成果；此外，人文社科处还组织人文社科领域专家开展政策咨询等活动。

4. 继续教育学院

南京农业大学成人高等教育起步较早，从1957年起就开办了函授农学本科班和农学专业特别班。1983年，经国家教委、农牧渔业部批准，成立了中央农业管理干部学院南京农业大学分院，后更名为中央农业干部教育培训中心南京农业大学分院；1992年，学校成立成人教育学院，2010年3月更名为继续教育学院。近年来，继续教育学院始终围绕国家重大战略部署和“三农”工

---

① 江苏省科学技术厅《关于高校技术转移中心建设的要求》（苏科计〔2009〕395号）。

② 中共南京农业大学委员会，南京农业大学《关于部分机构设置和调整的通知》（党发〔2013〕68号）。

作的重点、难点、热点问题，以服务“三农”为己任，充分发挥南京农业大学的学科、人才、技术等资源优势，积极开展农业系统干部、农业技术人员、新型职业农民、新型农业经营主体等培训工作。

三、存在的主要问题

资源整合力度不够是阻碍高校进一步增强社会服务职能的重要影响因素。南京农业大学在组织机构设置方面，基本涵盖了农村科技服务和新农村建设的职能（图 5-1），但相关职能部门和单位间尚未建立稳定、持续的交流互动机制。新农村发展研究院办公室主要从事新农村服务基地建设、公益性农技推广项目实施、推广模式构建、科技帮扶等工作；技术转移中心（科学研究院产学研合作处）重点开展产学研合作以及非公益性的“四技”服务管理工作；人文社科处开展政策咨询；继续教育学院开展农业技术和职业农民培训；教务处、研究生院、学生工作处和团委等职能部门开展大学生教学实践基地建设和大学生创新创业等，上述单位均承担着与农村科技服务和新农村建设相关的职责和任务。然而，部门独立、各自为政，其间缺乏有效沟通，相关农村科技服务和新农村建设的职能没有很好地统一和整合，很大程度上制约了高校社会服务功能的发挥，有些工作内容甚至交叉和重复，影响了学校对外科技服务的效率。以新农村服务基地建设为例，南京农业大学同地方政府和企业建立的基地形式多样、数量众多。按照功能划分，主要包括三种类型，一是由学校教务部门、学工部门以及团委系统组织建立的人才培养基地，如教务处组织建立的农科教合作人才培养基地、研究生院组织建立的研究生工作站、学工处和团委组织建立的大学生创新创业基地等；二是学校科研部门组织建立的科技研发和成果转化基地，如科学研究院组织建立的农业产业技术体系综合试验站、工程技术中心、重点实验室和技术转移中心地方分中心等；三是学校推广服务部门组织共建的新农村服务基地，如新农村发展研究院办公室组织建立的综合示范基地、特色产业基地和分布式服务站等。由于地方政府和企业对科技、人才、服务等诉求的多元化决定了高校基地服务功能的多样化，但由于基地建设主管部门缺乏有效沟通，缺乏资源整合，基地功能单一，很难满足地方政府、农业企业对科技、人才、服务等方面的综合需求，很大程度上制约了基地的正常运行及其功能拓展。

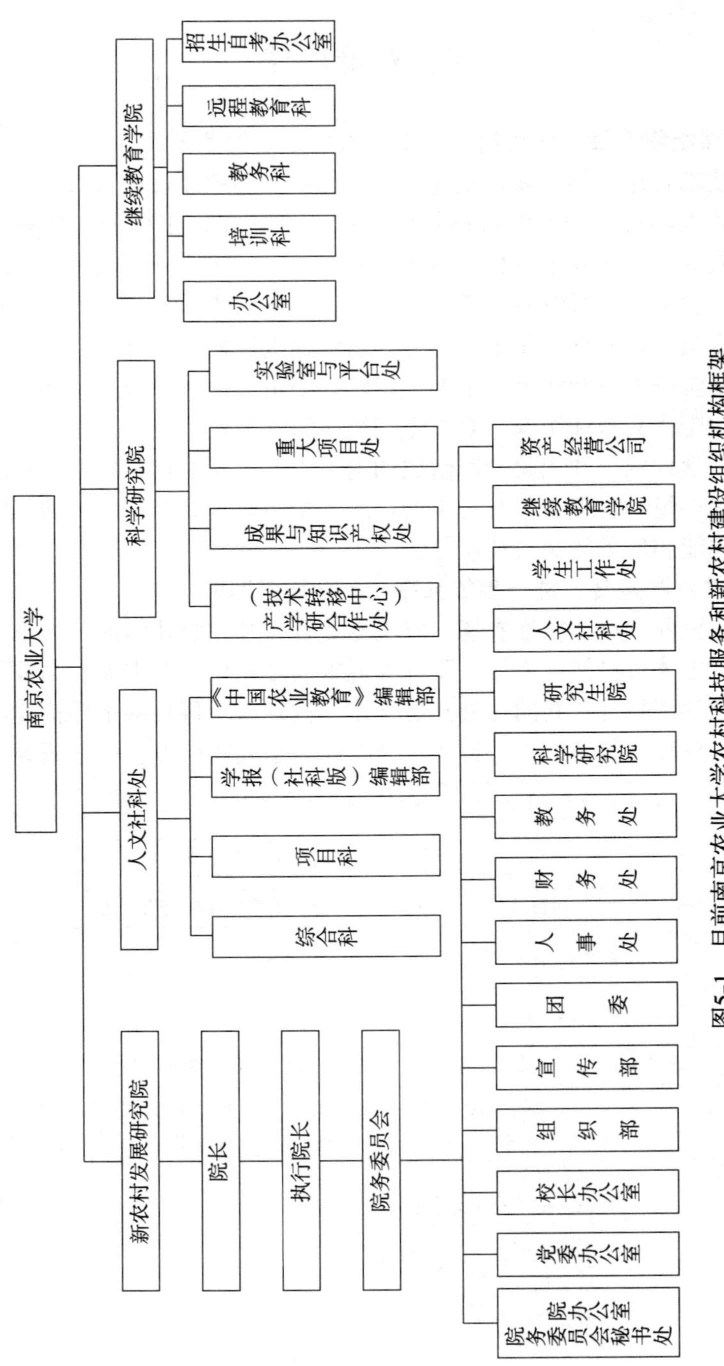

图5-1 目前南京农业大学农村科技服务和新农村建设组织机构框架

四、对策建议

1. 加强组织保障，注重高校服务新农村建设的顶层设计

对外技术合作、推广项目实施、新农村服务基地建设以及农业技术培训等是南京农业大学对外开展农村科技服务和新农村建设工作的主要内容。2014年，南京农业大学成立了以校党委书记担任主任、科学研究院、人文社科处、研究生院、教务处、继续教育学院等相关职能部门为成员单位的新农村发展研究院院务委员会，并设立秘书处，挂靠新农村发展研究院办公室。建议新农村发展研究院院务委员会秘书处定期组织院务委员会成员召开联络会议，对内做好各部门间工作交流和协调，对外做到统一开展校地、校企技术合作和基地共建；成立由学校领导和相关专家组成的南京农业大学农村科技服务和新农村建设工作领导小组，统筹学校有关机构，进一步明确各职能部门的功能定位，减少部门间职能和任务的交叉和重复。

2. 促进资源整合，进一步加强高校社会服务职能

当前，种养大户、家庭农场、农民专业合作社、农业园区、涉农企业等新型农业经营主体对科技、人才、服务等诉求的多元化，要求涉农高校相关职能部门和单位紧密联合，共同对外开展合作。教育部、科技部主导构建以大学为依托的农村科技服务新模式，旨在充分发挥大学人才培养、科学研究、社会服

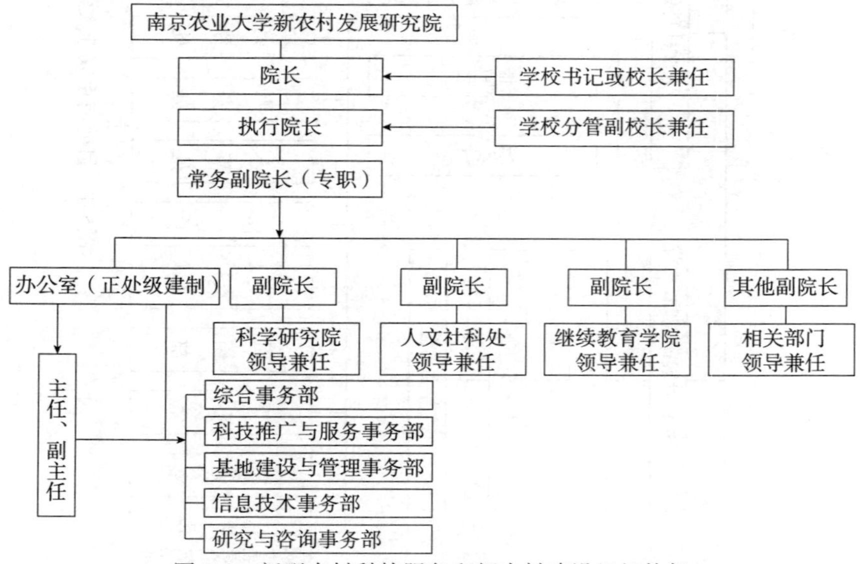

图 5-2　新型农村科技服务和新农村建设组织构架

务和文化传承创新等多方面的功能优势，不同于过去单一科技部门开展单一技术推广为主要任务的服务模式。为此，南京农业大学有必要进一步加强新农村发展研究院组织机构建设，建议在以往设置院长、执行院长、常务副院长的基础上，增设若干副院长职位，由学校与农村科技服务和新农村建设相关的科学研究院、人文社科处、继续教育学院等职能部门领导兼任，形成新型的农村科技服务和新农村建设组织构架（图 5-2），在新农村服务基地建设和运行、公益性农技推广项目组织和实施、技术合作与成果转化、人才培训和培养等工作方面，建立紧密、持续的互动协商机制，开展资源整合，形成对外统一的合作窗口。在对外开展技术合作或从事农技推广和新农村服务基地建设时，建议由新农村发展研究院统一组织、统一布局，避免重复建设，通过汇聚相关部门的人力、物力、财力，发挥凹镜聚光作用，加强合作彰显度和绩效最大化。

附录 1　南京农业大学社会服务政策文件名录

1. 推广模式

◇《南京农业大学教师社会服务工作量认定管理暂行办法》（校发〔2015〕70 号），2015 年 3 月 17 日

◇《南京农业大学移动互联实施方案》（新农办发〔2016〕1 号），2016 年 11 月 1 日

2. 基地建设

◇教育部、科技部发布《关于开展高等学校新农村发展研究院建设工作的通知》（教技〔2012〕1 号），2012 年 2 月 3 日

◇教育部、科技部发布《关于同意中国农业大学等 10 所高校成立新农村发展研究院的通知》（教技函〔2012〕39 号），2012 年 4 月 23 日

◇南京农业大学印发《关于公布南京农业大学新农村服务基地名单的通知》（校发〔2014〕448 号），2014 年 12 月 2 日

◇南京农业大学印发《关于南京农业大学新农村服务基地负责人聘任的通知》（校发〔2014〕449 号），2014 年 12 月 2 日

◇南京农业大学新农村发展研究院办公室《关于聘任高文伟、王珊担任南京农业大学昆山蔬菜产业研究院相关职务的通知》（新农办发〔2015〕2 号），2015 年 3 月 10 日

◇南京农业大学发布《关于印发南京农业大学新农村服务基地运行管理暂行办法的通知》（校发〔2014〕426 号），2014 年 11 月 13 日

3. 技术推广

◇南京农业大学发布《南京农业大学对外科技服务管理实施细则》（校科发〔2011〕362 号），2011 年 11 月 29 日

◇南京农业大学发布《南京农业大学新农村服务基地运行管理暂行办法》（校发〔2014〕426 号），2014 年 11 月 14 日

◇南京农业大学发布《南京农业大学社会服务工作量认定管理暂行办法》（校发〔2015〕70 号），2015 年 3 月 20 日

4. “四技”服务

◇南京农业大学发布《南京农业大学对外科技服务管理实施细则》（校科发〔2011〕362 号），2011 年 11 月 16 日

◇关于印发《南京农业大学科研经费管理办法（2016 年修订）》的通知（校计财发〔2016〕552 号），2016 年 12 月 30 日

◇南京农业大学发布关于印发《南京农业大学技术合同管理暂行办法》《南京农业大学横向科技项目管理办法》《南京农业大学科技成果转移化管理暂行办法》的通知（校科发〔2016〕554 号），2017 年 1 月 6 日

5. 科技镇长团

◇中共南京农业大学委员会发布《关于进一步做好年轻干部基层和艰苦地区实践锻炼工作的实施意见》（党发〔2010〕90 号），2010 年 12 月

◇中共南京农业大学委员会发布《关于印发〈南京农业大学组织外派挂职干部有关待遇规定〉的通知》（党发〔2016〕48 号），2016 年 6 月

◇中共南京农业大学委员会发布《关于成立南京农业大学扶贫开发领导小组的通知》（党发〔2016〕56 号），2016 年 7 月

6. 政策咨询

◇《南京农业大学中央高校基本科研业务费人文社科基金资助体系实施办法》（校社科发〔2016〕232 号），2016 年 6 月 8 日

7. 科技帮扶

◇中共南京农业大学委员会发布《关于进一步做好年轻干部基层和艰苦地区实践锻炼工作的实施意见》（党发〔2010〕90 号），2010 年 12 月

◇中共南京农业大学委员会发布《关于印发〈南京农业大学组织外派挂职干部有关待遇规定〉的通知》（党发〔2016〕48 号），2016 年 6 月

◇中共南京农业大学委员会发布《关于成立南京农业大学扶贫开发领导小组的通知》（党发〔2016〕56 号），2016 年 7 月

8. 组织保障

◇南京农业大学发布《关于成立新农村发展研究院的通知》（党发〔2011〕

124 号)，2011 年 12 月 27 日

◇教育部科技部发布《关于同意中国农业大学等 10 所高校成立新农村发展研究院的通知》(教技函〔2012〕39 号)，2012 年 4 月 12 日

◇南京农业大学发布《关于部分机构设置的通知》(党发〔2014〕9 号)，2014 年 1 月 15 日

◇南京农业大学发布《关于成立新农村发展研究院和江苏农村发展学院院务委员会的通知》(校发〔2014〕58 号)，2014 年 3 月 6 日

附录2 南京农业大学新农村服务基地运行管理暂行办法

第一章 总 则

第一条 为进一步加强南京农业大学新农村服务基地建设（以下简称“基地”），充分发挥我校在构建农、科、教相结合的新型农村综合服务模式中的重要作用，有效规范管理基地建设工作，根据中央、省部和南京农业大学有关文件精神，特制定本办法。

第二条 基地是服务“三农”发展的社会服务、科技创新、人才培养与文化传承的平台。基地建设管理接受南京农业大学和共建合作单位共同指导、监督与管理。

第三条 根据涉及学科领域及功能不同，基地分为综合示范基地、特色产业基地和分布式服务站；根据基地建设主体不同分为自主建设基地和合作共建基地。

第四条 基地主要工作任务：

（一）围绕区域经济社会发展需要，开展试验研究和技术创新，解决农业发展中的技术难题；培训基层农技骨干，指导示范户和专业合作社；开展多种形式的技术推广、成果转化、政策咨询等工作，增强学校服务社会能力，推动地方农业发展。

（二）为学校提供教学实践、科研实践、社会实践、创业实践等工作学习平台，服务学校人才培养。

（三）组织项目申报与实施，搭建科研平台，开展新品种、新技术、新工艺、新模式的试验与示范，加强学校科研创新能力，推动学校科学研究工作。

（四）开展共建双方交办的其他工作。

第二章 基地建立

第五条 学校成立基地建设委员会，主任由学校分管领导兼任，基地建设委员会在南京农业大学新农村发展研究院院务委员会的指导下开展工作，负责基地建设可行性论证、基地负责人确定、基地建设过程中涉及的有关事务的评议和解决等。

第六条 南京农业大学新农村发展研究院办公室（以下简称“新农办”）负责新农村服务基地建设过程中有关工作的组织、服务与管理。

第七条 基地建设须通过一定的申报程序。主要包括：

（一）学校相关职能部门、二级学院或教职工根据基地建设标准及申报流程向新农办提出基地建设类型及有关申报材料。

（二）新农办报学校基地建设委员会审议。

（三）审议通过后，新农办联合相关职能部门、二级学院或教职工同合作单位协商基地共建事宜，签订基地共建协议。

（四）建成一定时间后，基地建设委员会根据基地建设及运行情况，决定是否挂牌。

第八条　学院、教职工或学校其他职能部门因项目实施、产品开发、技术推广等需要自发建设的校外基地，可参考基地建设标准，本着自愿原则，通过申报方式，纳入南京农业大学新农村服务基地建设和管理范畴。

第九条　根据实际需要和发展要求，基地成立非独立法人或独立法人事业单位，或注册为独立法人企业。

第十条　基地名称及制牌根据科技部、教育部有关规定命名和办理。未经学校批准，不得私自挂基地铭牌。

第三章　基地组织构架

第十一条　基地实行基地负责人负责制。规模较大的基地成立理事会，实行理事会领导下的基地负责人负责制。理事会理事长由南京农业大学分管校领导兼任，副理事长由共建单位负责人兼任，成员由共建双方主管部门负责人组成；理事会负责基地管理和运行过程中的重大事务的沟通、协商和解决。

第十二条　综合示范基地和特色产业基地成立基地管理委员会和基地技术委员会。基地管理委员会是基地与合作单位的事务协调机构，基地管理委员会主任由基地负责人兼任，成员由学校与合作单位共同委派。基地技术委员会是基地的咨询机构，主任由学校委派或基地负责人兼任，成员由学校与合作单位提名，基地聘免。

（一）基地管理委员会主要任务：论证基地建设方案和发展战略；协调地方政府或企业支持基地发展建设的有关政策和保障措施；协调和解决有关基地后勤保障重要事务。

（二）基地技术委员会主要任务：论证基地的科研领域、课题方向及基地大型科研设备的投资方案；监督基地重大项目的进展情况；评价基地重大项目的实施效果；评审基地研发的相关成果。

第四章　基地工作人员管理

第十三条　基地负责人及主要管理人员由学校派出，由理事会任免，聘用期限原则上为三年；其余管理人员由基地制定用人计划，并报新农办审批后，由基地向社会招聘并支付薪酬，人员不占用南京农业大学编制，由基地负责考核、评聘。

第十四条　基地科研人员主要由南京农业大学教师、博士后及研究生组成；因业务需要，其他高校、科研院所科研人员可以参加由南京农业大学主导的科研、推广及培训等合作项目。根据基地工作需要聘用科研人员，需报新农办审批，由合作单位通过人事代理机构聘用，人员不占用南京农业大学编制。

第十五条　基地负责人主要职责：

（一）负责制定基地日常管理规范，全面负责基地日常工作。

（二）负责提交基地发展规划、年度工作计划、年度总结报告及年度财务预决算编制等。

（三）负责推荐基地管理人员，组织招聘基地工作人员，制定基地工作人员奖励方案。

（四）负责基地技术、信息、成果等资源的集成，促进校地、校企产学研工作。

（五）负责组织落实新农办交办的其他工作。

第十六条　基地可根据工作实际明确其他工作人员职责。

第五章　财务管理

第十七条　基地运行经费及科研项目经费可纳入基地财务账号进行管理。

第十八条　基地运行经费根据共建协议约定使用范围，并接受相关部门财务审计。

第十九条　基地科研经费参照学校有关管理办法分配和使用，其中，学院提扣部分，项目负责人人事关系所在学院和基地各占50%，基地提扣部分留在当地使用，纳入基地经费管理范畴。

第二十条　基地制定财务管理细则。基地聘用的财务管理人员，须接受财务培训后上岗。

第二十一条　基地重大财务支出变化，需报理事会批准。

第二十二条　基地每年编制财务预算，并报经理事会审议通过后方可施行。

第六章　资产及成果管理

第二十三条　南京农业大学直接投入基地的固定资产或南京农业大学科研项目经费购置的固定资产，其所有权一律归南京农业大学；地方政府、企业直接投入基地的固定资产所有权归属地方政府和企业；以基地出资或基地项目经费购置的固定资产视具体情况另行约定。所有权归属南京农业大学的固定资产，其管理权归属学校资产管理部门。

第二十四条　基地形成的专利、技术成果等知识产权，其认定和归属、转移和利用、管理和保护、研发人员和知识产权的关系等依据国家的有关法令及南京农业大学有关知识产权管理规定进行运作和管理。

第二十五条　基地申请专利、软件著作权等知识产权，必须以南京农业大学作为专利权人（著作权人、品种权人等）之一。

第七章　工作考核

第二十六条　新农办负责组织对基地的全面考核；原则上每年组织一次年度考核，每 3 年组织一次全面评估。

第二十七条　主要考核内容：

（一）承担项目任务的完成情况。

（二）人才培养与培训的数量和质量。

（三）完成论文、专著及知识产权等情况。

（四）科技成果的经济效益和社会效益情况。

（五）人事管理、项目申报、学术交流、财务运行等情况。

（六）计划、总结、工作简报等相关工作材料上报情况及日常管理机制建设情况等。

第二十八条　考核评价等级分为优秀、良好、合格和不合格。

第二十九条　出现下述情况时，学校视情节轻重予以整改、摘牌或撤销处理：

（一）年度考核不合格的基地，由新农办提出警告，相关基地应及时整改，并向新农办报告整改情况。

（二）每 3 年检查评估不合格的基地，由新农办向学校基地建设委员会提交整改或撤销建议，由学校基地建设委员会讨论批准。

第八章　工作保障

第三十条　在基地开展的科研、推广项目及形成的成果在工作量计算、职称评定、科技奖励等方面与在学校开展的项目、形成的成果同样对待。

第三十一条　南京农业大学派驻基地的管理人员由南京农业大学根据相关规定予以驻外补贴，从共建单位给予基地的运行经费或从地方政府或社会企业委托基地开展的项目经费中支付，并根据实际工作情况，给予一定的工作量。

第三十二条　在基地开展科研、推广工作的科研人员（含学生）的报酬可从自主开展的项目经费中支出，亦可从共建单位给予的运行经费中予以适当补贴。

第三十三条　学校设置项目引导基金，对基地建设给予一定资助。

第三十四条　学校对工作考核优秀的基地和个人给予表彰和奖励；对作出突出贡献的个人，优先推荐晋升职务、职称。

第九章　附　　则

第三十五条　本《办法》由南京农业大学新农村发展研究院负责解释。

第三十六条　本《办法》自发布之日起试行。

附录3　南京农业大学新农村服务基地考核实施细则（试行）

第一章　总　　则

第一条　为规范新农村服务基地（以下简称“基地”）建设与运行，进一步明确基地工作任务，充分发挥基地在技术示范与推广、科学研究、人才培养等方面的作用，依据《南京农业大学新农村服务基地运行管理暂行办法》（校发〔2014〕426号）和学校有关办法，特制定本细则。

第二条　考核工作坚持客观公正、科学评估的原则，按照目标管理的要求，建立科学合理的考核指标，规范考核程序，公开考核过程和结果。

第三条　考核工作实行定量考核和定性考核相结合的原则。

第二章　主管部门与考核对象

第四条　南京农业大学新农村发展研究院办公室（以下简称“新农办”）是负责基地考核工作的管理部门，基地考核工作由新农办组织实施。

第五条　考核对象是指由南京农业大学准入授牌成立，并通过学校发文公示的新农村服务基地。基地按照不同建设标准分为综合示范基地、特色产业基地和分布式服务站；基地按照不同合作方式分为自建基地和共建基地；基地按照不同性质分为具有独立法人资格的基地和不具有独立法人资格的基地。

第三章　考核内容

第六条　基地考核是对基地建设管理及基地承担的技术示范与推广、科学研究、人才培养和合作交流等内容进行的综合性考评。考核内容见《南京农业大学新农村服务基地基本考核指标》(以下简称《基本考核指标》，详见附表1)。

第四章　考核方式

第七条　确定基地评优资格。每年12月，基地向新农办提交年度考核材料，主要包括：《南京农业大学新农村服务基地年度绩效统计表》（以下简称《绩效统计表》，详见附表2)、基地下一年度工作计划、基地本年度财务决算（仅限具有独立法人资格的基地提交)、基地下一年度财务预算（仅限具有独立法人资格的基地提交)。考核材料需同时提交纸质和电子稿，纸质稿一式两份，并经基地负责人签字（具有独立法人资格的基地需同时加盖基地公章）后报新农办。

新农办根据《基本考核指标》对各基地的年度考核材料进行审核，并对满足《基本考核指标》要求的基地下发评优考核通知。

第八条　组织基地评优考核。每年 12 月，新农办开展基地评优考核工作，邀请专家对基地进行考评。

第五章　考核结果

第九条　基地考核结果分为优秀、合格、不合格。不参与考核的或达不到《基本考核指标》要求的基地，考核等级为不合格。综合示范基地、特色产业基地、分布式服务站的优秀名额各 1～2 名。考核结果在新农办部门网站进行公示。

第六章　奖惩办法

第十条　按照学校有关办法，基地考核结果为合格的，根据基地类型给予基地基本工作量；基地考核结果为优秀的，根据基地类型给予基地奖励工作量和表彰。基地考核结果为合格及以上的，学校在推广项目申报、全日制硕士专业学位研究生招生培养等方面予以支持。

第十一条　基地考核结果为不合格的，学校不给予基地工作量，基地下一年度进行整改；基地下一年度考核仍不合格的，学校予以警告；基地连续三年考核不合格的，学校撤销基地准入资格，不再续签合作协议，不再续颁铭牌。

第七章　附　　则

第十二条　本细则有关内容由新农办负责解释。

第十三条　本细则自实施之日起生效。

附表 1：南京农业大学新农村服务基地基本考核指标

附表 2：南京农业大学新农村服务基地年度绩效统计表

附表1　南京农业大学新农村服务基地基本考核指标

指标	考核内容	备　注
建设管理	**1. 人才队伍建设与管理** （1）管理队伍：综合示范基地、特色产业基地的机构设置完备，人员配备齐全，需配有信息员；分布式服务站需配有站长、信息员。 （2）师资队伍：基地引进校内不同学科专家团队的数量要求：综合示范基地不少于3个/年；特色产业基地不少于2个/年。 **2. 经费管理** （1）根据基地建设标准，基地合作共建方需提供运行经费，具有独立法人资格的基地的运行经费需到基地账户；不具有独立法人资格的基地的运行经费需到学校账户。自建基地不作要求。 （2）具有独立法人资格的基地制定相关配套制度，配有具有资质的财务人员，提交年度财务预算与决算。 **3. 固定资产与实验室安全管理** （1）基地当年无重大安全事故发生。 （2）具有独立法人资格的基地制定相关配套制度。 （3）基地与学校签订安全责任书。 **4. 宣传工作** 基地向学校报送新闻的数量要求：综合示范基地不少于10条/年；特色产业基地不少于5条/年；分布式服务站不少于2条/年。	1. 组织不同学科人员同地方开展合作。 2. 提供相关证明材料（如立项书、合作协议等复印件）。 提供签订的安全责任书复印件。
技术示范与推广	**1. 技术示范推广与咨询服务** 基地在区域内推广新品种与新技术，和（或）向区域政府部门、企业提交政策咨询报告、规划的数量要求：综合示范基地不少于5个/年；特色产业基地不少于3个/年；分布式服务站不少于1个/年。 **2. 双线共推** （1）基地在区域内成立新型农业经营主体联盟。 （2）基地以联盟名义组织开展活动的数量要求：综合示范基地不少于2次/年；特色产业基地不少于2次/年；分布式服务站不少于1次/年。 （3）基地推广“南农易农”APP的人数要求：综合示范基地不少于100人/年；特色产业基地不少于50人/年；分布式服务站不少于20人/年。 （4）基地在“南农易农”APP上提供信息资讯、微课教学、答疑解惑等服务的工作量要求：综合示范基地不少于40学时/年；特色产业基地不少于20学时/年；分布式服务站不少于10学时/年。工作量核算标准参照学校有关办法。	提供相关证明材料（推广新品种、新技术的证明材料模板）。 1. 新建基地的基地负责人与共建方在协议签订后6个月内筹备组建新型农业经营主体联盟，并举行联盟成立仪式。 2. 基地以联盟名义组织开展的活动包括培训、对接合作、实践观摩、成果推介、物化补贴发放等。

（续）

指标	考核内容	备　注
科学研究	**1. 项目与经费** （1）基地每年承担项目的数量要求：综合示范基地不少于5个/年；特色产业基地不少于2个/年；分布式服务站不少于1个/年。 （2）基地每年到位（包括到达学校账户和具有独立法人资格的基地的账户）项目经费的数量要求：综合示范基地不少于80万/年；特色产业基地不少于30万/年；分布式服务站不少于10万/年。	项目包括： 1. 具有独立法人资格的基地独立或联合申报的纵向与横向项目。 2. 通过基地组织，学校教师以基地为平台申报的纵向与横向项目，或以基地为平台开展的纵向与横向项目。 3. 基地负责人作为中间人，促成的学校教师与区域内政府或企业合作申报的纵向与横向项目。
	2. 科研成果 获得成果的数量要求：综合示范基地不少于3个（篇）/年；特色产业基地不少于2个（篇）/年；分布式服务站不少于1个（篇）/年。	1. 成果包括：授权专利、获得计算机软件著作权、授权品种、审（鉴）定植物品种/花卉、审定标准、发表论文和专著、形成政策咨询报告与规划以及形成的新产品、新工艺、新技术等。 2. 成果需以基地名义获得(形成),或依托基地获得（形成）。 3. 提供相关证明材料（证书、发文、论文等复印件）。
人才培养	**1. 学生培养** （1）基地培养学生的数量要求：综合示范基地不少于40名/年；特色产业基地不少于20名/年；分布式服务站不少于5名/年。 （2）承担培养全日制硕士专业学位研究生工作的基地，需结合学校与地方实际需求制定培养方案等。	1. 培养的学生包括：博士生、硕士生和本科生。 2. 培养的内容包括：学生在基地开展专题调研、科学实验、实习和社会实践等活动。
	2. 青年教师培养 基地培养青年教师的数量要求：综合示范基地不少于2名/年；特色产业基地不少于2名/年。	青年教师有项目（主持或参与）在基地落地，并在基地开展科研、人才培养和社会服务等工作。
合作交流	基地与地方共同开展特色活动不少于1次/年。	特色活动是指由基地主办或承办，并具体组织开展的，学校和地方共同参与的如新型经营主体联盟成立大会、产学研对接、学生培养、创新创业等活动。活动必须有学校相关部门和（或）学院领导参加。

附表 2　南京农业大学新农村服务基地年度绩效统计表

填报基地（具有独立法人资格的基地盖基地公章）：

填报人（签字）：　　　　　　　联系方式：　　　　　　　填报时间：

基地名称			基地地址			
涉及学科			扩展学科			
一、建设管理						
（一）组织机构	机构	人员姓名		机构		人员姓名
	院长/站长			副院长/副站长		
	信息员①			办公室		
	财务部门			人事部门		
	资产管理部门			科研管理部门		
	其他			其他		
（二）基础条件	类别	年度新增	目前总计	类别	年度新增	目前总计
	办公室面积			试验田面积		
	生活面积			物联网建设		
	实验室面积			培训室面积		
	养殖场面积			其他		
（三）制度建设②	文件名称					涉及内容（如人事、财务、资产、成果、项目、安全管理、人才培养等）

（四）师资队伍	1. 长期服务基地教师						
	服务基地教师人数	其中				其中		
		正高	副高	中级	初级	博士	硕士	学士
	2. 引进校内外师资团队③							
	团队名称		主要成员			科研方向		

① 信息员为必填项。

② 自基地成立以来制定的相关制度等。

③ 组织不同学科人员同地方开展合作；提供相关证明材料（立项书、合作协议等复印件）。

（续）

基地名称	基地地址		
	内容	是	否
（五）日常管理	本年度，基地报送年度工作计划的情况		
	本年度，基地报送年度工作总结的情况		
	本年度，基地（指具有独立法人资格的基地）报送年度经费预算的情况		
	本年度，基地（指具有独立法人资格的基地）报送年度经费决算的情况		
	本年度，基地及时报送基地工作新闻的情况		
	本年度，基地（指“共建基地”）的共建方是否提供运行经费	万元①	

二、技术示范与推广

1. 线下建联盟

（一）双线共推	联盟情况		联盟名称		联盟人数		理事长姓名		联系方式		
	联盟活动		培训班名称	委托单位	培训对象	培训形式	培训数（期）	培训数（场）	培训人次	培训地点	发放资料（份）	培训时间
		培训									
			活动名称			参加人数			举办时间		
		对接合作									
			活动名称			参加人数			举办时间		
		实践观摩									
			活动名称			参加人数			举办时间		
		成果推介									
			活动名称			参加人数			举办时间		
		其他									

2. 线上做服务（“南农易农”APP数据统计）②

线上专家人数	APP注册新增人数	发表信息条数	回答问题条数	微课个数

① 如选择“是”，请注明年度到位运行经费额。

② 该数据以“南农易农”APP后台统计为准。

（续）

基地名称	基地地址

（二）成果与技术推广	成果/技术名称	推广区域	推广规模[1]

（三）政策咨询	名称	报告人	提交单位	是否采纳	批示领导	批示时间

（四）规划	名称	提交单位	完成人

三、科学研究

（一）项目与经费	1. 纵向项目					
	名称	主持人	项目类别	项目编号	资助额（万元）	到位经费（万元）	起止时间
	2. 横向项目					
	名称	主持人	合作单位		资助额（万元）	到位经费（万元）	起止时间

（二）成果获奖	名称	获奖类别	等级	授奖部门	主要完成人

（三）成果转让	名称	转让单位	转让人	转让金额（万元）

（四）专利	名称	发明人	专利权人	专利号	申请日期	授权日期	类型（发明/实用新型/外观设计）

（五）计算机软件著作权	名称	著作权人	登记号

① 需提供相关证明材料。

（续）

<table>
<tr><td>基地名称</td><td colspan="6">基地地址</td></tr>
<tr><td>（六）审（鉴）定植物品种/花卉</td><td>名称</td><td>完成人</td><td>完成单位</td><td>审（鉴）定部门</td><td colspan="2">审（鉴）定编号</td></tr>
<tr><td>（七）授权品种</td><td>名称</td><td>完成人</td><td>完成单位</td><td>审定部门</td><td>授权日期</td><td>授权号</td></tr>
<tr><td>（八）审定标准</td><td>名称</td><td>完成人</td><td>发布单位</td><td>发布日期</td><td>实施日期</td><td>标准编号</td></tr>
<tr><td>（九）论文、专著</td><td>标题</td><td>作者</td><td colspan="2">期刊名称/著作出版社</td><td colspan="2">期刊类别</td></tr>
<tr><td>（十）其他成果</td><td>名称</td><td>完成人</td><td colspan="2">完成单位</td><td colspan="2">成果类别</td></tr>
<tr><td colspan="7">四、人才培养</td></tr>
<tr><td>（一）青年教师培养①</td><td colspan="2">姓名</td><td colspan="2">学院</td><td colspan="2">年龄（周岁）</td></tr>
<tr><td rowspan="3">（二）学生培养②</td><td colspan="2">博士</td><td colspan="2">姓名</td><td colspan="2">学院</td></tr>
<tr><td colspan="2">硕士</td><td colspan="2">姓名</td><td colspan="2">学院</td></tr>
<tr><td colspan="2">学士</td><td colspan="2">姓名</td><td colspan="2">学院</td></tr>
<tr><td>（三）基地开展学生科研/创业项目</td><td>申请人 所在学院</td><td>在读学位</td><td colspan="2">项目名称</td><td colspan="2">资助额（万元）</td></tr>
</table>

① 青年教师需有项目（主持或参与）在基地落地，并在基地开展科研、人才培养和社会服务等工作。

② 包括留学生培养。

（续）

基地名称	基地地址				
（四）创新创业	合作单位		活动内容		参与学生人数
五、社会影响					
（一）工作表彰	获奖名称	获奖个人/单位	授奖单位	获奖级别	时间
（二）宣传报道	时间（月/日）	报道标题	报道媒体	版面或栏目	署名作者
基地负责人审核（签名）			学校新农办审核（盖章）		

注：1. 本表中所填数据的时间节点为考核当年的 1—12 月。

2. 表格可根据内容自行增补行。

附录4　南京农业大学教师农技推广服务工作量认定管理办法

为进一步深化高校科研和人事制度改革，提高我校师资队伍学术水平和科技推广能力，鼓励广大教师参与农技推广服务工作，提高学校社会声誉，完善农技推广服务激励机制，根据有关规定，结合工作实际，特制定本办法。

第一条　本办法适用对象为全校在职教师。

第二条　教师参与农技推广服务工作量认定范围：

（一）参与学校认定的新农村服务基地（包括综合示范基地、特色产业基地、分布式服务站）建设管理与运行服务的。

（二）参与由新农村发展研究院办公室、科学研究院组织同地方政府和社会企业开展项目对接、成果展示、技术推广和科技培训等活动的。

（三）参与学校有关部门、学院等以学校名义组织的对外公益性服务工作，经新农村发展研究院办公室、科学研究院认可备案的。

（四）参与在“南农易农”APP上进行技术指导、成果展示、技术推广、科技培训等活动的。

第三条　农技推广服务工作量核算方式：

农技推广服务工作量具体核算标准及计算方法参照学校《南京农业大学教师“线下线上”农技推广服务工作量核算标准》及人事处有关规定。在职教师每年开展农技推广服务工作量总计不超过一个工作量。

第四条　农技推广服务工作量认定结果将作为教师专业技术职务评定和奖励等工作的参考依据。

第五条　本办法自生效实施之日起，《南京农业大学社会服务工作量认定管理暂行办法》及其他相关规定自行终止。

第六条　本办法由新农村发展研究院办公室、人事处负责实施。

第七条　本办法自发布之日起施行。由新农村发展研究院办公室负责解释。

附表1　南京农业大学教师线下农技推广服务工作量核算标准

附表2　南京农业大学教师线上农技推广服务工作量核算标准

附表 1　线下农技推广服务工作量核算标准

计量对象		计量学时	说　明
新农村服务基地	综合示范基地	300～450学时/年	1. 根据南京农业大学新农村服务基地考核办法执行； 2. 基地考核合格的给予基本工作量；考核优秀的取上限；基地工作量由基地负责人分配； 3. 新农办将基地工作量分配方案报送人事处。
	特色产业基地	150～240学时/年	
	分布式服务站	30～60学时/年	
通过新农办、科研院产学研处组织开展农技推广和成果对接等活动		3学时/天	新农办认定并统计后报送人事处。

附表 2　线上农技推广服务工作量核算标准

工作内容	计量学时	说　明
提供信息新闻类稿件	0.5学时/篇	按《南京农业大学移动互联实施方案（试行）》（新农办发〔2016〕1号）执行。
回复在线咨询、回帖	0.5学时/次	
论坛发帖	0.3学时/篇	
提供微课	8学时/次	

附录5　南京农业大学“双线共推”农技推广服务模式实施管理办法

为进一步加强我校社会服务工作，规范“双线共推”大学农技推广模式在新农村服务基地（以下简称“基地”）和农技推广项目（以下简称“项目”）中执行，特制订本办法。

第一条　南京农业大学“双线共推”大学农技推广服务模式（以下简称“模式”）即指“线下建联盟、线上做服务”，是我校适应当前农业发展特点，利用“互联网+”农技推广服务理念，探索构建的新型农村科技服务模式。

第二条　模式推行坚持以基地为平台，以项目为载体推动执行，是促进基地建设运行和项目推广实施的总体驱动模式。

第三条　主要任务：围绕地方产业发展需求，线下联合地方农业相关主管部门组建新型农业经营主体联盟（以下简称“联盟”），开展各类农技推广服务活动，线上借助学校自主开发的“南农易农”APP等移动互联平台开展实时指导、信息共享、远程培训等服务。

第四条　新农村发展研究院办公室（以下简称“新农办”）负责不断完善模式构建体系，并组织相关学院、职能部门等，按照模式推行任务，开展农技推广服务工作。

第五条　工作职责：

（一）新农办信息技术事务部（以下简称“信息部”）负责“线上”信息化平台的搭建、运行、维护；负责“线下”模式构建调研及相关政策宣传、培训与推动工作；

（二）新农办基地建设与管理事务部（以下简称“基地部”）与技术推广与服务事务部（以下简称“推广部”）负责协助基地和项目负责人开展“线上线下”工作活动，并定期做好基地和项目有关模式指标完成情况的统计与公布工作。

第六条　工作要求：

（一）基地部与推广部在组织基地建设和项目申报时，参照南京农业大学基地建设与项目推广模式推行实施参考指标（见附表1、附表2），并与基地及项目负责人协商，科学合理制订模式推行实施指标，并将指标分别写入基地共建协议和项目实施方案条款，或另行签订模式指标推行实施协议等，该条款或协议内容将作为基地管理与项目实施的重要考核指标之一。

（二）在组织基地建设和项目申报时，基地部、推广部与信息部加强沟通，并及时向有关专家做好本办法及相关政策的宣传工作。

（三）基地部与推广部协助信息部做好基地和项目有关专家、实用技术等信息材料的收集整理、联盟共建及其活动开展等工作，并将相关信息报送信息部上传至“南农易农”APP等移动互联平台。

（四）基地不能按协议约定完成模式推行实施指标的，考评结果记为不合格；项目实施不能按方案或协议约定完成模式指标的，须在项目结题验收时予以说明，理由不充分的，取消项目负责人2年内参与同类项目的申报资格。

第七条　基地或项目负责人需指定1名信息员，做好与新农办有关事宜的日常联系与沟通。信息员的主要职责（附件1）。

第八条　本办法自实施之日起有效，具体解释由新农办负责。

附表1　南京农业大学新农村服务基地“双线共推”服务模式基本指标

基地类型	参照指标
综合示范基地	1. 基地在区域内成立新型农业经营主体联盟。 2. 基地以联盟名义组织开展培训、对接合作、实践观摩、成果推介、物化补贴发放等综合性活动每年不少于2次。 3. 基地推广“南农易农”APP的用户数，每年不少于100人。 4. 基地在“南农易农”APP上提供信息资讯、微课教学、答疑解惑等服务的工作量，每年不少于40学时。工作量核算标准参照人事处制定的相关办法。
特色产业基地	1. 基地在区域内成立新型农业经营主体联盟。 2. 基地以联盟名义组织开展培训、对接合作、实践观摩、成果推介、物化补贴发放等综合性活动每年不少于2次。 3. 基地推广“南农易农”APP的用户数，每年不少于50人。 4. 基地在“南农易农”APP上提供信息资讯、微课教学、答疑解惑等服务的工作量，每年不少于20学时。工作量核算标准参照人事处制定的相关办法。
分布式服务站	1. 基地在区域内成立新型农业经营主体联盟。 2. 基地以联盟名义组织至少开展1次技术培训、对接合作、实践观摩、成果推介、物化补贴发放等综合性活动。 3. 基地推广“南农易农”APP的用户数，每年不少于20人。 4. 基地在“南农易农”APP上提供信息资讯、微课教学、答疑解惑等服务的工作量，每年不少于10学时。工作量核算标准参照人事处制定的相关办法。

附表 2　南京农业大学农技推广项目“双线共推”服务模式基本指标

类型	参考指标	备　注
推广项目	以承担 10 万元项目，服务 1 个区县为例 1. 每个产业领域组建 1 个产业新型农业经营主体联盟，联盟成员在 15 家以上； 2. 发展线上用户 30 个以上； 3. 提供线上服务工作量每年不少于 10 课时； 4. 每年至少开展 1 次特色活动； 5. 做好相关项目实施数据、典型素材收集整理。	根据项目的不同类型、服务产业、服务区域、经费额度等适当增减。

附件 1　南京农业大学基地与项目信息员工作职责

1. 做好基地及项目负责人与新农办的信息沟通工作；

2. 协助专家和基地负责人做好新型农业经营主体联盟建设等活动及信息的传递与沟通；

3. 负责 APP 的稿件督促、审核及上传，协助微课拍摄及制作，负责收集分发提问内容，协助专家反馈答案；

4. 学校新农办交办的信息化相关的其他任务。

附录6 南京农业大学新型农业经营主体联盟成立工作流程

一、根据时间安排，南京农业大学新农办及相关部门与基地或项目负责人同地方主管部门联系谋划联盟成立相关事宜。

二、地方主管部门结合需求，推荐基地或项目示范区域内有关产业新型农业经营主体（以下简称“新主体”）建立联盟，明确准入条件，填写联盟成员信息采集表。

三、筹备会员大会

1. 明确联盟名称。

2. 做好大会人员通知、议程安排、资料梳理、费用来源等相关准备工作，了解并准备《南京农业大学新型农业经营主体联盟建设方案》（见附件1）、《南京农业大学新型农业经营主体联盟成员准入基本条件》（见附表1）、《南京农业大学新型农业经营主体联盟章程》（见附件2）、《南京农业大学新型农业经营主体联盟成立倡议书》（见附件3）、《南京农业大学新型农业经营主体信息采集表》（见附表2）、《南京农业大学新型农业经营主体联盟加入申请书》（见附件4）等有关材料。

3. 明确时间、地点。

4. 明确参会领导、嘉宾及有关人员。

5. 明确联盟成立工作分工及校地对接管理服务单位。

四、联盟成立动员会或预备会

1. 介绍联盟成立背景。

2. 宣读联盟成立倡议书、章程等供与会新主体审阅。

3. 南京农业大学代表就联盟成立重要意义及未来展望做交流。

4. 地方农业主管部门相关领导作动员。

5. 建议推荐若干名新主体担任联盟成立后理事，并征求在场新主体整体意见。

6. 自愿填写加入联盟申请表，并在倡议书上签字。

（以上议程内容可根据实际情况调整修正或不开展）

五、召开联盟成立大会

1. 组织预选出的成员、地方农业主管部门负责人、南京农业大学负责人共同推荐。

2. 进一步审议联盟章程及成立工作方案，谋划会员大会召开事宜。

3. 主要议程参考：

（1）地方政府或农业主管部门领导致辞；

（2）新农办介绍南京农业大学社会服务工作（双线共推服务模式）；

（3）宣布联盟成立（联盟成员代表拉手仪式）；

（4）联盟理事长发言；

（5）南京农业大学指导教师表态发言；

（6）南京农业大学有关领导讲话；

（7）地方政府领导或主管部门领导讲话；

（8）培训（或现场观摩学习等）；

（9）推广“南农易农”APP；

（10）物化补贴发放仪式、相关培训及观摩活动安排。

六、举办会员代表大会

根据前期准备情况，组织召开新主体联盟会员大会预备会、正式大会、第一次理事会等。有关选举程序可参照党代会等相关程序。

七、以后由基地和项目负责人针对联盟开展线下线上的指导服务，地方农业主管部门给予项目经费及管理服务支持。

八、线下建联盟组织形式与流程图示

1. 新型农业经营主体联盟成立

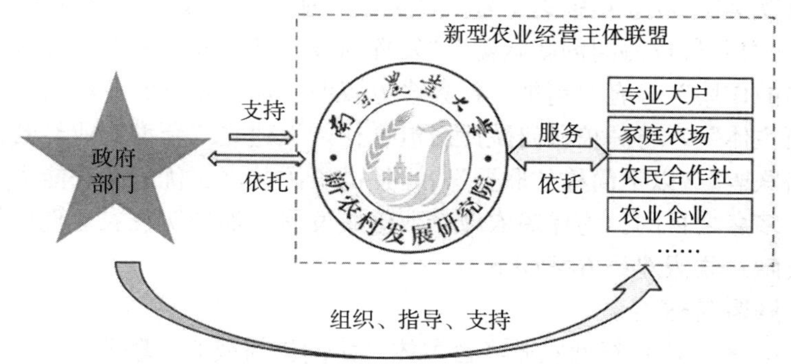

学校发挥自身学科、人才、科研优势，在地方政府及有关部门组织的大力支持下，拟以专业大户、家庭农场、农民合作社、农业产业化龙头企业为骨干，其他组织形式为补充的新型农业经营主体，构建新型农业经营主体联盟。

2. 新型农业经营主体联盟成立流程

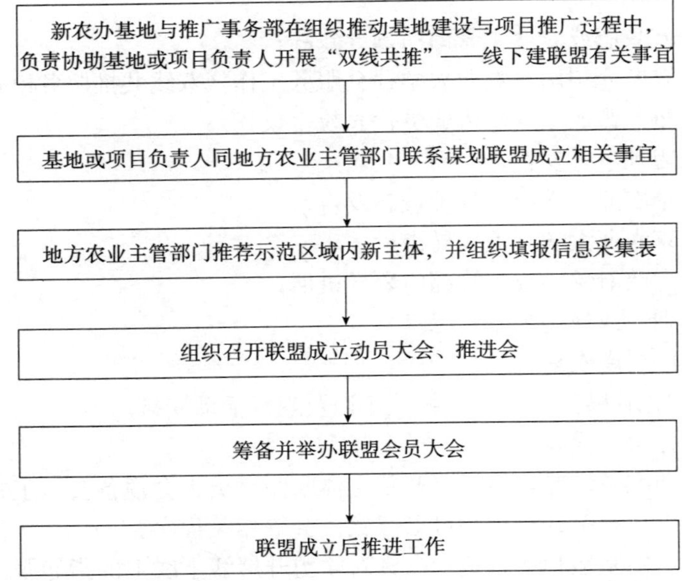

附件1　南京农业大学新型农业经营主体联盟建设方案

为贯彻落实2015年中央1号文件关于“加快农业现代”“加快农业科技创新”“建立农业科技协同创新联盟”“发挥高校及其新农村发展研究院在科研成果转化中的作用”等有关精神，汇集多方资源，加强新型农业经营主体（以下简称“新主体”）与高校科研院所交流合作，拟建立“新型农业经营主体协同创新战略联盟”（以下简称“联盟”），提高资源共享、优势互补能力，达到合作双赢、多赢之目的。为保障农业产业健康发展，加快实现农业现代化作出新的更大贡献。联盟建设方案如下：

一、联盟名称

（＊　＊　＊产业）新型农业经营主体（协同创新战略）联盟

二、联盟规模、新主体来源及条件

1. 联盟规模：20家以上地方同一区域（某产业）专业大户、家庭农场、农民合作社、农业产业化龙头企业。

2. 新主体来源：江苏省某辖市（或县市区）四类新型农业经营主体（初期）。

3. 新主体条件：地方政府有关部门或组织认定的四类新主体等。

三、联盟性质与宗旨

1. 联盟的性质：联盟在地方政府有关部门的指导下，由专业大户、家庭农场、农民合作社、农业产业化龙头企业及其他组织形式的新型农业经营主体（以下简称“新主体”）自愿联合发起成立的非盈利性、开放式、农科创相结合的综合性社团。

2. 联盟的宗旨：以新主体结盟为基础，充分发挥各类新主体生产功能和产业优势，加强新主体之间传递市场信息、普及生产技术、提供社会服务、组织引导按照市场需求进行生产和销售等，积极探索新主体、科技、创投相结合的联动机制，为达到新主体集约化、规模化、组织化、社会化的可持续发展要求，搭建“小农户”与“大市场”对接的桥梁和纽带，保障农业健康发展，加快农业现代化建设构建高效、共赢的合作平台。

四、联盟职能与任务

1. 联盟的职能：

（1）促进联盟会员之间紧密交流与合作，推动新主体经营理念及运作模式不断创新；

（2）发挥联盟会员与政府主管部门、科研院所间的纽带作用及社会化生产经营职能，建立完善联盟信息交流、资源共享的协作运行机制和创新成果转化服务体系；

（3）开展推动新主体发展的系列活动。

2. 联盟的任务：

（1）设计联盟标志，共同培育联盟品牌；

（2）建设集科技、信息、金融、品牌、人才、宣传、咨询、广告、管理等功能的联盟科技资源信息共享平台，实现联盟会员网联服务和视频展示；

（3）共建农业科技、品牌产品等网上交易系统；

（4）定期开展与联盟宗旨有关的研讨会、洽谈会、展博会、专题培训、工作交流等活动；

（5）结合联盟发展实际情况，提出工作规划、措施和建议，为政府及行业主管部门决策提供参考依据；

（6）与科研院所协同承担部分国家、省级及国际农业科技合作项目，吸引技术、人才、资金等要素向新主体集聚；

（7）推进符合联盟会员共同利益的其他事项。

五、建设内容

1. 组织建设：设置联盟工作机构，如理事会、秘书处及会员单位等机构；设立专门工作场所，设计联盟 Logo（联盟徽标）。联盟秘书处设在地方农业主管单位，专家委员会由南京农业大学负责组织建设。

2. 制度建设：制定联盟工作章程和工作制度，完善联盟运行管理机制、联络机制、考核机制和激励机制。

3. 平台建设：加强联盟网站建设，推动联盟成员信息互通，使之成为集技术咨询、产品展示、远程培训、在线洽谈、专家会诊等的多功能网络平台。

六、联盟建设安排

1. 联盟建设工作小组：

南京农业大学主管部门负责人：

产业负责人：

（地方）负责人：

成员：

2. 需要落实事宜：

（1）草拟联盟章程及相关文件；

（2）确定联盟成员名单，完成相关联系对接工作；

（3）确定联盟组织机构；

（4）筹备联盟成立大会。

3. 任务分工：

（1）南京农业大学和地方主管部门共同完成联盟章程及相关文件的起草工作；

（2）学校产业负责人同地方主管部门共同确定联盟成员名单；

（3）南京农业大学和地方主管部门共同商议联盟组织机构人员名单；

（4）校地双方共同筹备联盟成立大会。

4. 联盟组织机构建议名单：

（1）理事会及建议名单

理事长：

常务副理事长：

副理事长：

理事：

（2）秘书处及建议名单

秘书长：

常务副秘书长：

联络员：

附表 1　南京农业大学新型农业经营主体联盟成员准入基本条件

类型	成员人数	成员规模	组织架构
稻麦	≥50	≥100 亩	1. 秘书长 1 人，由地方政府主管部门担任；
果蔬	≥25	≥30 亩	2. 理事长 1 人，由新型农业经营主体担任，联盟理事成员不超过联盟成员总数的三分之一，且为单数；
畜牧	≥20	禽类≥10 000 羽 畜类≥500 头	3. 联盟需建有章程，能接受地方指导，依托项目推广和基地建设等积极运行。
其他	≥15	依据实际情况	

附件 2　南京农业大学新型农业经营主体联盟章程

第一章　总　　则

第一条　联盟名称：新型农业经营主体协同创新战略联盟（以下简称“联盟”）。

第二条　联盟性质：联盟在地方政府有关部门的指导下，由专业大户、家庭农场、农民合作社、农业产业化龙头企业及其他组织形式的新型农业经营主体（以下简称“新主体”）自愿联合发起成立的非盈利性、开放式、农科创相结合的综合性社团。

第三条　联盟宗旨：以新主体结盟为基础，充分发挥各类新主体生产功能和产业优势，加强新主体之间传递市场信息、普及生产技术、提供社会服务，组织引导按照市场需求进行生产和销售等，积极探索新主体、科技、创投相结合的联动机制，为达到新主体集约化、规模化、组织化、社会化的可持续发展要求，搭建“小农户”与“大市场”对接的桥梁和纽带，保障农业健康发展，加快农业现代化建设构建高效、共赢的合作平台。

第四条　本联盟遵照国家宪法、法律法令和政策开展各项活动，维护国家的根本利益。

第二章　职能与任务

第五条　联盟的职能：

（一）促进联盟会员之间紧密交流与合作，推动新主体经营理念及运作模式不断创新；

（二）发挥联盟会员与政府主管部门、科研院所间的纽带作用及社会化生产经营职能，建立完善联盟信息交流、资源共享的协作运行机制和创新成果转化服务体系；

（三）开展推动新主体发展的系列活动。

第六条　联盟的任务：

（一）设计联盟标志，共同培育联盟品牌；

（二）建设集科技、信息、金融、品牌、人才、宣传、咨询、广告、管理等功能的联盟科技资源信息共享平台，实现联盟会员网联服务和视频展示；

（三）共建农业科技、品牌产品等网上交易系统；

（四）定期开展与联盟宗旨有关的研讨会、洽谈会、展博会、专题培训、工作交流等活动；

（五）结合联盟发展实际情况，提出工作规划、措施和建议，为政府及行业主管部门决策提供参考依据；

（六）与高校科研院所协同承担部分国家、省级及国际农业科技合作项目，吸引技术、人才、资金等要素向新主体集聚；

（七）推进符合联盟会员共同利益的其他事项。

第三章　会　　员

第七条　申请加入联盟的资格：

（一）已被地方政府有关部门认定的新主体；

（二）有加入本联盟的意愿；

（三）拥护本联盟的章程。

第八条　入盟程序：

（一）提交入盟申请书；

（二）由联盟理事会讨论通过；

（三）由理事会或理事会授权机构发给会员证。

第九条　会员权利：

（一）本联盟的选举权、被选举权和表决权；

（二）参加本联盟的活动；

（三）获得本联盟服务的优先权；

（四）对本联盟工作的批评、建议和监督权；

（五）优先考虑承担国家或省相关领域科技计划项目、给予有关新主体发展建设方面的各项支持；

（六）入盟自愿，在不影响联盟及其他会员利益的情况下退盟自由。

第十条　会员义务：

（一）执行本联盟的决议；

（二）维护本联盟的合法权益和声誉；

（三）完成本联盟交办的工作；

（四）按规定交纳会费；

（五）向本联盟汇报工作，反映情况，提供有关资料。

第十一条　会员退盟应以书面形式向本联盟提出申请，并交回联盟会员证。会员一年不交纳会费或经常不参加本联盟活动，视为自动退盟。

第十二条　会员如有严重违反本章程的行为，经理事会表决通过，予以除名。

第四章　组织机构

第十三条　会员代表大会是联盟的最高决策机构，由全体联盟会员代表组成。其主要职责：

（一）制定和修改联盟章程；

（二）选举产生理事会；

（三）审议理事会工作报告和财务报告；

（四）决定重大变更和终止事宜；

（五）审议理事会提交的其他报告，决定其他重大事宜。

第十四条　会员代表大会须有 2/3 以上的会员出席方能召开，其决议须经到会会员半数以上表决通过方能生效。

第十五条　会员代表大会每年召开一次，由理事会召集；必要时经理事会表决通过可提前或延期举行。

第十六条　在会员代表大会闭会期间，理事会执行会员代表大会的决议，领导本联盟的全部工作，对外代表联盟。

第十七条　理事会成员数为会员总数的 1/3 左右，每届任期三年。理事会设理事长 1 名、常务副理事长 1 名、副理事长若干名，每届任期与理事任期一致，为三年；理事长任期一年，可连选连任。

第十八条　理事会的职责：

（一）执行会员代表大会的决议；

（二）推荐、选举和罢免理事会理事长、常务副理事长、副理事长等；

（三）向会员代表大会报告工作和财务状况；

（四）决定会员的入盟与退盟；

（五）聘任秘书长、各机构主要负责人；

（六）制定内部管理制度；

（七）决定其他重大事项。

第十九条　理事会会议须有半数以上理事出席方能召开，其决议须经到会理事半数以上表决通过方能生效。

第二十条　理事会会议每年至少召开一次，也可由理事长建议临时召开。理事会理事长、常务副理事长和副理事长组成主席团。在理事会闭会期间，主席团行使理事会的职权。可采用视频会议形式，也可采用书面通讯的方式。

理事会成员因故退盟或退出时，由理事会提名进行临时增补，待会员代表大会召开时补选或重选。

第二十一条　理事长、常务副理事长及副理事长通过推荐提名程序后由理事会选举产生。推荐提名方式：

（一）地方政府有关部门或组织推荐；

（二）上届理事会推荐；

（三）由不少于 10 个新型经营主体会员联名推荐。

第二十二条　理事长的工作职责：

（一）负责召开理事会会议和主席团会议，并主持联盟的工作；

（二）检查会员代表大会、理事会会议和理事会主席团会议决议的落实情况；

（三）代表本联盟签署有关重要文件。

理事长因故不能行使职权时，由 1/3 以上主席团理事联名推荐、主席团会议半数以上通过，由 1 名理事或秘书长代行理事长职责。

第二十三条　理事会设秘书处，该机构是理事会和理事会主席团会议的管理和服务机构。其常设办公室设在××农委。秘书处的工作职责：

（一）发挥农业主管部门及地方资源优势，根据联盟会员单位需求，组织联盟对接教学科研单位及其他部门开展相关工作活动。

（二）发挥桥梁作用，收集工作建议，及时向理事会反应相关信息，促进联盟与外界的沟通和交流。

（三）组织制定年度工作计划和长远规划；

（四）执行理事会的相关决议；

（五）协助联盟理事会主席团开展联盟的相关工作；

（六）协调各联盟会员单位的联系，负责联盟相关文件的传达和审批结果；

（七）负责联盟日常事务和项目的协调、管理工作；

（八）管理联盟经费；

（九）负责管理相关资料，处理档案、文件备案等管理工作。

第二十四条　联盟秘书处设秘书长 1 名，秘书长由××农委推荐或提名、理事会聘任；联络员若干名，其中一名联络员为常务副秘书长，均由理事会聘任。联盟秘书长工作职责：

（一）主持秘书处开展日常工作，组织实施年度工作计划及科技服务活动；

（二）协调各代表机构、实体机构开展工作；

（三）提名副秘书长及各办事机构、代表机构和实体机构主要负责人人选，交由主席团会议讨论通过后由理事会聘任；

（四）做好理事会交办的其他工作。

第二十五条　根据工作需要，成立专家咨询委员会。该委员会是联盟的业务咨询和工作指导组织。由南京农业大学等各类管理者、农业科技专家、金融专家和企业家组成，由南京农业大学组织推荐、理事会聘任。专家咨询委员会工作职责：

（一）协同秘书处审查申报联盟会员的资格；

（二）指导会员生产建设，为联盟建设发展提出指导建议和意见；

（三）督导联盟有关工作执行落实。

第五章　资产管理

第二十六条　联盟经费来源：

（一）联盟业务专项经费；

（二）专项研究课题经费；

（三）捐赠（包括本联盟基金管理公司资助）；

（四）政府资助；

（五）在核准的业务范围内开展活动或服务的收入；

（六）利息；

（七）其他合法收入。

第二十七条　联盟经费必须用于本章程规定的业务范围和事业发展，不得在会员中分配。

第二十八条　联盟建立规范的财务管理制度，保证会计资料合法、真实、准确、完整。

第二十九条　联盟的资产管理必须执行国家规定的财务管理，接受会员代表大会监督。

第三十条　任何单位、个人不得侵占、私分和挪用联盟资产。

第三十一条　根据工作需要，联盟可聘任专职工作人员，由秘书处负责招聘组织，理事会聘任。专职工作人员的工资和保险、福利待遇，参照国家对事业单位的有关规定执行。

第六章　终止程序

第三十二条　联盟完成宗旨、自行解散或由于分立、合并等原因需要注销的，由理事会提出终止协议。

第三十三条　联盟终止协议须经会员代表大会表决通过。

第三十四条　联盟终止前，须成立清算组织，清理债权债务，处理善后事宜。清算期间，不开展清算以外的活动。

第七章　附　　则

第三十五条　本章程的解释权属本联盟理事会。

第三十六条　本章程自颁布之日起生效。

附件3　南京农业大学新型农业经营主体联盟成立倡议书

尊敬的各位关心中国农业产业发展的朋友们：

为深入贯彻落实中央一号文件有关精神，促进我国农业产业的发展繁荣，提高各行业各地方支持农业产业发展的积极性，我们在此倡议成立×××新型农业经营主体（战略创新）联盟。

联盟是在地方政府有关部门的指导下，由专业大户、家庭农场、农民合作社、农业产业化龙头企业及其他组织形式的新型农业经营主体（以下简称“新主体”）自愿联合发起成立的非盈利性、开放式、农科创相结合的综合性社团。

一、新主体联盟的职能是：

1. 促进联盟会员之间紧密交流与合作，推动新主体经营理念及运作模式不断创新；

2. 发挥联盟会员与政府主管部门、科研院所间的纽带作用及社会化生产经营职能，建立完善联盟信息交流、资源共享的协作运行机制和创新成果转化服务体系；

3. 开展推动新主体发展的系列活动。

二、新主体联盟的任务是：

1. 设计联盟标志，共同培育联盟品牌；

2. 建设集科技、信息、金融、品牌、人才、宣传、咨询、广告、管理等功能的联盟科技资源信息共享平台，实现联盟会员网联服务和视频展示；

3. 共建农业科技、品牌产品等网上交易系统；

4. 定期开展与联盟宗旨有关的研讨会、洽谈会、展博会、专题培训、工作交流等活动；

5. 结合联盟发展实际，提出工作规划、措施和建议，为政府及行业主管部门决策提供参考依据；

6. 与高校科研院所协同承担部分国家、省级及国际农业科技合作项目，吸引技术、人才、资金等要素向新主体集聚；

7. 推进符合联盟会员共同利益的其他事项。

我们诚挚地邀请各界朋友加入联盟，一起为中国农业产业发展谱写新的篇章！

附表 2　南京农业大学新型农业经营主体信息采集表

地址			
负责人			
固定电话		手机	
邮箱		是否愿意加入产业联盟	
企业简介 （规模、人员、装备、经营范围、产值等）			
业务范围 （技术、产品或服务等）			
生产需求 （技术、品种、肥料、植保、管理等）			

注：表中产业主体联盟是指地方新型农业经营主体联盟（农业企业、专业合作社、家庭农场、种养大户等联盟）。

附件 4　南京农业大学新型农业经营主体联盟加入申请书

新型农业经营主体协同创新战略联盟：

我单位自愿加入应用安全联盟，承认并遵守联盟章程和行业自律公约，履行成员义务，为农业产业发展作出贡献。

单位名称（公章）：________________

南京农业大学新型农业经营主体联盟加入申请表

基本信息			
单位名称			
单位简介及业务范围			
所属类别	□家庭农场 □合作社 □专业大户 □农业龙头企业		
单位地址 及网址			
单位代表			
姓名		性别	
职务		手机	
电话		传真	
邮箱			
地址			
其他联系人		电话	
职务		邮箱	
特别说明			
1. 联盟成员遵守联盟章程，履行联盟义务，按时交纳会费； 2. 联盟成员每季度必须参与联盟会议，无故缺席两次以上，自动退出联盟； 3. 联盟成员自愿参与行业基准开发，并遵守联盟发布行业基准。			

附录7　南京农业大学线上服务流程

一、APP 如何安装

1. 安卓手机，请打开下载链接：http：//fir. im/83bt，或扫描二维码；

"南农易农" APP 二维码

2. 华为、小米手机，可直接打开手机应用市场，搜索"南农易农"即可安装；

3. 苹果手机，打开 APP store 搜索"南农易农"，即可安装。

安装成功后，可直接登录南农易农，账户是安装者手机号，密码：111111。

二、APP 如何投稿

投稿网址为 http：//nnyn. njau. edu. cn/admin/manage/login. html（或打开新农办网站，点击"南农易农"投稿入口），账号密码是您的工号。

APP 为专家设置了邀请码（我的模块下的分享里可以查看到），推广 APP 时，推广用户输入邀请码，后台记录邀请注册情况，计量为专家工作量。

附录8 南京农业大学社会服务大事记

1. 推广模式

◇1984年11月，南京农业大学科研单位与江苏省建湖县庆丰乡联合创办了我国第一个民办的杂交稻种子研究开发中心，进行新品种选育、引进、示范推广和病虫害防治试验，并培训当地技术人员，承担江苏省70%以上的不育系供种任务。

◇1985年1月，农牧渔业部畜牧局与南京农业大学联合成立畜牧专业户培训中心。

◇1986年11月，南京农业大学与句容县人民政府签订了《关于科技扶贫振兴句容经济的协议书》，确定低产果园改造、建立果树良种苗木基地、低产土壤改造、山丘地区综合开发食用菌与果品开发、莱茵鹅繁育技术等项目的实施。

◇1989年3月，黑龙江农垦总局代表团抵达南京农业大学就加强横向联系进行会谈。访问期间，农垦代表团向全校师生介绍了黑龙江垦区的开发概貌和建设规划，报告了南京农业大学校友在北大荒的工作，参观学校教学科研与设施，进行交流，就人才培养、科技合作方面进行商谈。

◇1990年3月，南京农业大学句容扶贫组在农业部直属8所农业院校扶贫总结大会上受到表彰。

◇1992年3月，南京农业大学根据江苏省委组织部的要求，组织管恒禄等12名同志参加江苏省社教工作队，深入农村基层，为建设社会主义新农村贡献才智。

◇1992年3月，农业部"八五"重点农产品加工课题"丹贝高蛋白食品及其卫生研究"成果通过省级鉴定，并转让江都县营养食品厂投入生产。

◇1995年7月，校党委书记管恒禄和校长翟虎渠等领导积极贯彻落实国家"九五"发展规划精神，结合南京农业大学优势学科成立了南京农业大学科教兴农办公室，紧紧结合国家和地方重大需求，通过科技大篷车，主动选择农业落后区域开展科技帮扶与送科技下乡活动。

◇2002年4月，由江苏省委组织部、教育厅、科协主办，率先组织南京农业大学等78所高校科研单位的300多位专家，以南京农业大学"科技大篷车"模式等形式开展江苏省"333工程"苏北行活动。江苏省教育厅副厅长丁晓昌在南京农业大学汇报材料上批示：要求全省教育系统推广南京农业大学"科技大篷车"模式与科教兴农的经验与做法。

◇2002年6月，在江苏省委组织部、科协等部门的倡导下，南京农业大学与连云港市开始共同策划设计“百名教授科教兴百村”小康工程。

◇2003年3月，南京农业大学与连云港市正式启动“百名教授科教兴百村”小康工程，学校挑选97名专家分别担任连云港市97个村的发展顾问。

◇2003年3月，南京农业大学党委书记管恒禄教授等带领120位师生赴连云港，揭开了“双百工程”活动的序幕。时任主管副校长周光宏代表学校接受连云港特聘科技经济发展顾问单位铜牌。

◇2003年12月，南京农业大学荣获全国“三下乡”活动先进集体称号，受到中央14个部委的联合表彰。

◇2003年12月，中共江苏省委副书记张连珍在南京农业大学党委书记管恒禄陪同下深入“双百工程”，考察科教兴百村基地。

◇2003年第46期《江苏农村要情》介绍了南京农业大学开展的“双百工程”活动经验。

◇2005年10月，南京农业大学被授予全国农村科普工作先进集体。

◇2005年南京农业大学获得全国“三下乡”先进集体称号，成为连续受到中央14个部委联合表彰的唯一单位并在大会作典型材料交流。

◇2005年10月，南京农业大学与连云港签订2006—2008年“双百工程”第二阶段合作协议书。在巩固前期“双百工程科技入户”取得的成果基础上，在有条件地区创建“专家工作站”。

◇2006年，连云港市委、市政府对在“双百工程”中取得显著成绩的南京农业大学侯喜林教授等28名专家进行了表彰。

◇2008年2月，第519期新华通讯社《国内动态清样》以《连云港市教授进村，“双百工程”喜见成效》为题，专文报道了南京农业大学与连云港实施“双百工程”的工作思路和做法经验及典型案例，收到江苏省委主要领导的高度重视。

◇2008年连云港“双百工程”推进会上，南京农业大学共有4个专家工作站和11个科教兴村项目被表彰。

◇2009年3月，南京农业大学结合“双百工程”专家工作站科技入户的做法和经验，深入实施“挂县强农富民”工程，南京农业大学副校长沈其荣带队分别赴连云港灌云和盐城射阳两县为南京农业大学专家工作站揭牌。

◇2009年7月，南京农业大学副校长陈利根作了题为《南京农业大学扎实推进“挂县强农富民”工程》的报告。

◇2009年南京农业大学荣获全国科技特派员工作先进集体和江苏省“三下乡”先进单位等称号。

◇2010 年 1 月，南京农业大学副校长周光宏代表学校与连云港签订了 2010—2012 年“双百工程”第三阶段合作协议书。

◇2010 年南京农业大学被农业部授予“全国农牧渔业丰收奖”。

◇2011 年在“双百工程”基地灌云县实施江苏省强农富民工程，南京农业大学获得先进集体荣誉称号。

◇2011 年 12 月 21 日，南京农业大学科技创新与产学研深度合作大会在学术交流中心召开。曹卫星与南京农业大学党委书记管恒禄为科学研究院揭牌。丁艳锋分别与连云港市人民政府、常州市人民政府、宿迁市人民政府、高邮市人民政府代表签署产学研深度合作协议。

◇2012 年 6 月 21 日，南京农业大学首批设立 11 个“新农村发展研究专项”项目。

◇2012 年 7 月 11 日，教育部、科技部在西北农林科技大学举行全国高等学校新农村发展研究院建设工作会暨授牌仪式。南京农业大学党委书记管恒禄、副校长丁艳锋出席会议。管恒禄代表学校从刘延东手中接受“南京农业大学新农村发展研究院”牌匾。

◇2013 年 4 月 11 日，江苏省教育厅、江苏省农委、江苏省财政厅与南京农业大学共建“江苏农村发展学院”座谈会暨授牌仪式在南京农业大学举行。

◇2013 年 7 月 24—30 日，南京农业大学举办“2013 年两岸大学生新农村建设研习营”。

◇2014 年 10 月 24 日，南京农业大学参加江苏省农村专业技术协会成立大会。

◇2014 年 11 月 14 日，张家港市农委举办与南京农业大学“挂县强农富民”工程对接启动活动。

◇2014 年 12 月 6 日，南京农业大学新农村发展研究院首届基地建设大会在常熟市召开。会上给予 3 个综合示范基地、5 个特色产业基地、10 个专家工作站授牌。

◇2015 年 4 月 12 日，南京农业大学召开 2015 年“挂县强农富民”工程项目启动会。江苏省农委科教处处长姜雪忠给予南京农业大学高度评价，并要求创新服务方式，拓展与地方合作范围、丰富合作内容，实现省农委、南京农业大学、示范户等共赢。

◇2015 年 11 月 2 日，南京农业大学组织召开国家重大农技推广服务试点工作形象标识评审会。

◇2015 年 11 月 7—8 日，南京农业大学参加科研院校开展重大农技推广服务试点工作交流研讨会。

◇2015 年 12 月 8 日，南京农业大学承担的国家重大农技推广服务试点工作推进会在金坛区召开。会上举行了新型农业生产经营主体联盟成立仪式和线上科技服务平台“南农易农”APP 开通仪式。

◇2015 年 12 月 8 日，南京农业大学获评 2015 年全国农业农村信息化示范基地。

◇2015 年 12 月 9 日，中国江苏网、新华网、新华日报报道，南京农业大学发布“南农易农”APP 专家在线指导种田烦心事。“南农易农”APP 以稻麦、果蔬生产技术示范和推广应用为重点，除了在线解答农事，还将及时推送农业科技资讯及其市场行情。

◇2016 年 1 月 28 日，南京农业大学重大农技推广服务试点工作进展汇报会在学术交流中心召开。副校长提出下一阶段工作的整体要求：一要充分认识试点工作之于国家、地方和南京农业大学的战略意义以及满足新型农业经营主体更为复杂的全产业链条技术需求的重要性；二要利用南京农业大学人才与科技优势，立足江苏，与时俱进，作出南京农业大学有特色的农技推广服务工作，特别是探索运用信息化手段增强服务效能；三要加强校地及校内多部门联动和合作，推进资金、人事、宣传方面工作机制上创新，为试点工作服务。

◇2016 年 2 月，江苏省委宣传部、省文明办、省教育厅等 13 家单位决定，授予南京农业大学新农村发展研究院江苏省文化科技卫生“三下乡”先进集体称号。

◇2016 年 5 月 6 日，农民日报头条报道，教科推一体，校地农共赢——南京农业大学创新服务新型农业经营主体纪闻。

◇2016 年 6 月 20 日，南京农业大学重大农技推广服务试点工作汇报会暨“双线共推”服务模式推介会在学术交流中心召开。会上举行了特聘教授聘用协议签字仪式，23 位拥有丰富稻麦、果蔬产业实践经验的校外专家被聘为南京农业大学农技推广服务特聘教授。

◇2016 年 7 月 8 日，江苏高等学校新农村发展研究院协同创新战略联盟在南京成立，江苏省内 32 家高校参与联盟建设，南京农业大学为秘书长单位。

2. 基地建设

◇2014 年 11 月 13 日，学校发布《南京农业大学新农村服务基地运行管理暂行办法》，有效规范管理基地建设工作。

◇2014 年 11 月 24 日，南京农业大学科技服务信息化平台——“南农在线”V1.0 上线测试运行。

◇2014 年 12 月 1 日，《科技日报》创新周刊以 5 000 字的篇幅，专版刊发南京农业大学新农村发展研究院近年来工作纪实。

◇2014 年 12 月 5—6 日，南京农业大学新农村发展研究院首届基地建设大会在常熟新农村发展研究院召开。

◇2015 年 3 月 17 日，学校发布《南京农业大学社会服务工作量认定管理暂行办法》，进一步提升学校科技推广服务水平，鼓励广大教师参与社会服务工作。

◇2015 年 6 月 15 日，江苏省委书记罗志军在省委常委、苏州市委书记石泰峰、常熟市委书记惠建林等陪同下到南京农业大学常熟新农村发展研究院调研考察。罗志军指出，“农业要与科技结合，通过科技创新来推动现代农业发展迈上新台阶，南京农业大学常熟新农村发展研究院就是如何将科技服务农业的一个好例子。”

◇2015 年 8 月 10 日，《中国农村科技》杂志以《创新发展校地共赢——记南京农业大学常熟新农村发展研究院》为主题对南京农业大学（常熟）新农村发展研究院进行了专题报道。

◇2016 年 3 月 22—25 日，第十五届博鳌亚洲论坛举办，南京农业大学新农村服务基地溧水肉制品加工产业创新研究院生产的盐水鸭、酱香鸭、烧鸡等 18 种餐桌和休闲系列卤肉制品被选为第十五届博鳌亚洲论坛餐桌食品和嘉宾礼品。

◇2016 年 5 月 15—22 日，2016 汤尤杯羽毛球锦标赛于在昆山举办。昆山蔬菜产业研究院（玉叶蔬食产业基地）被指定为本次赛事的蔬菜及桂花鸡供应商，为赛事的圆满承办做出了积极的贡献。

◇2016 年 9 月 14 日，由科技部组织、中国科学院谢华安院士任组长的专家组对南京农业大学云南水稻专家工作站种植的百亩方进行实产验收，产量达到 1 088.0 千克/亩。这是继 2015 年该百亩方产量创 1 067.5 千克/亩的世界纪录后，连续两年超过 1 067 千克/亩的世界纪录。

◇2016 年 10 月 12 日，根据国家科技部《关于公示第一批“星创天地”备案名单的通知》，淮安研究院获批首批农业“星创天地”，申请项目为“淮安智慧猪业星创天地”。

◇2017 年 3 月 14 日，“淮安日报”以《苏淮猪：舌尖上的美味》为题，头条报道了南京农业大学淮安研究院长期科技服务的产业品牌“苏淮猪”，报道中提到南京农业大学淮安研究院围绕苏淮猪持续选育开展研究工作，取得了骄人的成绩。

3. 技术推广

◇2012 年 7 月，教育部、科技部正式下文批准南京农业大学成立新农村发展研究院，标志着南京农业大学服务新农村建设与发展进入到一个崭新阶段。

◇2012 年 9 月 22 日，《农民日报》头版头条以《创建世界一流农业大学的博大襟怀——南京农业大学产学研用协同创新纪实》为题，报道了南京农业大学奋战在农技推广一线的专家教授的事迹。

◇2013 年 8 月 25 日，CCTV-7 央视七套《聚焦三农》报道了南京农业大学“挂县强农富民”工程项目专家在张家港市开展的农技推广服务活动，指出南京农业大学贯彻省委省政府“挂县强农富民”工程，加快农业科技成果转化实施，在张家港等地成效显著。

◇2014 年 7 月 11 日，南京农业大学团委暑期社会实践基地签约仪式暨“挂县强农富民”工程大学生村官培训在射阳县农委举行。

◇科技部公布了第二批国家级科技特派员创业培训基地名单（国科发农〔2013〕573 号），南京农业大学新农村发展研究院获批国家科技特派员创业培训基地。2014 年 11 月 19 日，“南京农业大学新农村发展研究院国家科技特派员创业培训基地”在南京农业大学继续教育学院举行揭牌仪式。副校长董维春、校长办公室主任单正丰，继续教育学院院长李友生、书记顾义军以及新农村发展研究院、科学研究院相关人员参加了揭牌仪式。

◇2015 年 11 月 24—25 日，挂县项目对接县东海县遭受雪灾，持续低温和较厚积雪量，对南京农业大学服务的黄川镇设施大棚草莓造成严重灾害，南京农业大学“挂县强农富民”工程项目专家陶建敏教授及团队成员第一时间赶赴现场，指导当地草莓种植户，提出应急方案力求将灾后损失降至最低。

◇2015 年 12 月 8 日，南京农业大学承担的国家重大农技推广服务试点工作推进会在金坛区召开，农业部王青立处长、江苏省财政厅项林处长、江苏省农委杜永林副处长、南京农业大学丁艳锋副校长等领导参加会议。

◇2016 年 3 月 18 日，南京农业大学承担的国家重大农技推广服务试点工作果蔬产业现场观摩会暨培训会在常熟市召开。

◇2016 年 5 月 20 日下午，江苏省“挂县强农富民”工程项目推进会召开。南京农业大学荣获第二届江苏品牌农资（南京）交易会挂县强农成果展“最佳展团”称号。

◇2016 年 7 月 9—11 日，南京农业大学大学生暑期“三下乡”社会实践团赴泗洪县开展题为“县乡产业新型农业经营主体发展现状及服务需求调查研究”的实践活动。

◇2016 年 5 月 25 日，南京农业大学 2016 年“挂县强农富民”工程项目推进会召开。

◇2016 年 8 月 5 日，左惟书记一行赴张家港调研南京农业大学“挂县强农富民”工程，视察了南京农业大学在张家港实施“挂县强农富民”工程的相关乡镇、基地和园区，出席南京农业大学—张家港“挂县强农富民”工程果品品鉴会。

◇2017 年 3 月 23—24 日，“中美大学农业推广联盟”签约及成立大会在浙江杭州召开，我国首批 10 所新农村发展研究院高校、美国科罗拉多州立大学、加州大学、普渡大学、俄勒冈州立大学、内布拉斯加大学 5 所高校围绕搭建平台联合开展现代农业技术推广服务进行商讨。科技部农村司许增泰处长、科教司纪绍勤处长、教育部科技司李人杰副处长参加大会。南京农业大学副校长丁艳锋应邀参加并介绍了学校的办学历史和农技推广与社会服务的工作历程。会议签订了《中美大学农业推广联盟合作协议书》。

4. “四技”服务

◇2014 年 1 月 18 日下午，南京农业大学、瑞普生物药业有限公司与辽宁益康生物股份有限公司在学校技术转移中心会议室举行“猪繁殖与呼吸综合征活疫苗（R98 株）技术”转让签约仪式。截至目前，姜平教授的猪繁殖与呼吸综合征活疫苗技术已成功转让 5 家公司，合同金额达 2 135 万元。

◇2014 年 4 月 12 日，南京农业大学与北京碧青园园林绿化工程有限公司就耐盐、耐涝、高产菊芋新品种——南菊芋 9 号品种及相关专利转让举行签约仪式。土地盐碱化是人类面临的一个世界性问题，我国有盐碱地约 3 630 万公顷，75%左右未得到有效治理或开发利用。刘兆普教授的耐盐、耐涝、高产菊芋新品种——南菊芋 9 号品种及相关专利对大规模盐碱地治理和利用战略产业的发展具有重大推动作用。合同金额达 210 万元。

◇2015 年 9 月，姜平教授团队成果“猪圆环病毒兽用疫苗”转让普莱柯生物工程股份有限公司等 6 家企业，截至目前，合同转让金额合计 3 150 万元。

◇2015 年 1 月 17 日，南京农业大学与中国种子集团就 W030 水稻品种转让举行签约仪式。副校长丁艳锋，品种发明人农学院万建民教授及团队成员，中国种子集团副总经理王晓明等参加了仪式。签约仪式由科研院产学研合作处处长郑金伟主持。转让金额合计 360 万，外加销售提成。

◇2016 年 3 月 22 日，南京农业大学与北京三聚环保新材料股份有限公司联合组建“生物质绿色工程技术中心”，共同开展生物质炭化新技术、生物质炭肥和土壤改良剂产品的研发。中心每年获 150 万元实验室运行经费和 150 万元专项研发经费，连续资助 5 年。

◇2016 年 3 月 25 日，南京农业大学周继勇教授团队与宁波天邦股份有限公司共建“兽用疫苗研发平台”，开展以预防猪禽主要疫病为基础的生物制品研发。平台每年获 300 万元专项经费，连续资助 10 年。

◇2016 年 5 月 17 日下午，南京农业大学强胜教授团队成果“一种治理悬铃木飘絮生物抑制剂技术”成果转让南京登博生态科技股份有限公司，转让金额 770 万元。

◇2017 年 4 月 22 日，“低谷蛋白水稻 W0868 品种权转让及稻米生产经营权独占许可”科技成果转让签约仪式在南京农业大学举行。此次福州东泽医疗集团与南京农业大学的“低谷蛋白水稻 W0868 品种权转让及稻米生产经营权独占许可”签约合作，是作物遗传育种研发成果产学研链式开发的一个典范，它是中国首个具有国际领先水平、具有完全自主知识产权的农业高科技成果在肾脏医学应用领域的成功转化，是“农业供给侧改革”的实际践行。“低谷蛋白水稻 W0868”成果成功转化，将造福全国乃至全球数以亿万计的慢性肾脏病人。转让金额合计 850 万，外加提成。

◇2017 年 5 月 5 日，农业部办公厅发布了关于推介发布秸秆农用十大模式的通知，南京农业大学潘根兴教授团队领衔开发的秸秆炭化生产线和炭基肥绿色农业应用技术（秸—炭—肥还田改土模式）入选农业部所推介的秸秆农用十大模式之一。

◇2017 年 7 月 1 日，南京农业大学沈其荣教授获首届“江苏省专利发明人奖”，全省仅 10 人获此殊荣。沈其荣教授长期从事有机肥，生物有机肥和土壤微生物等方面的研究，作为主要专利发明人创造有效国内专利 66 项，其中发明专利 44 项，创造有效国（境）外专利 3 项，近 3 年专利申请总数 38 项。

5. 科技镇长团

◇2011 年，南京农业大学挂职璜土镇党委副书记的第四批“科技镇长团”成员王三红博士，针对地方实际提出了改良葡萄品种、加快发展设施农业、现代农业的思路建议，向镇党委提交了《璜土镇园艺转型升级建议方案》《璜土镇葡萄产业振兴计划》《璜土镇葡萄品种改良及设施建设建议方案》等专题报告，成为璜土镇农业现代化发展的重要理论支撑。

◇2011 年 12 月 16 日，海门科技镇长团成员助推南京农业大学海门山羊研发中心落成。国家肉羊体系办主任荣威恒、省农委副主任王春喜、南京农业大学副校长丁艳锋、海门市委副书记陆一飞对海门山羊研发中心的落成表示祝贺，并希望中心充分发挥海门资源优势与南京农业大学科教优势，互惠互助，合作共赢，共同推进海门山羊“产、学、研”一体化发展。

◇2015 年 7 月 22 日，南京农业大学农村发展学院党委书记李昌新教授带领专家团队，赴溧水区开展《南京市“十三五”农业发展规划》座谈调研。挂职干部、副区长乔玉山、副区长戴孝礼等出席会议。

◇2015 年 8 月 20 日，淮安市金湖县邀请科技镇长团后方单位——南京农业大学的专家教授，在闵桥镇举办“高效设施农业水生蔬菜规模种植技术”现场观摩式培训。

◇2015 年 10 月 24 日，国家科技部农村司基层处副处长王亚武、省科技厅农村处处长陈洪强、南京市科委城乡处处长陶波、栖霞区科技局局长朱勇、南京农业大学副校长丁艳锋、科研院常务副院长姜东、科研院项目处处长陶书田等一行考察调研南京市栖霞区八卦洲现代农业发展情况，八卦洲街道工委书记曹显进、办事处主任李春节、工委副书记（科技镇长团成员）陈俐陪同调研。

◇2015 年 12 月 30 日，苏州市吴江区震泽镇与南京农业大学人文学院开展产学研对接。会议要求双方以科技镇长团为纽带，充分利用现有资源，不单单是南农人文学院的资源，也可以利用南农其他学院的资源，实现校地农业、旅游等多方面的合作。

◇2017 年 2 月 17 日，常州市武进区礼嘉镇召开葡萄产业发展研讨会。武进区人民政府副区长薛红霞、刘荫梅，南京农业大学新农村发展研究院办公室副主任李玉清等出席研讨会。南京农业大学动科学院副教授、礼嘉镇党委副书记李平华介绍了礼嘉镇葡萄产业发展现状、难点问题、后期发展思路和组织保障机制。

6. 政策咨询

◇2012 年，南京农业大学首次设立 9 项人文社科重大招标项目和 11 项“新农村发展研究专项”项目，旨在促进人文社科专家、教授针对我国农业现代化和社会主义新农村建设中遇到的具有全局性、战略性、前瞻性的重大理论和实践问题进行跨学科研究，强化学校人文社会科学的政策咨询功能。

◇2014 年，南京农业大学人文社科处成立，首次在全校社科领域制订并实施了《南京农业大学中央高校基本科研业务费人文社科基金资助体系（试行）》。

◇2014 年 1 月 26 日，《江苏新农村发展系列报告（2013）》发布会在南京农业大学举行。报告共 13 个分册，包括农村经济社会、农民专业合作组织、农村金融、乡村治理、农村社会保障、休闲农业、农业信息化、农村政治文明、生态文明、公共服务、文化建设、工业及城镇化和农业生产经营。

◇2014 年 6 月 13 日，南京农业大学召开新型高校智库建设座谈会。邀请江苏省社科联副主席徐之顺等专家，围绕新型高校智库建设主题展开交流，为南京农业大学智库建设规划提出建议。

◇2015 年 1 月 17 日，《江苏新农村发展系列报告 2014》发布会在南京农业大学举行，《农民日报》《科技日报》《中国社会科学报》《新华日报》、江苏卫视、新华网等 10 多家媒体进行了关注报道。

◇2015 年，南京农业大学经济管理学院朱晶教授领衔的“江苏粮食安全研究中心”被确定为江苏高校哲学社会科学重点研究基地。

◇2015 年 8 月 31 日，南京农业大学金善宝农业现代化研究院论证会在南京农业大学学术交流中心举行。与会的领导专家就智库建设的必要性与紧迫性、目标与任务、定位与特色、机构设置、研究团队与依托、品牌产品、经费支持与体制机制以及保障措施等展开论证。

◇2015 年 11 月 10 日，江苏省新型智库建设工作推进会暨江苏省首批重点高端智库授牌仪式在南京举行，南京农业大学金善宝农业现代化研究院获批，成为江苏省新型重点高端智库。

◇2016 年 7 月 6 日，南京农业大学哲学社会科学联合会成立暨第一次代表大会在南京农业大学学术交流中心召开。南农社科联将力争为促进江苏地方社会文化和经济发展做出新的更大贡献。

◇2016 年，南京农业大学人文社科处修订出台了《南京农业大学中央高校基本科研业务费人文社科基金资助体系实施办法》（校社科发〔2016〕232 号），修订了《南京农业大学中央高校基本科研业务费人文社科基金管理办法》。

7. 科技帮扶

◇2011 年 9 月 18 日，南京农业大学援建的“爱心电教室”在西藏洛隆孜托镇中心小学揭牌。洛隆县县长泽仁俊美，昌都地委副秘书长、洛隆县委副书记张进出席揭牌仪式。泽仁俊美肯定了南农捐赠电脑、电脑桌等教学设备对促进洛隆县教育事业发展的作用与意义，并对与会师生提出了希望。

◇2012 年 11 月 24 日，南京农业大学向“五方挂钩”帮扶村捐赠电脑、图书。校党委副书记、纪委书记盛邦跃，党委组织部部长王春春，科学研究院副院长陈巍，食品学院党委书记董明盛，学校人才工作领导小组办公室副主任郭忠兴和园艺学院教授陶建敏等一行赴灌云县南李村，看望慰问南京农业大学在龙苴镇南李村的“五方挂钩”帮扶工作队队员朱筱玉。

◇2014 年 7 月 28 日，副校长丁艳锋一行赴四川省资阳市考察交流并参加校市合作座谈会。资阳市委常委、副校长胡锋、资阳市政府副市长何正月等会见了丁艳锋一行，并出席座谈会。

◇2014 年 11 月 18 日，南京农业大学党委书记左惟带队赴塔里木大学访问交流。左惟就如何推进教师攻读博士学位、研究生联合培养、科研项目联合申报、网络课程建设、意识形态教育、辅导员互派锻炼等领域务实交流合作与塔里木大学进行初步探讨。

◇2014 年 11 月 19 日，南京农业大学党委书记左惟等一行 5 人赴新疆农业大学考察。左惟指出，作为教育援疆的兄弟高校，感谢新疆农业大学多年来对前来援疆的领导和老师的关心和照顾，以后双方将进一步加强沟通，在如何构建能使双方互惠互利的合作机制和交流平台上作进一步协商。

◇2014 年 4 月 17 日，资阳市人民政府与南京农业大学战略合作框架协议签约仪式在资阳举行。左惟指出，南京农大将充分发挥科技、教育、人才、品牌优势，紧密结合资阳产业发展实际，引导学校科技成果落地转化，努力为资阳加快发展现代农业，打造西部绿色食品基地作出积极贡献，推动双方在深入合作的基础上实现共赢发展。

◇2015 年 11 月 28 日，南京农业大学校长周光宏率领有关部门和学院领导赴塔里木大学访问。周光宏希望双方站在新的高度和起点，深入交流探讨内生合作需求，凝练合作方向，寻求合作切入点，找准合作关键点，提升合作层次和水平。

◇2016 年 3 月，南京农业大学校党委书记左惟召集党委办公室、党委组织部、新农村发展研究院办公室等 8 个有关部门、学院负责人和产业专家，就贵州省麻江县定点扶贫工作开展研讨，专门研究今后一段时期内的扶贫开发工作。

◇2016 年 4 月 11—14 日，南京农业大学校党委书记左惟率队赴贵州省麻江县深化定点扶贫工作。校党委常委、副校长丁艳锋及新农办等职能部门、学院负责人及产业专家参与调研。左惟一行先后走访麻江县龙山镇、宣威镇、贤昌镇等 6 个乡镇的 11 个村寨，就麻江县蓝莓、锌硒米和红蒜等特色产业发展状况进行深入研讨，南京农业大学同麻江县共同签署了《南京农业大学定点扶贫麻江县合作备忘录》。

◇2016 年 5 月 21 日，南京农业大学校党委副书记王春春一行赴贵州省黔东南苗族侗族自治州麻江县看望南京农业大学挂职干部施雪钢同志和第十七届研究生支教团成员，校地双方召开南京农业大学到麻江对接挂职干部和研究生支教团工作座谈会。学工处、团委、宣传部等相关职能部门同志陪同。

◇2016 年 7 月 22 日，南京农业大学校党委副书记盛邦跃及新农办等一行赴贵州参加黔东南苗族侗族自治州成立 60 周年庆典活动，同时带队开展“教授服务团走进贫困地区”示范活动。

◇2016 年 10 月 31 日，南京农业大学校党委副书记盛邦跃及党委组织部、新农办等一行赴灌南县调研省定经济薄弱村挂钩帮扶工作，慰问困难群众，考察帮扶项目并与地方政府开展扶贫工作座谈。

◇2016 年 12 月 9—11 日，南京农业大学副校长丁艳锋率新农办等职能部门及专家，赴江西省井冈山市调研扶贫工作。新农办代表学校同井冈山市人民政府签署《南京农业大学井冈山国家农业科技园区专家工作站共建协议》。

◇2016 年 12 月 23—24 日，南京农业大学副校长陈发棣及园艺学院等专家一行赴麻江深入考察菊花谷拓展建设项目，沟通锌硒米、红蒜等产业扶贫开发项目实施推进工作。

8. 人才培训

◇2011 年 8 月，江苏省委组织部（江苏省援疆克州指挥部）与南京农业大学签署合作培训协议，计划两年培训 2 000 人。

◇2012 年 4 月 17 日，来自全国 14 个省市 103 名农牧渔业局长和农业部机关部分青年干部轮训班开班典礼在南京农业大学学术交流中心举行。

◇2013 年 4 月，南京农业大学成立“南京农业大学大学生村官培训中心”，挂靠继续教育学院，与中央农业干部培训中心南京农业大学分院合署办公。揭牌仪式上，副校长胡锋就成立大学生村官培训中心的目的和意义做了重点阐述。

◇2014 年 11 月 19 日，科技部国家级“科技特派员创业培训基地”在南京农业大学继续教育学院挂牌。作为国家级科技特派员创业培训基地，南京农业大学新农村发展研究院将联同继续教育学院陆续开展科技特派员继续教育和创业培训工作，充实和完善科技特派员的队伍结构和知识结构，提升科技特派员创新创业能力，为江苏省、长三角地区乃至全国范围的科技特派员创业提供智力支持。

◇2015 年 5 月 13 日，南京农业大学继续教育学院“汤山翠谷实践教学基地”挂牌仪式在汤山翠谷现代农业科技园举行。南京农业大学副校长陈利根、南京新农集团副总经理施泽平为基地揭牌。

◇2016 年 6 月，在南京农业大学新农村发展研究院办公室的支持下，南京农业大学继续教育学院在承办的省内农业系统人员的培训班上，积极宣传并指导学员安装“南农易农”APP 软件，学员可随时随地用手机直接向南京农业大学专家教授咨询、提问，快速有效地解决问题。

9. 组织保障

◇2012 年 7 月，时任中央政治局委员、国务委员刘延东为南京农业大学新农村发展研究院授牌。

◇2012 年 9 月，中央财经领导小组办公室副主任、中央农村工作领导小组办公室主任陈锡文教授担任南京农业大学新农村发展研究院名誉院长。

◇2014 年 1 月 15 日，南京农业大学发文成立新农村发展研究院办公室、江苏农村发展学院办公室、新农村发展研究院和江苏农村发展学院院务委员会秘书处，三个机构合署办公。

◇2014 年 1 月 26 日，《江苏新农村发展系列报告（2013）》发布会在南京农业大学召开。会上发布了 13 个发展报告：《江苏农民专业合作组织发展报告》《江苏农村金融发展报告》《江苏乡村治理发展报告》《江苏农村社会保障发展报告》《江苏休闲农业发展报告》《江苏农业信息化发展报告》《江苏农村政治文明发展报告》《江苏农村经济社会发展报告》《江苏农村生态文明发展报告》《江苏公共服务发展报告》《江苏农村文化建设发展报告》《江苏农村工业和城镇化发展报告》《江苏农村农业生产经营发展报告》。

◇2014 年 3 月 6 日，南京农业大学发文成立新农村发展研究院和江苏农村发展学院院务委员会，委员会主任由校党委书记担任、副主任由分管副校长担任，院务委员会下设秘书处，秘书处秘书长由两院办公室主任担任，组成单位包括党委办公室、校长办公室、组织部、宣传部、团委、人事处、计财处、教务处、科学研究院、研究生院、人文社科处、学生工作处、继续教育学院和资产经营公司。

附表

附表1　2011—2016年外派挂职“科技镇长团”人员

年份	姓名	所在单位	挂职单位	挂职职务
2011	朱利群	农学院	张家港市常阴沙现代农业示范园区	副主任
	王三红	园艺学院	江阴市璜土镇	副书记/副镇长
	钱春桃	园艺学院	常熟市董浜镇	副书记
	张艳丽	动物科技学院	海门市三厂镇	副书记/副镇长
	何成华	动物医学院	句容市茅山镇	副书记/副镇长
	张树峰	发展委员会	太仓市城厢镇	副书记
	陶亚奇	理学院	金坛市薛埠镇	副书记/副镇长
2012	赵耕毛	资源与环境科学学院	南通市海安高新开发区管委会	副局长
	金　鹏	食品科技学院	兴化市城东镇	副书记/副镇长
	邵存林	外国语学院	吴江区同里镇	副书记/副镇长
	狄传华	学生工作处	惠山区阳山镇	副书记/副镇长
	万永杰	动物科技学院	海门市三厂工业园区	副主任
	孙怀平	公共管理学院	句容市后白镇	副书记/副镇长
	宋长年	园艺学院	江阴市璜土镇	副书记/副镇长
2013	段华平	农学院	灌云县现代化农业园区	副主任
	王　健	园艺学院	常熟市董浜镇	副书记/副镇长
	陈　暄	园艺学院	宜兴太华镇	副书记/副镇长
	叶永浩	植物保护学院	南京市六合区科技局	副局长
	王昱沣	食品科技学院	启东市王鲍镇	副书记/副镇长
	於朝梅	动物科技学院	海安老坝港滨海新区（角斜镇）	副书记/副镇长

（续）

年份	姓名	所在单位	挂职单位	挂职职务
2013	孙政国	动物科技学院	兴化市临城镇	副书记/副镇长
	耿献辉	经济管理学院	南京市溧水区人才办兼白马镇	副书记/副镇长
	张龙耀	金融学院	淮安市城东乡	副书记/副乡长
	傅雷鸣	工学院	灌南现代农业示范区	副主任
	丁海涛	发展委员会	东台区人才办兼城东新区	副主任
	刘智勇	教务处	徐州市铜山区三堡镇	副书记/副镇长
	孙怀平	公共管理学院	句容市后白镇	副书记/副镇长
2014	乔玉山	农场	南京市溧水区	副区长
	於朝梅	动物科技学院	南通市海安县	副书记/副镇长
	潘磊庆	食品科技学院	宿迁市宿豫区科技局	副局长
	刘红光	公共管理学院	宿迁市泗洪县科技局	副局长
	蒋广震	动物科技学院	盐城市大丰县大中镇	副书记/副镇长
	肖茂华	工学院	盐城市东台市科技局	副局长
	王长林	园艺学院	盐城市射阳县洋马镇	副书记/副镇长
	陈法军	植物保护学院	淮安市金湖县闵桥镇	副书记/副镇长
	王凤英	外国语学院	淮安市淮安区南闸镇	副书记/副镇长
	许金刚	科学研究院	南通市启东市滨海工业园	副主任
	孙政国	动物科技学院	泰州市兴化市科技局	副局长
2015	乔玉山	农场	南京市溧水区	副区长
	傅秀清	工学院	徐州市沛县安国镇	副书记/副镇长
	苏　静	人文与社会发展学院	苏州市吴江区震泽镇	副书记/副镇长
	陈会广	公共管理学院	常州市武进区横林镇	副书记/副镇长
	谭明谱	生命科学学院	盐城市大丰市科技局	副局长
	胡　冰	食品科技学院	盐城市亭湖区永丰镇	副书记/副镇长
	胡家香	经济管理学院	宿迁市泗洪县经济开发区	副主任
	陈　俐	科学研究院	南京栖霞区八卦洲街道	副书记/副主任
	蔡　剑	农学院	南京浦口区永宁街道	副书记/副主任
	刘　平	工学院	扬州市江都区农机局	副局长
	田素妍	人文与社会发展学院	常州市武进区礼嘉镇	副书记/副镇长
	王长林	园艺学院	盐城市射阳县洋马镇	副书记/副镇长
	肖茂华	工学院	盐城市东台科技局	副局长

（续）

年份	姓名	所在单位	挂职单位	挂职职务
2016	黄惠春	金融学院	苏州市高新区狮山街道	副主任
	徐大华	工学院	淮安市清河区科技局	副局长
	翁达来	公共管理学院	南京市溧水区洪蓝镇	副镇长
	张金明	公共管理学院	南京市六合区竹镇镇	副镇长
	蒋大华	科学研究院	南京市栖霞区八卦洲街道	副主任
	邱　威	人文与社会发展学院	淮安市淮安盐化新材料产业园区经发局	副局长
	李　娟	动物科技学院	淮安经济开发区人才办	副主任
	周　复	档案馆	盐城市大丰市南阳镇	副镇长
	隆小华	资源与环境科学学院	苏州市相城区望亭镇	副镇长
	李平华	动物科技学院	常州市武进区礼嘉镇	副镇长
	李坤权	工学院	徐州市邳州市环保局	副局长
	苏　静	人文与社会发展学院	苏州市吴江区震泽镇	副镇长

附表2　政策咨询成果一览

项目	完成人	所在单位	名　称	完成/出版时间
江苏农村发展决策要参	应瑞瑶	经济管理学院	促进我省农民专业合作社持续健康发展的政策建议——农户“合作社参与程度”调研报告	2014 年 1 月
	周应恒	经济管理学院	秸秆焚烧困境之解：韩国经验对江苏省的启示——基于光州、全州地区稻麦—牛联营模式的调查	2014 年 2 月
	李　明	人文与社会发展院	江苏农村文化建设的问题及对策——基于江苏农村的调查	2014 年 3 月
	周月书	金融学院	江苏农村金融发展现状、问题及对策	2014 年 4 月
	刘祖云	公共管理学院	苏北村庄治理：“发展主义”与“强人治村”——基于苏北宿迁市新民村的调研	2014 年 6 月
	冯淑怡	公共管理学院	规范土地承包经营权流转，促进现代农业发展	2014 年 9 月
	吴　群	公共管理学院	“四化同步”背景下江苏农村土地改革的几点思考——基于江苏的“百村”调研	2014 年 10 月
	李　放	公共管理学院	完善农村最低生活保障制度的对策	2014 年 11 月
	王学君 田　曦 严斌剑	经济管理学院	中韩 FTA 对江苏农业的潜在影响及对策建议	2015 年 3 月
	王学君 田　曦 严斌剑	经济管理学院	借中澳 FTA 之机　促江苏农业“走出去”	2015 年 4 月
	孙　华	公共管理学院	江苏省村镇建设现状、主要问题及对策建议	2015 年 5 月
	姚兆余	人文与社会发展学院	构建让农村居民更加满意的公共服务体系的政策建议——基于江苏省 1325 个农户的调查分析	2015 年 9 月
	孙　华	公共管理学院	基于农民意愿及现状调查的江苏农村城镇化问题及对策	2015 年 11 月
	卢　勇 王思明	人文与社会发展学院	引进与重构：日本全球农业文化遗产“朱鹮—稻田系统”对江苏的启示	2016 年 3 月
	陈　巍 郑华伟	新农村发展研究院办公室	江苏农村生态文明建设的现状、问题及对策	2016 年 4 月
	龙开胜	公共管理学院	盘活农村闲置宅基地　助力江苏新型城镇化	2016 年 7 月
	杨建国 刘祖云	公共管理学院	江苏乡村特色经济“一村一品”发展的成效问题与对策	2016 年 11 月

（续）

项目	完成人	所在单位	名　　称	完成/出版时间
江苏新农村发展系列报告	应瑞瑶	经济管理学院	江苏农民专业合作组织发展报告 2012	2013
	张　兵	金融学院	江苏农村金融发展报告 2012	2013
	刘祖云	公共管理学院	江苏乡村治理发展报告 2012	2013
	李　放	公共管理学院	江苏农村社会保障发展报告 2012	2013
	杨旺生	人文与社会发展学院	江苏休闲农业发展报告 2012	2013
	黄水清	信息科技学院	江苏农业信息化发展报告 2012	2013
	杨　珉	政治学院	江苏农村政治文明发展报告 2012	2013
	应瑞瑶	经济管理学院	江苏农民专业合作组织发展报告 2013	2014
	张　兵	金融学院	江苏农村金融发展报告 2013	2014
	刘祖云	公共管理学院	江苏乡村治理发展报告 2013	2014
	李　放	公共管理学院	江苏农村社会保障发展报告 2013	2014
	杨旺生	人文与社会发展学院	江苏休闲农业发展报告 2013	2014
	黄水清	信息科技院	江苏农业信息化发展报告 2013	2014
	杨　珉	政治学院	江苏农村政治文明发展报告 2013	2014
	周应恒 易福金	经济管理学院	江苏农村经济社会发展报告 2013	2014
	陈　巍	新农村发展研究院办公室	江苏农村生态文明发展报告 2013	2014
	姚兆余	人文与社会发展学院	江苏农村公共服务发展报告 2013	2014
	李　明 王思明	人文与社会发展学院	江苏农村文化建设发展报告 2013	2014
	孙　华	公共管理学院	江苏农村工业和城镇化发展报告 2013	2014
	冯淑怡	公共管理学院	江苏农村农业生产经营发展报告 2013	2014
	应瑞瑶	经济管理学院	江苏农民专业合作组织发展报告 2014	2015
	张　兵 周月书	金融学院	江苏农村金融发展报告 2014	2015
	刘祖云	公共管理学院	江苏乡村治理发展报告 2014	2015
	李　放	公共管理学院	江苏农村社会保障发展报告 2014	2015
	杨旺生	人文与社会发展学院	江苏休闲农业发展报告 2014	2015

（续）

项目	完成人	所在单位	名　称	完成/出版时间
江苏新农村发展系列报告	黄水清	信息科技学院	江苏农业信息化发展报告 2014	2015
	杨　珉	政治学院	江苏农村政治文明发展报告 2014	2015
	周应恒 易福金	经济管理学院	江苏农村经济社会发展报告 2014	2015
	陈　巍	新农村发展研究院办公室	江苏农村生态文明发展报告 2014	2015
	姚兆余	人文与社会发展学院	江苏农村公共服务发展报告 2014	2015
	李　明 王思明	人文与社会发展院	江苏农村文化建设发展报告 2014	2015
	孙　华	公共管理学院	江苏农村工业和城镇化发展报告 2014	2015
	冯淑怡	公共管理学院	江苏农村农业生产经营发展报告 2014	2015
	刘祖云等	公共管理学院	江苏新农村发展报告 2016	2016

附表3　农业技术推广：“挂县强农富民”工程

年份	对接县	对接村	驻村专家	所在学院	服务领域
2011	灌云	伊山镇王圩村	杨立飞	园艺学院	蔬菜新品种及其高效集成技术的示范推广
		伊山镇侍圩村	吴　震	园艺学院	
		伊山镇双湾村	黄保健	园艺学院	
		白蚬乡长兴村	颜培实	动物科技学院	发酵床与优质猪肉集成技术的示范与推广
		四队镇付岔村	毛胜勇	动物科技学院	
2011	射阳	四明镇新南村	陆应林	动物科技学院	蛋鸡健康养殖关键技术集成与示范推广
		耦耕镇兴藕村	虞德兵		
		星桥镇红星村	杜文兴		
		洋马镇药材村	刘德辉	园艺学院	菊花多重连作病害系统防治的生态调控技术与产业化推广应用
		洋马镇贺东村	陈长军		
2012	灌云	伊山镇王圩村	杨立飞	园艺学院	设施蔬菜高效避病栽培
		伊山镇侍圩村	郭世荣		
		伊山镇双湾村	高志红		
		伊山镇三庄村	颜培实	动物科技学院	农村养猪规模化技术支撑示范
		陡沟乡五户村	李春梅		
2012	射阳	兴桥镇跃中村	许家荣	动物科技学院	蛋鸡健康养殖关键技术集成与示范推广
		新坍镇新坍居委会	徐志刚		
		海通镇中尖村	陆应林	园艺学院	药用菊花连作障碍综合防控技术和高效园艺栽培技术的推广应用
		洋马镇药材村	刘德辉		
		合德镇友爱村	王建军		
2012	张家港	乐余镇永利村	王三红	园艺学院	梨、葡萄优质高效栽培技术的示范与推广
		杨舍镇福前村	章　镇 渠慎春		
		凤凰镇高庄村	张绍铃		
		现代农业示范园区常阴沙社区	黄保健		设施蔬菜高产、安全生产技术集成与应用
		锦丰镇南岗村	钱春桃		
2012	高淳	固城镇九龙村	赵明文	生科学院	双孢蘑菇优质高效栽培技术的集成与示范
		固城镇花庙村	师　亮		
		东坝镇红松村	陶建敏	园艺学院	葡萄新品种

（续）

年份	对接县	对接村	驻村专家	所在学院	服务领域
2013	金湖	戴楼镇衡阳村	孙　锦	园艺学院	设施蔬菜高产、安全生产技术集成与应用
		银集镇红湖村	吴　震		
		陈桥镇振兴村	束　胜		
		锦丰镇南岗村	钱春桃		
2013	射阳	盘湾镇裕丰村	许家荣	动物科技学院	蛋鸡健康养殖关键技术集成与示范推广
		四明镇维新村	徐志刚		
		海通镇中尖村	陆应林		
		洋马镇药材村	刘德辉	园艺学院	高效园艺栽培技术的推广应用和药用菊花连作障碍综合防控技术
		合德镇友爱村	王建军		
2013	灌云	伊山镇山西村	杨立飞	园艺学院	果蔬高效优质栽培及病虫害防治综合技术示范与推广
		杨集镇双湾村	郭世荣		
		侍庄乡侍圩村	高志红		
		东王集乡兴春村	颜培实	动物科技学院	农村养猪规模化技术支撑示范
		南岗乡五户村	李春梅		
2013	张家港	乐余镇永利村	王三红	园艺学院	梨、葡萄优质高效栽培技术的示范与推广
		杨舍镇福前村	渠慎春		
		凤凰镇高庄村	张绍铃		
		现代农业示范园区常阴沙社区	黄保健		设施蔬菜高产、安全生产技术集成与应用
		塘桥镇牛桥村	钱春桃		
2014	张家港	凤凰镇鸷山村	渠慎春	园艺学院	梨、葡萄优质高效栽培技术的示范与推广
		杨舍镇福前村	章　镇		
		乐余镇永利村	徐长宝		
		锦丰镇南港村	娄群峰		设施蔬菜高产、安全生产技术集成与应用
		塘桥镇牛桥村	李　季		
2014	东海	桃林镇北芹村	石海仙	园艺学院	设施蔬菜、草莓种植
		横沟乡三合村	章　镇		
		黄川镇桃李村	陶建敏		
		双店镇季岭村	黄瑞华	动物科技学院	生猪养殖
		李埝乡高山村	周　波		

（续）

年份	对接县	对接村	驻村专家	所在学院	服务领域
2014	泗洪	四河乡淮丰村	孙　锦	园艺学院	设施蔬菜高产、安全生产技术集成与应用
		魏营镇刘营村	王　健		
		孙园镇刘德村	束　胜		
		青阳镇邓庄居	李刚华	农学院	稻、麦优质高效栽培技术示范与推广
		石集乡新汴村	丁承强		
2014	射阳	海通镇中尖村	陆应林	动物科技学院	蛋鸡高效规模养殖
		合德镇淮海居委会	高　峰		
		特庸镇长胜村	虞德兵		
		合德镇友爱村	王建军	园艺学院	高效园艺
		合德镇凤凰村	张蜀宁		
2015	张家港	凤凰镇鸷山村	渠慎春	园艺学院	梨、葡萄优质高效栽培技术的示范与推广
		杨舍镇福前村	高志红		
		乐余镇永利村	徐长宝		
		锦丰镇南港村	钱春桃 娄群峰		设施蔬菜高产、安全生产技术集成与应用
		塘桥镇牛桥村	李　季		
2015	东海	黄川镇桃李村	陶建敏	园艺学院	设施草莓种植
		黄川镇新沭村	石海仙		
		黄川镇家和村	王三红		
		桃林镇北芹村	柳李旺		设施蔬菜
		白塔埠镇前营村	王　燕 蒋芳玲		
2015	泗洪	四河乡淮丰村	王　健	园艺学院	设施蔬菜高产、安全生产技术集成与应用
		魏营镇刘营村	束　胜		
		孙园镇刘德村	杨红兵		
		青阳镇邓庄居	李刚华	农学院	稻、麦优质高效栽培技术示范与推广
		石集乡新汴村	丁承强		
2015	射阳	海通镇中尖村	陆应林	动物科技学院	蛋鸡高效规模养殖
		特庸镇长胜村	虞德兵		
		长荡镇胜利桥村	李东锋		

（续）

年份	对接县	对接村	驻村专家	所在学院	服务领域
2015	射阳	合德镇凤凰村 合德镇西厦村	王建军 张蜀宁	园艺学院	高效园艺
2016	张家港	凤凰镇莺山村	渠慎春	园艺学院	梨、葡萄优质高效栽培技术的示范与推广
		杨舍镇福前村	高志红		
		乐余镇永利村	徐长宝		设施蔬菜高产、安全生产技术集成与应用
		杨舍镇善港村	钱春桃 娄群峰		
		常阴沙现代农业示范园常南社区	李　季		
2016	东海	石梁河镇韩湖村	陶建敏	园艺学院	设施草莓种植
		石梁河镇胜泉村	石海仙		
		石梁河镇土山村	王三红		
		石湖乡水库村	柳李旺		设施蔬菜
		石湖乡大娄村	王　燕 蒋芳玲		
2016	泗洪	四河乡淮丰村	孙　锦 王　健	园艺学院	设施蔬菜高产、安全生产技术集成与应用
		孙园镇刘德村	束　胜		
		青阳镇邓庄居	王绍华	农学院	稻、麦优质高效栽培技术示范与推广
		青阳镇花庄村	唐　设		
		石集乡新汴村	李刚华 丁承强		
2016	射阳	海通镇中尖村	陆应林	动物科技学院	蛋鸡高效规模养殖示范与推广
		特庸镇长胜村	虞德兵		
		盘湾镇裕丰村	李东锋		
		洋马镇药材村	管志勇	园艺学院	菊花新品种优质高效栽培技术示范
		洋马镇贺东村	房伟民		

附表4 农业技术推广：农业三新工程

年份	单位	主持人	项目名称
2011	农学院	江　玲	优质高产抗黑条矮缩病水稻新品种选育
		王秀娥	高产、多抗、优质小麦新品种的选育、示范与推广
		沈其荣 丁艳锋	稻麦周年秸秆全量还田及高产高效栽培技术试验示范
		王耀南 王强盛	机插水稻商品化基质育供秧定量高效技术体系研究与应用
		王强盛	水稻丰产高效精确定量设计栽培技术
		戴廷波	稻秸全量还田小麦高产高效栽培技术
	植物保护学院	郑小波 韩召军	水稻重大病虫害防治技术平台建设与应用
	园艺学院	郭世荣	设施构型优化及设施蔬菜逆境障碍防治技术示范推广
		黄保健 陈劲枫 吴　震	设施蔬菜连作土壤修复基质应用技术、瓜果类蔬菜优质化栽培技术、蔬菜土壤有机覆盖栽培技术
	动物科技学院	王根林	奶牛全混合日粮及相关配套新技术研发与应用
	食品科技学院	周光宏 张海彬	肉品加工与质量安全控制关键技术
	动物科技学院	徐维娜	黄颡鱼鱼苗期人工配合饲料的研发和应用
2012	农学院	陈兵林	棉花超高产栽培关键技术集成与应用
		田永超	稻麦生长指标光谱监测技术与产品的开发应用
		戴廷波	小麦高产高效精确栽培技术集成与示范
		王强盛	机插粳稻高产高效栽培技术体系研究与示范
	园艺学院	郭世荣	设施构型优化及设施蔬菜省工低耗高效栽培技术示范推广
		房经贵	江苏省重要果树容器育苗技术的研发与推广
	资源与环境科学学院	徐阳春	多功能菌剂在秸秆生物反应堆的应用及推广
	动物科技学院	王根林	奶牛隐性乳房炎机理、防控及其配套技术研究与应用
		黄瑞华	集约化猪场生猪高效健康养殖技术集成与推广

（续）

年份	单位	主持人	项目名称
2013	农学院	丁艳锋 唐　设	麦茬高产水稻机插精确定量栽培的关键技术集成与示范
		刘小军	基于传感网的稻麦生长诊断与调控技术开发应用
		周治国	江苏沿海棉花机械化轻简高效现代生产技术体系研究与应用
		王强盛	水稻新型钵苗机栽壮苗培育定量栽培技术集成及推广应用
	园艺学院	郭世荣	设施构型优化与设施蔬菜高效生产技术体系集成及推广
2014	农学院	朱艳	江苏省现代农业园区智慧管理平台研发
		戴廷波	淮北稻茬晚播小麦高产节肥技术集成与示范
		郭坚华	生物肥料“宁盾”在蔬菜健康生长中的应用技术示范推广
	动物科技学院	王　锋	肉羊高效健康养殖技术集成与示范推广
		沈益新	基于肉牛生产的稻草饲料化关键技术集成创新与示范
	园艺学院	房伟民	多头切花小菊新品种及配套技术示范推广
	信息科技学院	徐焕良	信息化设施果蔬生态安全生产技术装备研发与示范
	经济管理学院	陈利根	南京农业大学白马教学科研基地绿美乡村树种配置与景观构建
	动物科技学院	张定东	蟹池多品种混养模式下的饲料配套技术研究与集成示范
2015	农学院	孟亚利	基于滨海盐碱地“小麦—棉花”周年秸秆还田的土壤质量提升与粮棉协同增产技术
		姜　东	江苏稻茬小麦防灾减灾栽培技术集成与示范
	动科科技学院	黄瑞华	生猪标准化生态规模养殖综合技术集成推广
	生命科学学院	陈亚华	重金属污染农田“安全、高效生产及生态循环修复模式”技术推广及应用
		蔡庆生	水稻套播多花黑麦草高产栽培技术集成与示范
	园艺学院	郭世荣	设施蔬菜优质、高效、可持续生产关键技术集成创新与推广
		管志勇	菊花及其近缘种资源保护与利用
	植物保护学院	郭坚华	番茄绿色种植植保技术体系
	资源与环境科学学院	郑青松	基于新型抗盐基质在沿海滩涂上应用的高效栽培技术集成与示范
	草业学院	孙政国	肉羊全混合日粮饲喂新技术集成研究与示范
	农学院	王强盛	机插水稻基质育秧新技术示范与推广
		王强盛	现代农业稻麦科技综合示范推广项目
	信息科技学院	徐焕良	信息化设施果蔬生态安全生产技术装备研发与示范
	农学院	王强盛	林间套种紫山药高效种植的技术集成与模式示范
	动物医学院	刘永杰	水产养殖主要病原微生物的组成和动态分布研究

（续）

年份	单位	主持人	项目名称
2016	工学院	周　俊	谷物联合收获机自动导航及测产系统开发与应用
	农学院	朱　艳	江苏智慧农业科技综合示范
		刘小军	作物精确管理技术在宜兴市的集成与示范
		王耀南	秸秆还田绿色水稻机插精确栽培技术集成示范
		周治国	麦（油）棉机械双直播高校种植模式
		王强盛	麦秸还田水稻机械化高产高效周年生产技术示范推广
	园艺学院	张　飞	切花菊缓慢生长离体保存技术
		侯喜林	叶菜优质安全快速高效周年生产技术示范推广
		郭世荣	粮菜（瓜）高效复种技术研究推广
	动物科技学院	蔡亚非	奶牛生产性能测定（DHI）技术的研发与示范推广
		虞德兵	林禽草生态种养模式生产优质草鸡的技术集成与示范推广
	生命科学学院	强　胜	稻麦连作田杂草可持续生态控草技术集成与示范
	工学院	李　骅	稻秆热物理预处理、裹包微贮纸杯饲料技术集成与示范
	草业学院	孙政国	高宝兴地区优质饲草高产栽培与调制技术集成
	动物科技学院	蒋广震	大规格优质成蟹饲料配制与投喂技术研发与示范
	工学院	沈明霞	母猪健康养殖智能化技术装备应用开发
		何瑞银 杨海水	稻麦秸秆机械化连续还田周年监测与分析
		熊迎军	基于北斗的“互联网＋”农机监控调度系统应用开发项目合作

附表5　南京农业大学第一至四批江苏省科技特派员名单

批次	姓名	单位	对口服务单位
第一批	吴　健	园艺学院	睢宁县古邳镇吴口村
	吴　震	园艺学院	沛县朱寨镇甄楼村
	郭世荣	园艺学院	灌云县陡沟乡贺庄村
	王根林	动物科技学院	东海县李埝乡石寨村
	汪良驹	园艺学院	东海县山左口乡中寨村
	渠慎春	园艺学院	东海县桃林镇徐东村
	王　锋	动物科技学院	灌南县三口镇汪圩村
第二批	方星星	动物科技学院	射阳县兴桥镇安南村
	管志勇	园艺学院	射阳县海通镇康强现代农业科技园
	刘德辉	园艺学院	射阳县洋马镇药材村
	钱春桃	园艺学院	射阳县藕耕镇友爱村
	吴华清	园艺学院	射阳县海河镇跃华村
	黄保健	园艺学院	灌云县同兴镇大新社区
	郭世荣	园艺学院	灌云县伊山镇王圩村
	吴　震	园艺学院	灌云县圩丰镇小兴村
	颜培实	动科学院	灌云县东王集乡杨圩村，伊山镇发酵床养猪场
	虞德兵	动物科技学院	灌云县东王集乡东湾村
第三批	杜文兴	动物科技学院	南京绿草香农业发展有限公司 睢宁县惠康鸭业合作社
	和文龙	资源与环境学院	南京黑玉特种家禽养殖专业合作社
	韩永斌	食品学院	南京脆而爽食品有限公司
	安辛欣	食品学院	江苏天丰生物科技有限公司
	陶建敏	园艺学院	南京傅家边科技园集团有限公司 江苏省枣林湾实业有限公司
	高志红	园艺学院	南京傅家边科技园集团有限公司
	杨德吉	动医学院	南京福斯特牧业科技有限公司
	沈晋良	植物保护学院	南京艾金化工有限公司
	董立尧	植物保护学院	南京艾金化工有限公司

（续）

批次	姓名	单位	对口服务单位
第三批	杨兴明	资源与环境科学学院	江苏新天地生物肥料工程中心有限公司
	徐阳春	资源与环境科学学院	江苏新天地生物肥料工程中心有限公司
	黄启为	资源与环境科学学院	江苏新天地生物肥料工程中心有限公司
	陈晓红	食品科技学院	徐州惠农益康肉制品有限公司
	李中平	理学院	徐州惠农鸭业有限公司
	姜　梅	食品科技学院	徐州惠农益康肉制品有限公司
	丁艳峰	农学院	张家港现代农业示范园区
	王绍华	农学院	张家港现代农业示范园区
	刘正辉	农学院	张家港现代农业示范园区
	李刚华	农学院	张家港现代农业示范园区
	陶建敏	园艺学院	张家港市神园葡萄科技有限公司
	余德贵	人文与发展学院	江苏凯乐食品有限公司
	汤一卒	农学院	江苏省乐源绿色农业发展有限公司
	汤国辉	新农村发展研究院办公室	南通恒昌隆食品公司
	郁志芳	食品科技学院	南通恒昌隆食品公司
	沈益新	草业学院	启东市尔福乳品公司
	蔡庆生	生命与科学学院	启东市尔福乳品公司
	王　峰	动物科技学院	启东市尔福乳品公司
	李信辉	食品科技学院	涟水县周庄小农场
	赵明文	生命科学学院	盐城神农保健食品有限公司
	黄瑞华	动物科技学院	东台市千禧福冷冻食品有限公司
	章　镇	园艺学院	江苏葡霞园农业科技有限公司
	胡元亮	动物医学院	镇江天和生物技术有限公司
	王康才	园艺学院	高港中药饮片有限公司
	代静玉	资源与环境科学学院	高港中药饮片有限公司
	唐晓清	园艺学院	高港中药饮片有限公司
	陈　暄	园艺学院	高港中药饮片有限公司
第四批	王　锋	动物科技学院	南京市江宁区畜牧兽医站
	刘文斌	动物科技学院	南京市江宁五城水产合作社
	黄瑞华	动物科技学院	南京大农生猪专业合作社
	顾振新	食品科技学院	南京振林食品有限公司
	韩永斌	食品科技学院	南京九峰堂蜂产品有限公司
	陈晓红	食品科技学院	南京新润食品有限公司
	周　斌	动物医学院	南京市江宁区畜牧兽医站
	孙卫东	动物医学院	南京市江宁区畜牧兽医站

（续）

批次	姓名	单位	对口服务单位
第四批	李刚华	农学院	南京市江宁区湖熟农业服务中心
	王强盛	农学院	南京市江宁区湖熟农业服务中心
	卞新民	农学院	南京土桥稻米专业合作社
	黎星辉	园艺学院	南京市六合区六冶茶叶专业合作社
	强　胜	生命科学学院	江苏艾津农化有限责任公司
	伍辉军	植物保护学院	南京三美农业发展有限公司
	高学文	植物保护学院	南京三美农业发展有限公司
	房婉萍	园艺学院	南京融点食品科技有限公司
	陶建敏	园艺学院	南京禾秀生态科技开发有限公司
	黎星辉	园艺学院	高淳县沿河茶叶专业合作社
	谢　庄	园艺学院	江阴大农伯农牧发展有限公司
	范红结	园艺学院	江苏南农高科技术股份有限公司
	冉　炜	园艺学院	无锡新天地生物肥料有限公司
	向增旭	园艺学院	爱琴海太湖生态农业专业合作社
	顾振新	食品科技学院	江苏虹腾食品有限公司
	高志虹	园艺学院	宜兴市明珠食品有限公司
	姬莹莹	园艺学院	贾汪区耿集镇瓦房村
	李　舰	动物科技学院	徐州观音猪业有限公司
	蒋芳玲	园艺学院	江苏佳盛源农业发展有限公司
	韩兆玉	动物科技学院	睢宁县红光奶牛饲养专业合作社
	吴彦宁	研究生院	睢宁县红光奶牛饲养专业合作社
	周　波	动物科技学院	江苏省永康农牧科技有限公司
	陶建敏	园艺学院	张家港市神园葡萄科技有限公司
	钱春桃	园艺学院	张家港塘桥生态农产品专业合作社
	丁艳峰	农学院	张家港市现代农业投资有限公司
	王绍华	农学院	张家港市现代农业投资有限公司
	刘正辉	农学院	张家港市现代农业投资有限公司
	侯喜林	园艺学院	张家港市南丰和平村蔬菜基地
	黄保健	园艺学院	现代农业示范园区优质蔬菜基地
	柳李旺	园艺学院	张家港市同华蔬果专业合作社
	王强盛	农学院	常熟市支塘镇红沙村
	郭坚华	植物保护学院	安丰生物源农药工程中心有限公司
	许　泉	农学院	安丰生物源农药工程中心有限公司
	王勇明	农学院	安丰生物源农药工程中心有限公司
	伍辉军	植物保护学院	吴江市科技局

（续）

批次	姓名	单位	对口服务单位
第四批	周　琴	农学院	农村科技超市启东设施蔬菜分店
	陈兵林	农学院	农村科技超市启东设施蔬菜分店
	别小妹	食品科技学院	农村科技超市启东设施蔬菜分店
	罗卫红	农学院	农村科技超市启东设施蔬菜分店
	王建飞	农学院	农村科技超市启东设施蔬菜分店
	崔中利	生命科学学院	农村科技超市启东设施蔬菜分店
	王根林	动物科技学院	农村科技超市启东设施蔬菜分店
	邢　邯	农学院	农村科技超市启东设施蔬菜分店
	麻　浩	农学院	农村科技超市启东设施蔬菜分店
	江海东	农学院	农村科技超市启东设施蔬菜分店
	隆小华	资源与环境科学学院	江苏盐土大地农业科技有限公司
	余德贵	人文与社会发展学院	仙湖现代农业科技示范园有限公司
	宋俊峰	研究生院	仙湖现代农业科技示范园有限公司
	胡以涛	图书馆	仙湖现代农业科技示范园有限公司
	韩永斌	食品科技学院	扬州花扇蔬菜食品有限公司
	吴　震	园艺学院	仪征市枣林湾生态园管委会
	陶建敏	园艺学院	扬州紫馨生态农业有限公司
	郭世荣	园艺学院	江苏枣林湾农业科技有限公司
	章　镇	园艺学院	仪征市枣林湾管理委员会
	高　翔	工学院	江苏宝祥再生能源有限公司
	丁振强	经济管理学院	江苏宝祥再生能源有限公司
	李　骅	工学院	江苏宝祥再生能源有限公司
	陈发棣	园艺学院	江苏腾龙园林绿化工程有限公司
	房伟民	园艺学院	江苏腾龙园林绿化工程有限公司
	陈　煜	草业学院	江苏腾龙园林绿化工程有限公司
	丁为民	工学院	姜堰市新科机械制造有限公司

附表6 2011—2016年人才培训情况一览

年份	项目名称	委托单位	培训对象	培训人数
2011	新疆克州基层干部培训班	新疆克州党委组织部	基层部干	30
	农业部农牧渔业大县农业局长班	农业部	局长	100
	安徽宿州现代农业发展培训班	宿州市委组织部	涉农部门负责人	30
	食品安全与健康养身	南京市委组织部	处级以上干部	109
	房地产市场发展与调控	南京市委组织部	处级以上干部	47
	青海省种子站专业技术人员培训班	青海省农委	技术骨干	43
	新疆克州处级干部培训班	新疆克州党委组织部	处级干部	30
	浙江常山县国土资源管理专题培训班	常山县国土局	国土管理人员	30
	新疆克州纪组宣干部培训班	新疆克州党委组织部	科级以上干部	20
	镇江新区现代农业培训班	镇江新区管委会	管理干部	120
	句容市现代农业示范型培训班	句容市委组织部	乡镇领导	65
	河南濮阳市现代农业培训班	濮阳市农委	技术骨干	42
	2011省农技推广种植业培训班	江苏省农委	技术骨干	138
	新疆克州统战政法干部培训班	新疆克州党委组织部	科级以上干部	26
	阜宁现代农业发展培训班	阜宁县农委	乡镇干部	100
	南京市“食品安全与健康养身”培训班	南京市委组织部	处级以上干部	126
	宁夏农技推广种植业培训班（4个班）	宁夏石嘴山市农委	技术人员	165
	新疆克州农业管理干部培训班	新疆克州党委组织部	科级以上干部	26
	新疆克州宗教爱国人士培训班	新疆克州党委组织部	宗教人士	30
	新疆克州创先争优骨干分子培训班	新疆克州党委组织部	科级以上干部	30
	河南许昌新型农村社区建设培训班	许昌市农委	处级干部	48
	新疆克州乡镇党委书记、乡镇长培训班	新疆克州党委组织部	乡镇领导	45
	创业农民设施蔬菜专题培训	江苏省农委	农民	100
	创业农民家禽养殖专题培训	江苏省农委	农民	100
	阜宁农民专业合作社暨现代农业经营管理培训班	阜宁县农委	合作社负责人	50
	河南许昌农业产业化龙头企业培训班	许昌市农委	企业负责人	60
	新疆克州村级干部培训班	新疆克州党委组织部	村干部	50
	新疆克州市直属干部培训班	新疆克州党委组织部	机关干部	50
	2011省农技推广水产培训班	江苏省农委	技术人员	250
	农业部2011年农村沼气培训班	农业部	能源办负责人（处级）	68

（续）

年份	项目名称	委托单位	培训对象	培训人数
2012	新疆克州州县直部门干部培训班	新疆克州党委组织部	机关干部	50
	新疆克州乡镇党委书记、乡镇长培训班	新疆克州党委组织部	乡镇干部	50
	新疆克州财务审计干部培训班	新疆克州党委组织部	财审干部	51
	新疆克州设施农业干部培训班	新疆克州党委组织部	农业干部	30
	新疆克州教育管理干部培训班	新疆克州党委组织部	教育干部	30
	食品安全与健康养身	南京市委组织部	处级以上干部	70
	新疆克州州县直部门干部培训班	新疆克州党委组织部	机关干部	45
	生物制品理论与实践技术	南农高科	技术人员	160
	农业部农牧渔业大县农业局长班	农业部	局长	95
	房地产市场发展与调控	南京市委组织部	处级以上干部	47
	食品安全与健康养身	南京市委组织部	处级以上干部	31
	新疆克州社区干部培训班	新疆克州党委组织部	社区干部	30
	新疆克州纪组宣干部培训班	新疆克州党委组织部	纪组宣干部	40
	江苏省“876 培训计划”	江苏省委组织部	机关处级干部	52
	新疆克州村级干部培训班	新疆克州党委组织部	村级干部	40
	新疆克州畜牧业专业技术干部培训班	新疆克州党委组织部	技术干部	30
	新疆克州社区干部培训班	新疆克州党委组织部	社区干部	30
	新疆克州统战政法干部培训班	新疆克州党委组织部	统战政法干部	40
	江苏省“876 培训计划”	江苏省委组织部	省级机关处级以上干部	107
	灌云县扶贫工作队及村书记培训班	灌云县扶贫队	村干部	50
	新疆克州州县直干部培训班	新疆克州党委组织部	机关干部	40
	新疆克州社区干部培训班	新疆克州党委组织部	社区干部	37
	食品安全与健康养身	南京市委组织部	处级以上干部	64
	新疆克州乡镇干部培训班	新疆克州党委组织部	乡镇干部	40
	新疆克州水利干部培训班	新疆克州党委组织部	水利干部	30
	新疆克州农业产业干部培训班	新疆克州党委组织部	产业化干部	30
	新疆克州创先争优干部培训班	新疆克州党委组织部	机关干部	40
	新疆克州州县直干部培训班	新疆克州党委组织部	机关干部	40
	江苏省农民创业培训班	江苏省农委	创业农民	200
	徐州铜山区“五星”村书记素质提高培训班	徐州铜山区委组织部	村支部书记	71

（续）

年份	项目名称	委托单位	培训对象	培训人数
2012	新疆克州经济管理干部培训班	新疆克州党委组织部	经济管理干部	40
	新疆克州林果业技术干部培训班	新疆克州党委组织部	技术干部	30
	新疆克州村级干部培训班	新疆克州党委组织部	村级干部	40
	新疆克州酒店管理干部培训班	新疆克州教育局	酒店管理人员	10
	新疆克州乡镇干部培训班	新疆克州党委组织部	乡镇干部	30
	2012 江苏省农技推广省级培训班	江苏省农委	技术人员	534
	2012 江苏省农技推广县级培训班	江苏省农委	技术人员	637
2013	江苏省农技推广省级培训班（渔业班）	江苏省农委	农技人员	198
	新疆克州村干部科学发展主题培训班	新疆克州党委组织部	村干部	40
	江苏省农技推广县级培训班（7 个班）	江苏省农委	农技人员	637
	新疆克州乡镇干部科学发展主题培训班	新疆克州党委组织部	乡镇干部	40
	新疆克州经管干部科学发展主题培训班	新疆克州党委组织部	机关干部	40
	西藏改则县基层干部培训班	改则县人民政府	基层干部	28
	新疆克州纪组宣干部科学发展主题培训班	新疆克州党委组织部	机关干部	41
	农牧渔业大县局长轮训班	农业部	局长	120
	高邮市财政干部培训班	高邮市财政局	所长	43
	新疆克州州直干部科学发展主题培训班	新疆克州党委组织部	机关干部	40
	南京市处级干部食品安全与公共健康专题培训班	南京市委组织部	处级干部	93
	新疆农技推广省级培训班	新疆维吾尔自治区农委	农技人员	67
	新疆克州社区街道科学发展主题培训班	新疆克州党委组织部	机关干部	40
	农业部农技推广部级班	农业部	农技人员	111
	新疆克州处级干部科学发展主题培训班	新疆克州党委组织部	处级干部	30
	南京市处级干部房地产开发与调控专题培训班	南京市委组织部	处级干部	38
	新疆克州统战政法干部科学发展主题培训班	新疆克州党委组织部	科级干部	40
	广西柳州市现代农业发展专题培训班	柳州市农委	科级干部	31
	新疆克州乡镇干部科学发展主题培训班	新疆克州党委组织部	科级干部	40
	新疆克州建设系统干部科学发展主题培训班	新疆克州党委组织部	技术干部	30

（续）

年份	项目名称	委托单位	培训对象	培训人数
2013	农民创业培训	江苏省农委	农民	200
	公共营养师（2个）		学生	126
	山西襄垣县大学生村官培训班（2期）	襄垣县委组织部	大学生村官	156
	新疆克州州直机关干部班	新疆克州党委组织部	机关干部	40
	广西柳州扶贫系统人员培训班（2个班）	柳州扶贫办	扶贫干部	101
	新疆克州农业干部培训班	新疆克州党委组织部	农业干部	40
	新疆克州青年科技英才班	新疆克州党委组织部	科技英才	14
	新疆克州州直机关干部班	新疆克州党委组织部	机关干部	40
	新疆克州创业致富带头人培训班	新疆克州党委组织部	创业致富带头人	30
	新疆克州审计系统人员培训班（农业班）	新疆克州党委组织部	审计系统人员	30
	南京市“食品安全与健康养身”专题培训班	南京市委组织部	处级干部	60
	马鞍山大学生村官培训班	马鞍山市委组织部	大学生村官	40
	广西玉林现代农业培训班（广西扶贫班）	玉林市委组织部	农业系统领导	49
	新疆克州党政人才培训（乡镇）	新疆克州党委组织部	党政干部	40
	四川攀枝花市现代农业培训班	攀枝花市农委	农业系统干部	43
	溧阳市村级干部培训班（农技推广县级班）	溧阳市委组织部	大学生村官	53
	浙江宁海县农业科技创新培训班（农技推广县级班）	宁海县农林局	农业干部	39
	无锡市新区大学生村官培训班（2个班）	无锡市新区组织部	大学生村官	80
	济宁市发展现代农业培训班（农技推广省级班）	济宁市农委	科级干部	49
	芜湖市农技推广（棉花专业）	芜湖市农委	农技人员	68
	芜湖市农技推广（经济作物）	芜湖市农委	农技人员	98
	西藏杞达县基层干部培训班	西藏杞达县政府	科技干部	25
2014	江苏省农技推广部级培训班（种植业）	江苏省农委	农技推广人员	74
	江苏省农技推广部级培训班（农机）	江苏省农委	农技推广人员	29
	江苏省农技推广省级培训班（高研班）	江苏省农委	农技推广人员	178
	江苏省农技推广省级培训班种植业第1期	江苏省农委	农技推广人员	154
	江苏省农技推广省级培训班种植业第2期	江苏省农委	农技推广人员	138

（续）

年份	项目名称	委托单位	培训对象	培训人数
2014	江苏省农技推广县级培训班种植业第1期	江苏省农委	农技推广人员	108
	江苏省农技推广县级培训班种植业第2期	江苏省农委	农技推广人员	110
	江苏省农技推广县级培训班（畜牧业）	江苏省农委	农技推广人员	54
	山东章丘农业技术推广班	章丘市农委	农技推广人员	100
	山东济宁党校现代农业专题培训班	济宁市委组织部	乡镇干部	42
	广西党校	广西党校	厅局级干部	14
	浙江萧山现代农业龙头企业负责人培训班	萧山市农委	农业龙头企业负责人	40
	农牧渔业大县局长轮训班（农产品质量安全）	农业部	局长	112
	苏州太仓农产品质量安全专题培训班	太仓市农委	一般干部	14
	南京市处级干部食品安全与公共健康专题培训班	南京市委组织部	处级干部	89
	公共营养师	在校学生	学生	94
	农机经销商培训班（3期）	江苏省农机局	经销商	456
	农机系统工作培训班（7期）	江苏省农机局	工作人员	1413
	广东佛山南海农产品质量安全班	佛山南海农林局	业务骨干	32
	青年骨干教师培训	江苏省农民培训学院	青年教师	22
	南京市农民创业培训	南京市农委	家庭农场主	100
	山东烟台农资经销商培训班	烟台三合有限公司	经销商	80
	广东顺德国土资源管理专题培训	顺德国土局	国土管理人员	30
	太仓农机培训班	太仓市农委	农机人员	30
	宁波市农业科技创新培训	宁波市农业局	科级干部	40
	中等职业技术学校骨干教师能力培训	深圳国泰安科技有限公司	中职教师	18
	克州高层次人才班	新疆克州党委组织部	科技人才	10
	克州科技英才班	新疆克州党委组织部	科技人才	10
	克州转型发展班	克州经信委	科级以上干部	20
	公共营养师	在校学生	学生	12
	扬州广陵区大学生村官培训班	广陵区委组织部	大学生村官	46
	济宁任城区现代都市农业班	任城区委组织部	科级以上干部	46
	盐城国税专业人才培训班	盐城国税局	业务骨干	85

（续）

年份	项目名称	委托单位	培训对象	培训人数
2014	句容家庭农场培训班	句容市农委	农场主	150
	克州招商引资培训班	克州招商局	科级以上干部	20
	资阳现代农业培训班	资阳市农委	处级干部及企业家	30
	攀枝花现代农业培训班	攀枝花农牧业局	系统内干部	31
	南京市处级干部（食品）	南京市委组织部	处级干部	87
	克州转型发展 1 期	克州组织部	机关干部	40
	克州转型发展 2 期	克州组织部	机关干部	40
	南京市处级干部（房地产）	南京市委组织部	处级干部	57
	广西南宁现代农业园区建设与规划班	南宁市农委	系统内干部	55
	芜湖新型职业农民培训班（种植班）	芜湖市农委	种植大户	50
	芜湖新型职业农民培训班（养殖班）	芜湖市农委	养殖大户	50
	余杭现代农业园区培训班	余杭区农委	系统内干部	56
	江阴市现代农业培训班	江阴市农业局	系统内干部	57
	霍邱农技推广专题培训班 1 期	霍邱县农委	农业技术人员	127
	霍邱农技推广专题培训班 2 期	霍邱县农委	农业技术人员	132
	如皋市农业农村工作专题班	如皋市委组织部	农业干部	46
	江苏省农技推广县级畜牧	江苏省农委	农技推广人员	36
	江苏省农技推广省级种植	江苏省农委	农技推广人员	135
	江苏省农技推广县级种植	江苏省农委	无锡农技人员	148
	句容职业农民培训	句容市农委	职业农民	200
	张家港市现代农业培训班	张家港市农委	农业干部	41
	江苏省农技推广县级种植	江苏省农委	连云港农技员	106
	江苏省创业农民培训（西瓜草莓班）	江苏省农委	创业农民	100
	江苏省创业农民培训（设施蔬菜班）	江苏省农委	创业农民	100
	江苏省创业农民培训（稻麦班）	江苏省农委	创业农民	100
2015	太仓现代农业培训班	太仓市农委	农技人员	40
	农牧渔业大县农机局长班	农业部	农机局长	116
	克州经济管理专题研修班	新疆克州党委组织部	机关干部	20
	溧水新型职业农民培训班	溧水区农广校	职业农民	81
	芜湖市农技人员培训班（共 2 期）	芜湖市农委	农技人员	268

（续）

年份	项目名称	委托单位	培训对象	培训人数
2015	南京市处级干部食品安全班	南京市委组织部	处级干部	118
	南京市处级干部房地产班	南京市委组织部	处级干部	108
	江苏省农机购置补贴基层工作人员培训班	省农机局	农机工作人员	1422
	山东省利津县畜牧专题培训班	利津县畜牧局	畜牧系统干部	66
	克州“三农”培训班	新疆克州党委组织部	农技骨干	39
	克州综合治理培训班	新疆克州党委组织部	政法系统干部	23
	郑州畜牧系统业务素质提升培训班	市畜牧局	畜牧系统干部	101
	四川资阳精准扶贫专题培训班	市扶贫局	扶贫干部	30
	广西柳州市粮食生产现代化专题培训班	市农业局	农业系统干部	33
	广西柳州水产畜牧系统领导干部培训班	水产畜牧局	科级以上干部	50
	涉农大学生创新创业培训班	江苏省农委	大学生	2130
	井冈山应用科技学校教师综合素质提升班	深圳国泰安科技有限公司	教师	8
	浙江北仑农业科技创新培训班	北仑农业局	农业系统干部	42
	四川简阳市现代农业与新农村发展专题研修班	简阳市农工办	农业系统干部	30
	三亚市农业龙头企业负责人培训班	三亚市工科信局	农业龙头企业负责人	25
	句容市现代高效农业发展培训班	句容市委组织部、农委	乡镇分管领导	45
	苏州农产品质量安全监管培训班	苏州市农委	系统人员	62
	新疆维吾尔自治区基层农技推广人员重点培训班	新疆农业厅	农技人员	73
	太仓农机人员高级研修班	太仓市农委	农机人员	25
	太仓市畜牧兽医技术高级进修班	太仓市农委	畜牧系统干部	43
	克州青年科技英才	新疆克州党委组织部	机关干部	20
	生产经营型职业农民种植业班（六合、浦口）	省农委	职业农民	200
	生产经营型职业农民种植业班（溧水、高淳）	省农委	职业农民	100
	安徽宣城宣州区基层农技人员能力提升班	宣城市宣州区农业委员会	农技人员	100
	浙江宁波市双学双比女能手高级培训班	宁波妇联	机关干部	33

（续）

年份	项目名称	委托单位	培训对象	培训人数
2015	青岛市农机人员培训班	青岛市农机局	农机人员	24
	克州人才发展班	新疆克州党委组织部	机关干部	20
	甘肃省人大农业监督与农产品质量安全培训班	甘肃省人大农业与农村委员会	机关干部	130
	克州宣传文化班	新疆克州党委组织部	机关干部	25
	常熟新型职业农民粮食生产培训班	常熟市农委	职业农民	100
	四川安岳县推进农业现代化示范区建设研修班	安岳县农委	机关干部	39
	生产经营型职业农民种植业班（六合、浦口）	省农委	职业农民	100
	江苏省青年农场主培训班第 1 期	省农委	职业农民	100
	南京市处级干部食品安全班	南京市委组织部	处级干部	130
	生产经营型职业农民种植业班（溧水、高淳）	省农委	职业农民	100
	克州青年科技英才进修班	新疆克州党委组织部	机关干部	20
	克州高层次人才进修班	新疆克州党委组织部	机关干部	30
	涉农大学生创新创业精英班	江苏省农委	大学生	29
	克州经营管理专题研修班	新疆克州党委组织部	机关干部	21
	资阳市现代农业发展专题培训班	资阳市农工委	机关干部	30
	资阳市政协委员研修班	资阳市政协	机关干部	26
	克州从严治党专题研修班	新疆克州党委组织部	机关干部	35
	省农技推广县级畜牧 1 班	省农委	农技人员	129
	南京市农业职业经理人培训	南京市农委	职业农民	200
	宣州区 2015 年新型职业农民培育培训班	宣州区农委	职业农民	100
	东营市河口区畜牧人员培训班	东营市河口区畜牧局	畜牧干部	40
	省农技推广县级畜牧 2 班	省农委	农技人员	146
	贵州麻江县 80 后年轻干部专题培训	麻江县委组织部	机关干部	50
	生产经营型职业农民水产养殖班（溧水、高淳）	省农委	职业农民	50
	南京市农业职业经理人培训	南京市农委	职业农民	100
	芜湖农业干部培训班第 1 期	芜湖市农委	农业干部	80
	长丰县基层农技人员培训班 1 期	长丰县农委	农技人员	86

（续）

年份	项目名称	委托单位	培训对象	培训人数
2015	芜湖新型职业农民培训班	芜湖市农委	职业农民	40
	安徽池州现代农业研修班	池州市农委	农业干部	47
	芜湖农业干部培训班第 2 期	芜湖市农委	农业干部	80
	常熟新型职业农民蔬菜园艺培训班	常熟市农委	职业农民	60
	长丰县基层农技人员培训班 2 期	长丰县农委	农技人员	95
	省农技推广省级种植业班	省农委	农技人员	225
	生产经营型职业农民水产养殖班（溧水、高淳）	省农委	职业农民	50
	黄山市休宁县农业技术干部能力提升高级研修班	休宁县农委	农业干部	50
	生产经营型职业农民蔬菜园艺班（溧水、浦口）	省农委	职业农民	50
	省农资营销员培训班	省农委	农资营销员	100
	江苏省青年农场主培训班第 2 期	省农委	职业农民	100
	安徽和县农技人员培训班	和县农委	农技人员	110
	新疆农委农技人员培训班	新疆农委	农技人员	50
	公共营养师	江苏省人社厅	大学生	117
2016	南京市农业职业经理人培训班	南京市农委	职业经理人	300
	克州青年英才培育	新疆克州党委组织部	青年英才	15
	江苏省青年农场主培训班	江苏省农委	农场主	100
	甘肃天水市农村科普带头人培训班	天水市农委	种养殖大户	50
	山东邹城基层干部培训班第一期	邹城市委组织部	乡村干部	200
	公共营养师培训班	江苏省人社厅	大学生	69
	盐城亭湖区现代农业专题培训班	亭湖区农委	农技人员	30
	克州经济管理专题培训班	新疆克州党委组织部	机关干部	40
	宜兴经信委干部培训班	宜兴经信委	机关干部	45
	南京市处级干部“食品安全与公共健康”专题培训班	南京市委组织部	处级干部	173
	山东邹城经济开发区机关干部能力提升培训班	邹城经济开发区	机关干部	100
	南京市处级干部“房地产市场调控与发展”专题培训班	南京市委组织部	处级干部	207

（续）

年份	项目名称	委托单位	培训对象	培训人数
2016	克州宣传文化专题培训班	新疆克州党委组织部	机关干部	20
	洪泽县职业农民培训班	洪泽县农委	职业农民	80
	张家港农产品质量安全监管培训班	张家港农委	系统干部	50
	克州从严治党专题培训班	新疆克州党委组织部	机关干部	32
	克州农牧水人才培训班	克州农业局	农业干部	30
	克州林果业人才培训班	克州林业局	林业干部	20
	济宁市美丽乡村专题培训班	济宁市委组织部	乡镇干部	55
	涉农大学生创新创业培训班	江苏省农委	大学生	2130
	青岛畜牧局系统干部培训班	青岛市畜牧局	系统干部	50
	麻江县扶贫干部培训班	麻江县委组织部	扶贫干部	49
	靖江统计干部素质提升班	靖江统计局	统计干部	100
	资阳市国土干部专题培训班第一期	资阳市国土局	系统干部	109
	克州创新创业人才培训班	新疆克州党委组织部	农村实用人才	30
	山东东营河口区基层干部培训班	东营河口区委组织部	村干部	150
	广西食品药品监管专题培训班	广西壮族自治区食品药品监督管理局	系统干部	80
	克州综合治理专题培训班	新疆克州党委组织部	机关干部	30
	塔里木农牧学院教师培训班	塔里木农牧学院	骨干教师	28
	东营河口区机关干部素质能力提升班	东营河口区委组织部	机关干部	50
	资阳农业经营主体带头人培训班	资阳市农工办	农业经营主体带头人	50
	山东枣庄薛城区周乌镇基层干部能力提升班	枣庄周乌镇政府	村干部	80
	常熟农业经济管理专题培训班	常熟市农工办	经管干部	50
	南京市创业农民培训班	南京市农委	创业农民	300
	广西桂林林桂区农技人员培训班	桂林林桂区农委	农技人员	45
	江苏省农机购置补贴座谈会班	江苏省农机局	农机干部	130
	江苏省示范家庭农场主培训班	江苏省农委	家庭农场主	200
	克州深化改革专题培训班	新疆克州党委组织部	机关干部	20
	常熟职业农民粮食生产班	常熟市农委	种植大户	100
	河南省深化农村改革发展专题培训班	河南省农工办	系统干部	60
	江苏省家庭农场主培训班	江苏省农委	家庭农场主	150

（续）

年份	项目名称	委托单位	培训对象	培训人数
2016	东营广饶县畜牧干部培训班	广饶县畜牧局	系统干部	60
	高邮基层干部能力提升班	高邮镇政府	村干部	50
	淮安农技人员培训班	淮安市农委	农技人员	140
	济南市农村实用人才培训班	济南市农工办	实用人才	70
	广东阳江国土管理专题培训班	阳江国土局	系统干部	63
	安徽芜湖新型职业农民（种植大户）培训班	芜湖市农委	职业农民	61
	昆山班农村集体资产管理专题培训班	昆山市农工办	系统干部	50
	山东淄博市桓台县农技人员能力提升班	桓台县农委	农技人员	80
	常州市双学双比女能手培训班	常州市妇联	女能手	52
	昆山农产品质量安全监管培训班	昆山市农委	系统干部	50
	拉萨置地投资开发有限公司土地资源管理专题培训班	置地投资公司	公司干部	8
	无锡市园林局系统干部业务能力提升培训班	无锡市园林局	系统干部	120
	江西省现代农业培训班	江西省农业厅	系统干部	87
	苏州新区畜牧干部业务能力提升班	苏州市畜牧局	系统干部	40
	和县农技人员培训班	和县农委	农技人员	52
	日照畜牧兽医干部培训班	日照市畜牧局	系统干部	140
	安徽无为县水产畜牧培训班	无为县农委	农技人员	23
	无锡市农技人员培训班	无锡市农委	农技人员	120
	常熟职业农民蔬菜园艺培训班	常熟市农委	职业农民	60
	济宁市梁山县食品药品安全监管专题培训班	梁山县食药局	系统干部	100
	太和县新型职业农民培训班	太和县农委	职业农民	200
	江苏省农机购置补贴专题培训班	江苏省农机局	农机人员	70
	拉萨市扶贫（农开）办系统行政业务人员培训班	拉萨市农工办	扶贫干部	30
	安徽无为农技推广班（种植业）	无为县农委	农技人员	76
	江苏省农技推广省级班（盐城、宿迁）	江苏省农委	农技人员	285
	江苏省青年职业农民科技带头人培训班	农业公司	职业农民	100
	新型农业经营主体带头人培训班	江苏省农委	经营主体带头人	798
	句容农技推广人员培训班	句容市农委	农技人员	60
	克州人才发展专题培训班	新疆克州党委组织部	人才干部	21

附表7　2011—2016年外派科技帮扶人员名单

年份	姓名	所在单位	挂职单位	挂职职务
2011	刘　杨	工学院	新疆农业大学	副院长
	辛志宏	食品科技学院	新疆农业大学	副院长
	丁广龙	团委	共青团西藏自治区洛隆县委	副书记
	韩立新	工学院	江苏省灌云县	驻村
	王明峰	党委宣传部	共青团河北省大名县委	副书记
	张桂荣	研究生院	共青团江苏省沭阳县委	副书记
	倪丹梅	学生工作处	共青团江苏省溧水县委	副书记
	赵明文	生命科学学院	江苏省灌南县	副县长
	杨　明	工学院	江苏省灌云县	副县长
2012	刘　杨	工学院	新疆农业大学	副院长
	辛志宏	食品科技学院	新疆农业大学	副院长
	赵晋铭	农学院	山东嘉祥县	副县长
	朱筱玉	食品科技学院	江苏省灌云县	驻村
	江海宁	科学研究院	共青团河南省尉氏县委	副书记
	王　璐	团委	共青团江苏省沭阳县委	副书记
	周振雷	动物医学院	江苏省沭阳县	副县长
2013	丁永前	工学院	新疆农业大学	副院长
	麻　浩	农学院	新疆农业大学	副院长
	赵晋铭	农学院	山东嘉祥县	副县长
	杨立飞	园艺学院	重庆市酉阳土家族苗族自治县	副县长
	朱筱玉	食品科技学院	江苏省灌云县	驻村
	吕一雷	理学院	共青团江苏省洪泽县委	副书记
	姚志友	学生工作处	江苏省盱眙县	副县长
2014	胡　锋	校长办公室	四川省资阳市	市委常委
	闫祥林	校长办公室	新疆塔里木大学	副校长
	严若峰	动物医学院	新疆农业大学	副院长
	姜小三	资源与环境科学学院	新疆农业大学	副院长
	丁永前	工学院	新疆农业大学	副院长
	麻　浩	农学院	新疆农业大学	副院长
	杨立飞	园艺学院	重庆市酉阳土家族苗族自治县	副县长

（续）

年份	姓名	所在单位	挂职单位	挂职职务
2014	金晓明	科学研究院	四川省资阳市农委产业发展科	科长
	张桂荣	研究生院	江苏省灌云县	驻村
	李长钦	资源与环境科学学院	共青团南京市玄武区委	副书记
2015	胡　锋	校长办公室	四川省资阳市	市委常委
	闫祥林	校长办公室	新疆塔里木大学	副校长
	严若峰	动物医学院	新疆农业大学	副院长
	姜小三	资源与环境科学学院	新疆农业大学	副院长
	施雪钢	学生工作处	贵州麻江县	村第一书记
	董淑凯	白马办公室	江苏省金坛市	村第一书记
	金晓明	科学研究院	四川省资阳市农委产业发展科	科长
	张桂荣	研究生院	江苏省灌云县	驻村
	李延森	动物科技学院	青海畜牧兽医职业技术学院	副院长
2016	王春春	党委办公室	西藏农牧学院	副院长
	闫祥林	校长办公室	新疆塔里木大学	副校长
	朱筱玉	食品科技院	西藏农牧学院	食品院副院长
	姜小三	资源与环境科学学院	新疆农业大学	副院长
	吴文达	动物医学院	新疆农业大学	副院长
	桑运川	工学院	贵州省麻江县	县委常委副县长
	施雪钢	学生工作处	贵州省麻江县	村第一书记
	董淑凯	白马办公室	江苏省金坛县	村第一书记
	张亮亮	团委	江苏省灌南县	村第一书记